U0457052

国家社会科学基金项目"法治伦理研究"
（项目编号：09BZX044）

浙江省道德建设与价值培育
重点文化创新团队成果

宪制的伦理之维

Ethical Dimension of Constitutionalism

陈寿灿 著

中国社会科学出版社

图书在版编目（CIP）数据

宪制的伦理之维／陈寿灿著.—北京：中国社会科学出版社，2016.12
ISBN 978-7-5161-9599-4

Ⅰ.①宪⋯　Ⅱ.①陈⋯　Ⅲ.①宪法—法伦理学—研究—中国
Ⅳ.①D921.04

中国版本图书馆 CIP 数据核字（2016）第 305539 号

出 版 人	赵剑英
责任编辑	王　茵
特约编辑	王　称
责任校对	胡新芳
责任印制	王　超

出　　版	中国社会科学出版社
社　　址	北京鼓楼西大街甲 158 号
邮　　编	100720
网　　址	http://www.csspw.cn
发 行 部	010-84083685
门 市 部	010-84029450
经　　销	新华书店及其他书店
印　　刷	北京君升印刷有限公司
装　　订	廊坊市广阳区广增装订厂
版　　次	2016 年 12 月第 1 版
印　　次	2016 年 12 月第 1 次印刷
开　　本	710×1000　1/16
印　　张	20
插　　页	2
字　　数	284 千字
定　　价	76.00 元

凡购买中国社会科学出版社图书,如有质量问题请与本社营销中心联系调换
电话:010-84083683

版权所有　侵权必究

序

在我国，有关宪制的研究最早可追溯至黄宗羲所著《明夷待访录·原法》。其所信奉的三代法度精神和典章规制高于君王的建制性安排可视为宪制实践的源泉。自晚清以降，宪制实践开始体现在立法层面。在此期间，以限制君权为主旨的宪制改革实践虽未取得成功，但却成功开启了一条通向现代宪制实践的法治之门。民国时期，宪制实践围绕国家权力的分配和制衡及民权享有的制度构设渐次展开。中华人民共和国成立后，人民主权观念和公民基本权利保障得以宪制化，从而奠定了国家权力和政党活动的正当性基础，社会主义宪制实践展现勃勃生机。

对我国宪制实践的研究，宪法学者的理论成果颇为丰硕。例如，苏力基于中国古代宪制实践提出宪制变迁进程中政治因素对宪制的影响和军事因素对宪制的塑造诸功能；又如，高全喜基于政治宪法学视角提出建立一种富有生机的宪法机制的构想；还有学者从宪制的伦理生命视角提出好的宪制必须与民族统一体的伦理生活相一致的观点。[①] 当然，除了前述关于静态宪制的相关研究外，有关动态宪制的研究成果亦较为丰富。例如，有学者从行宪、护宪视角提出构设违宪审查第三条道路的构想。[②]

总的来看，对宪制有关问题进行探究一直以来都是我国宪法学研究的重点。陈寿灿教授所著的《宪制的伦理之维》一书是我国宪

---

① 苏婉儿：《宪制的伦理生命——对黑格尔国家观的一种探源性解读》，博士学位论文，西南政法大学，2008年3月。
② 强世功：《违宪审查制度的第三条道路——中国宪制的建构与完善》，《文化纵横》2016年第2期。

制问题研究中又一重要理论成果。该书基于伦理学视角，综合运用了伦理学、宪法学、社会学多学科分析方法，全面、详尽、充分地论述了宪制伦理的诸维度，提出并论证了以下四个重要命题，可谓我国宪制实践研究的杰作、佳品。其一，基于宪制伦理的道德之维，提出并论证了宪制伦理的道德基础在于保障人的尊严。运用历史法学方法，通过对先验理性的摒弃和宗教原旨的否定，论证了人的尊严作为宪制伦理道德基础的合理性。其二，基于宪制伦理的国家之维，提出并论证宪制国家的治理理念是保障人的基本权利，其道德力量来源于保障人的尊严。在此基础上，还提出宪制国家的伦理追求是主权和人权的相互统一。其三，基于宪制伦理的社会之维，提出并论证了宪制伦理的社会价值在于追求人的解放。运用历史唯物主义方法论，从历时的角度论证了人的解放作为宪制伦理社会价值的合理性。其四，基于宪制伦理的自然之维，提出并论证了构造绿色宪制的重大构想。运用马克思辩证唯物主义原理，从共时角度论证了绿色宪制的正当性基础在于维护环境正义。

书中最具理论创新的地方是关于社会主义宪制伦理构设路径方面的研究。这部分研究着力于宪制伦理的中国语境，摆脱了一直以来困扰宪法学研究的一个难题，即宪法学者不得不在宪制的普遍价值和中国特色宪制的具体价值之间进行艰难抉择的尴尬境地，创造性地提出了人本主义宪制伦理观念。在此基础上，从人的尊严、人的权利、人的解放和人类环境四个维度全面论证了中国特色社会主义宪制构架的具体路径。

全书行文流畅，资料详尽，观点突出，逻辑严密，富有创新，堪称宪法学研究的又一力作。当然，本书也存有些微阙如，如有些提法尚待商榷，有些论述尚需斟酌，有些论证有待深入，但这不足以影响本书的科学价值与理论建树。相信本书的出版将为我国宪法学研究提供一个全新的理论视域和方法范式。

我与寿灿相识多年，彼此相互信任，既是朋友，又是师生。回忆他在武大求学往事，最让我难忘的是他的勤奋刻苦和乐观进取精神。他虽身兼浙江工商大学校长之职，有繁重的行政工作在身，但

还能坚持创作，且能写出高质量的学术著述，是难能可贵的。受其
热情邀请，我欣然同意作序。对于本书的出版，我和他本人一样由
衷地感到高兴。

　　是为序。

李　龙

2016 年 7 月 17 日

摘　要

　　宪制伦理属于法伦理学的研究范畴。法伦理学是从法学与伦理学的结合点上发展起来的一门交叉学科，是法学和伦理学两大学科相互渗透的产物。"宪制伦理"通常只被理解为宪制所蕴含的道德意义，而这只是宪制伦理的基本方面。作为宪制的道德意义的前提预设，即宪制必定能得到某种道德价值的支撑，也就是宪制的正当性问题则是宪制伦理的更深层次的问题。所以，本书认为，宪制伦理是指宪制的正当性及其伦理意蕴。在现代社会，宪制作为一种政治体制被认为是迄今为止的切实可行的较好制度性安排。作为人类创造出来的为人类服务的产物，宪制的建立与运行必定有其内在合道德性价值依据，也只有建立在这种价值依据前提下的宪制才具有存在的合理性。那么，问题的合乎逻辑的展开即是何为宪制伦理的道德基础及其多维存在状态。

　　对以上问题的思考，构成了本书的主题。围绕这一主题，本书包括相互联系的两个部分：绪论和正文。绪论部分概要地介绍了问题的提出、对此问题的中西研究现状、研究方法及内容框架。正文包括五章内容。

　　第一章通过追踪宪制伦理的历史演进，揭示"人的尊严"是宪制伦理的道德基础。在伦理学的视域内，"人的尊严"是指人所具有的一种高于物和其他生命形式的、令人敬畏的、独立而不可侵犯的尊贵和庄严。宪制的合道德性价值依据过去是从先验理性或宗教那里获得的，而在现代社会宪制很难再从先验理性或宗教那里获得正当性支持，宪制的存在是以人为本体的，是"人为的"和"为人的"有机统一。其伦理意义体现于宪制所保障的人权状况、政治的文明程度、法律规范的真实效果。人权的基础价值和根源就是"人的尊严"。因此，现代社会中，"人的尊严"已代替上帝或先验理性成为唯一的神圣性和合法性来源，保障"人的尊严"就是宪制伦理的道德基础。

第二章将宪制伦理的道德基础置于国家维度进行思考，提出人权是人的尊严在国家维度的集中体现。人权与宪制是近代政治的中心内容，宪制国家规范权力的根本目的是为了保障人权，实现公民的权利。在立宪主义者看来，人权本质上是一种个体权利，或者说主要是一种个体权利，保障个体权利是宪制国家规范权力的精髓。虽然人权的具体内容及其内涵经历了历史演变，但是其演变线索始终是围绕着人的尊严这个核心价值的。宪制不仅是一套技术，更是一种价值，宪制的最终目的是建构一种人的尊严和价值得以实现的政治生活。因此，在国家这一维度，保障人的尊严就是保障人权。

第三章旨在反思宪制伦理在社会这一维度的展开，在指出市民社会是保障人的尊严载体的基础上，阐释了"人的解放"是宪制伦理的社会意蕴。人的尊严不能仅仅被理解为人类已经有的或已经是的东西，而更应理解为必须被获得的东西。市民社会应使国家致力于保护每个人的尊严不受国家公权力及国家以外因素的侵扰，并催生每个人能有尊严地生存、发展所需要的基本条件。人的尊严的主张不仅关心人的生物性存在，而且要更进一步关注超出动物水平的具有无限性和终极性的精神上的关怀。因此，人的尊严的实现，是人的各种本质力量的全面发挥，是人之生存所内在的终极关怀的理性表达。终极关怀是人对自己存在意义的探寻，它既是对人的生存命运的根本性关怀，也是全面性关怀，是为人类最终获得全面自由的发展和彻底解放给予的最高关怀。因此，在这个意义上可以说，保障人的尊严的社会意蕴或其在社会维度上的体现就是人的解放。

第四章是对宪制伦理的自然维度的关注。考量人与自然、自然与社会在宪制下的价值关怀，它包括宪制条件下人与自然关系中内蕴的伦理价值分析，人与自然的矛盾处理中宪制在自然伦理上的缺失的分析，以及对于如何遵循发自自然的启示、调节人与自然的矛盾、追求人本原则落实的分析与考察。这些分析显然是因为认识到了人类的价值不可能超越生态自然整体的价值，而采取的宪制生态主义视角。宪制生态主义的目标是在传统宪制价值的前提下进一步实现环境正义。因此，上述分析的目的是为了达至人与自然和谐的宪制伦理路径：重构自然维度下的宪制经济理念。自然维度下宪制经济理念是宪制伦理的深层价值之一，表现为公平理念与可持续发展理念。无论是公平理念，还是可持续发展理念都是对一种人本主义精神的体现，它们的重构将会带来人与自然的真正和谐。

第五章着重于对宪制伦理之中国语境的关怀。透过我国宪制发展的心路历程，概括与分析了自近代以降我国宪制伦理发展的三个不同阶段，即基于功用主义选择的"为强国而宪制"，基于理想主义奋斗目标的"为民主共和而宪制"，基于本土化建构的"为人民而宪制"。在此基础上，提出了当下中国宪制伦理的实践模式——"法治状态下的社会和解"。这一社会和解具体表现为两个方面：一是宪制伦理与民族伦理的和解；二是宪制实践伦理与道德观念的和解。

目　录

绪　论

一　问题的提出

　　法伦理学是近年来从法学与伦理学的结合点上发展起来的一门
交叉学科，是法学和伦理学两大学科相互渗透的产物。宪制伦理研
究既是对法伦理学范围的拓展，也是对其研究内容的深化。所谓
"宪制伦理"，是指宪制本身的道德性及其伦理价值、伦理关系和伦
理评价。它主要涉及两个方面的问题：一方面，是指宪制所蕴含的
内在的伦理意义和价值尺度是什么？这一问题显然预设了这样一个
前提：作为人类政治生活、社会生活和民主制度基本模式的宪制必
定有其内在的合道德性价值。问题是这个合道德性的最高价值是什
么？找到了它也就自然地理解了宪制所蕴含的伦理意义和价值尺
度。另一方面，如果我们确立了宪制的最高价值，那么，顺理成章
的推论就是，宪制除了有其一般的法律和政治行为的规范性之外，
它一定还有其特殊的道德考量与伦理规范。无疑，前一方面涉及的
是对宪制本身的道德正当性的追问；后一方面则关乎人类政治生活
与道德生活关系的把握，以及关于这两大生活领域知识系统的法
学、政治学与伦理学之间的关系的理解。从目前情况看来，前一方
面同时被法学者、政治学者和伦理学者所忽视，而后一方面又因为
学科壁垒的缘故而成为法学者、政治学者和伦理学者之间的主要分
歧。本书认为，宪制伦理从实质上讲就是宪制的伦理化，即强调宪
制必须以伦理为基础，该伦理应当立足于特定的伦理思想、伦理价
值和伦理原则，通过立宪、行宪、宪法监督等过程来建立符合宪法

的政治关系、政治体制、政治制度、权力结构和权利体系。简言之，宪制伦理是指宪制的正当性及其伦理意蕴。

一般意义的法律与道德是否存在必然逻辑联系的问题自古有之。在西方的伦理学领域里一般都对此问题做肯定回答，而在法学领域里却存在着分歧。西方影响最大的自然法学和分析法学正是由于对此问题的不同回答而成为彼此对立的两种法学理论。自然法学主张道德是法律的存在依据和评价标准；分析法学坚持道德与法律的分离，否定二者的内在必然联系。但是，无论是自然法学还是分析法学都是将这一问题置于人本哲学的整体知识框架内加以探讨的。中国传统文化对这一问题的探讨与西方不同，它不是在本体层面上思考二者的关系，而是注重两者的社会功能和在社会生活中的地位。所以，在中国，德法关系的本体问题转变成"德治"与"法治"的社会功能关系问题。虽然德法之争也有诸学各派，但是自董仲舒之后，独尊儒学，基本形成了德主刑辅、明刑弼教的格局。

笔者认同自然法学关于道德与法律具有深刻内在联系的观点，真正的法律必须体现和保障维系着社会生活正常存在的基本道德义务，这是它与生俱来的使命。在一定意义上，法律的存在本身就是价值，就包含着某种道德上的公正。事实上，在18世纪的苏格兰知识体系中，法学、伦理学、政治经济学和政府学等都包含在道德哲学这一人文学科中。这一方面意味着法学自始至终都具有人文价值的规范特性，另一方面也说明了法学和伦理学的密不可分。其实，在西方的古典知识系统的图式中，无论是探究人类物质之善的经济学，还是探究人类社会制度之善的法学，都与探究人类心灵之善的伦理学不可分割，因为它们都是为人类寻求善和幸福生活探明道路，差别只是探寻方式的不同而已。但从19世纪中叶以后，职业法学家的出现开始了法律对道德思考的摒弃。由于专业的原因，职业法学家们的研究从伦理学的视角转向了法学的视角。为了保证对法的"客观科学"的分析，他们排斥了价值因素。进入20世纪，社会立法大量出现，一种价值中立的谋求客观描述法律的社会运行状况的法社会学产生，自此，法律和道德的关系问题被遮蔽。但是，20世纪的两次世界大战给人们带来的灾难不可能不引起人们的反思，尤其是这种灾难又是在"法治国"的幌子下发生的。在这种反思中，法律与道德的内在联系再次引起了人们的关注。其实，在现实社会的发展史上，道德与法律从未被分开过。无论是古希腊的公民大会或陪审团，还是英国的衡平法，都从未区分过何为法律禁止的，何为道德禁止的，现代二战后对战犯的审判也从未忘记高扬道德的旗帜。可见，无论在理论层面，还是实践层面，法律都无法排除道德和价值的存在，分析法学所做的对法学中道德和价值的清除工作最终归于无效便可见一斑，法律本身就是人创造出来服务于人的生存发展的。

众所周知，法律只有被信仰才有效，宪法也只有受到政府和人民的普遍信仰才能起作用。这种信仰从某种意义上说就是来自宪法或宪制本身内含的合道德性价值。这种合道德性过去是从宗教或先验理性那里获得的，而在现代社会，宪制很难再从宗教或先验理性那里获得正当性支持以及信仰的源泉。"人的尊严"已代替上帝或先验合理性成为唯一的神圣性和合法性来源，对人的尊严的保障就是宪制伦理的道德基础。人人平等是法律最基本的价值基础，这一平等也只有在人作为人的尊严得到承认和保护的情况下，在人格平等的意义上，才能得到最为有力的辩护。

事实上，西方宪政话语中的"人的尊严"一词早就已经完成了从日常语言到宪法文本条款的变迁过程。"人的尊严"成为许多国家宪法的最高价值。就实证法的发展而言，1937年爱尔兰宪法即在前言中载明"保障人的尊严"，1947年意大利宪法也规定了人的尊严作为私人领域经济活动的界限。而作为最完整的宪法规定的德国基本法的第1条就明确规定"人的尊严神圣不可侵犯"，自此以后，人的尊严作为宪法的最高价值开始得到人们的广泛关注，20世纪后半期各国制定的宪法文件也大多把保障人的尊严作为最高原则。

在西方，人的尊严的理念源远流长，它有着深厚的宗教和文化背景，并有一个漫长的发展演变过程。在《圣经》的记述中，人是上帝按照自己的形象创造的，每个人都无一例外地享有作为人所应有的尊严。中世纪对人的尊严有了进一步的认识。托马斯·阿奎那认为，人区别于其他所有动物的根本特征是具有理性。理性可以使人独立地自我规范、自我发展。人所拥有的这种动物所无法比拟的自制能力就是人的尊严所在。然而不幸的是，中世纪的人完全受制于上帝，是上帝的仆人，并没有真正的尊严。经过宗教改革和文艺复兴运动，人从中世纪的神学束缚中解脱出来，虽然那时仍把人的尊严归功于神的恩赐，是一种外在尊严，但是上帝已经转生为人，或者说人把自身提升到了上帝的位置。这是一个实质性的进步。彻底将人类从受上帝支配的观念中解放出来的是德国哲学家康德。他认为，理性是人先天的认识能力，人通过理性来自己规定自己的目的，因此，人本身就是道德主体，是自己的主人，不受制于任何人。人在任何时候都不能被当作工具，而应该永远被看作是目的。人的存在就是目的，这是人的绝对价值。即人因为具有理性而成就了其伟大和尊严。而且人的尊严是不可侵犯的，原则上必须加以尊重。

可见，宪制的正当性既不是来源于神，也不是来源于世俗社会本身，而是来源于人类个体固有的最高价值——人的尊严。人的尊严不是由国家或法律制度所创造或授予的，它所依赖的是人自身的主体性，所以，人的尊严是必须被获得的东西，它优先于国家法律所规定的所有权利。宪制国家并不能为人提供尊严，但可保障人的尊严。宪制生存的正当性基础即在于它是保障人有尊严地生活。这种人的尊严的在先性约束是理解宪制本质的关键所在。

需要指出的是，人的尊严是指包括自己在内的所有人的尊严，因此人的尊严的保障乃是以人本身的存在为唯一条件，而不管其年龄、性别、种族、智能如何。这里要强调"他者"的尊严，要尊重"他者的绝对他性"（勒维纳斯语）。

因此，伦理道德之维是作为宪法思想和宪法规范伟大实践的宪制所不可或缺的。它把人类对宪制的追求提高到了维护人的尊严、服务于人的全面发展和生活意义的高度，使得宪制的根基扎得更深，使得宪制的意义更加具有普适性，也使得我们能够更深入理解西方社会宪制的历史经验，为宪制的现实发展提供知识资源。宪制的终极目标应当是建立优良的伦理秩序，使国家与社会各得其所，并具有其道德秩序，使自然界成为生态和谐的自由生命世界，使每一个人都成为有德性的人、有尊严的人和自由的人。对宪制的伦理审视意义还在于保持人类社会理想与人格理想的完整和统一；而且，宪制伦理的研究本身也就是对人类幸福生活与价值意义的追寻。

二 国内外关于宪制问题的研究路径

（一）西方学术界关于宪制问题的研究路径

宪制或立宪主义政体从某种意义上可以说是迄今为止人类最为有效的政治组织方式，是现代文明国家的政治基础。就世界范围而言，现代宪制，无论是其思想观念，还是具体制度，都源自近代西方，尤其是以德法两国为首的大陆法系和以英美两国为首的英美法系的宪制成果。自近代美国革命、法国革命以来，西方政治学、法学界人士就对宪制问题展开了系统研究，形成了一定的宪制研究传统，这一传统的意义和价值因为两次世界大战的发生而日益凸显，二战后西方学界关于宪制问题的研究一直非常活跃。可以说，关于宪制问题的论述已是汗牛充栋。这种学术繁荣当然离不开西方社会深厚的自由主义和法治传统的文化支撑，同时也反映了西方社会对其民主价值及其现实运作的复杂后果的深层次思考。西方学术界关于宪制问题的研究分为五个主要路径。

第一种路径是法学的。该路径强调用法律方式解决政治问题的重要性，强调宪法（包括成文的、不成文的，实质意义上的、形式意义上的等）的作用对于现代法治社会和自由民主政治的根本重要性，强调司法审查是限制最高政治权力的根本途径。宪法是国家根本大法，它规定了国家与公民的基本关系，提供了组织国家机关的基本原则，是政府行为合法性的基本来源，也是一切法律合法性的来源，在整个法律体系中宪法处于最高层次和核心地位。所谓宪制就是指立宪政治，它要求整个政治过程必须合乎宪法，是一种通过立宪和行宪而达到的民主政治，也是法治的最高层次。英美法系国家对"宪制"有两种基本的理解：其一是作为"制宪政治"（Constitutional government 或 Constitutionalism）理解，它表明政府建立的基础是宪法，因此宪制就是一种建立政府的理念。其二是作为"民主政府"（Democratic government）理解，也就是说政府是人民选举的结果。尽管不是一切有宪法的国家都有宪制，也不是一切实行宪制的国家都有一部成文的宪法，但是就现代政治的基本形态看，宪制必然与一部有效的宪法的运作联系在一起。体现该路径的研究文献主要包括大量的比较宪法学、宪法与宪制、宪法与民主政治等方面的论述，文献资料十分丰富。如凯尔森的《法与国家的一般理论》、詹宁斯的《法与宪法》、博登海默的《法理学——法哲学及其方法》、阿蒂亚的《法律与现代社会》、美浓部达吉的《宪法学原理》等。

第二种路径是政治学的。该路径强调权力的扩张本性及对其制约的重要性，强调现代市场经济的发展、中产阶级的兴起以及民主观念与法治意识的普遍觉醒是现代宪制的基本构成因素。坚持该立场的学者认为，宪制就是限政，就是政府最高权力受到根本性制约的一种政治形态。宪制产生于现代市场经济的兴起，市场经济的发展使得政治领域的"权力所有者"与"权力经营者"发生了分离，这一分离改变了现代政治领域权力运作的基本方式。基于市场经济发展起来的民族国家，政治权力的合法性来源于人民，而人民不可能再像城邦世界的公民一样直接参与政治，他们主要通过自己的政治代理人行使国家主权。这一代理机制的存在产生了权力异化的风险，为此就必须对权力加以限制和监督。这种限制和监督包括选举、两院制、司法审查、权力分立与制衡、中央与地方的联邦制结构、社会监督等方式。制约权力的根本方式是权力对权力的制约，而权力制约权力之所以能够有效运作，是因为社会结构的多元化，尤其是具有民主意识和法治观念的中产阶级的发展和壮大。该路径强调宪制与传统的共和、民主等政治学范畴的区别，或者通过赋予这些概念以新的含义纳入宪制范畴。有的学者认为，宪制的重点是强调对政府权力的限制与防范；共和强调政府的公共性、公平性和中立性，即强调政府必须为所有人服务；而民主强调公民的参与权、选择权和程序正义。有的学者认为，传统共和强调公民美德的作用，现代共和强调最高权力的分享；传统民主强调公民直接、广泛的政治参与，现代民主强调限制权力的扩张和僭越。有的学者认为，现代政治形态最优越的形式是"民主+宪制"。体现该路径的主要文献涉及讨论宪制与分权、宪制与民主、比较政治制度等方面的论述，如汉密尔顿等的《联邦党人文集》、维尔的《宪政与分权》、埃尔斯特等的《宪政与民主》、佐藤功的《比较政治制度》、萨托利的《民主新论》等。

第三种路径是历史社会学的。该路径强调西方历史文化因素，尤其是中世纪封建制度对宪制的意义。有的学者认为宪制的实质就是权力的分离与制衡，其历史可以追溯到古希腊时期亚里士多德关于城邦公共权力职能分工的思想、希腊—罗马公民波里比阿对古罗马混合政体的推崇、西塞罗的法治思想等。在中世纪，灵与肉的分离、宗教与政治的二元化、自然法与实体法相区别的思想、国王与分封领主之间的契约关系等因素都对现代宪制的发展产生了深刻影响。有的学者特别强调基督教是产生宪制的关键性制约因素。这种制约是双重的，一方面，人的原罪以及上帝的全知全能决定了任何人间的事务都是有深刻缺陷的，任何人都是有可能犯错误的，任何人都不应该得到只有上帝才可以享有的神圣性，一旦有人试图变成上帝就会给人间造成巨大灾难；另一方面，人又是上帝仿照自己的模样创造出来的，人是万物的灵长，人享有任何其他生命和物不能享有的尊严和价值，除了上帝，人不应该成为任何东西的工具，这些东西不仅包括任何世间的权力，甚至包括主持宗教事务的教会机构。有的学者强调西方中世纪的封建制度对宪制的深刻影响，提出国王与分封领主的人格平等是现代政治契约论的源头，分封造成的社会多元化有利于城市和商业的发展并最终催生了现代市民阶级，等等。体现该路径的文献主要包括一些研究宪制的历史学著作以及相关文化学著作，如弗里德里希的《超验正义——宪政的宗教之维》、麦克伊文的《宪政制度论——一个历史的考察》等。

第四种路径是经济学的。该路径强调宪制与国家税收体制的关系，强调经济分析方法在政治领域的运用。前一方面与历史社会学的研究有诸多联系，后一方面是公共选择理论兴起后的产物。大量的学者提出，西方宪政的发展基于西方中世纪逐渐产生的国家税收体制的演变。国家就是税收，宪制国家就是一种特殊的税收体制。在中世纪，按照分封制度的理念，国王或者大领主分封部分土地给较小的领主，较小的领主为之提供军役服务。国王拥有自己的私人武装，但是没有相对于其他领主绝对优势的常备军；国王的主要消费依靠自己保留土地的收入，而不是向小领主征税。后来由于各种因素的影响，王国之间的战争规模越来越大，为了打赢战争或将战争继续下去，国王不得不召集诸侯征税，并且越来越深地依赖于这种收入方式，其军费开支以及其他公共支出主要依赖于这种税收。为了得到持续不断的收入来源和军费开支，国王不得不出让自己的部分政治权力来"交换"。而诸侯也以此为条件，提出"无代表不纳税"，并且通过自己的代议机构制定了限制国王权力的若干规则。这就产生了宪制。20世纪80年代公共选择理论兴起后，政治领域的经济学分析方法大量发展起来。它不仅限于税收对宪制的制约，而且根据经济人的自利和理性两个基本假定，提出宪制是人类社会通过长期的理性选择逐步发展出来的优良政治制度。它区分了制定游戏规则和执行游戏规则两个方面的内容，认为人们在执行游戏规则的时候，有可能是零和博弈，正如棋局对弈的一方有胜负一样。但是制定游戏规则的行为则是正和博弈，它仅仅是为了社会合作得以存在、游戏得以进行。正如没有棋局规则就不可能对弈一样，一个理性的人必定倾向于制定一个公平的游戏规则，并且希望制裁那些不遵守规则的人。这种执行游戏规则的行为就是宪制。那些没有发展出宪制的国家，是由于统治者和民众的愚昧认识不到自身的真正利益，或者由于某些条件的限制，双方的互利交换无法进行所致。正如一切流寇如果没有外在因素的强力干预必然发展成为坐寇一样，横征暴敛必然被正常的税收体制取代，暴政也必然被自我限制的宪制所取代。体现该研究路径的文献主要是在一些历史学研究文献中，也有部分纯理论分析著作，如诺斯的《西方世界的兴起》、奥尔森的《集体行动的逻辑》、科斯等人的《财产权利与制度变迁》、布坎南的《自由、市场和国家》、塔洛克等的《同意的计算》等。

第五种路径是哲学的。该路径一方面强调宪制的政治哲学思想资源及对现代宪制思想的影响，另一方面将重点集中在宪制和宪法的道德哲学资源上。这些论题的产生源于宪法和宪制中所存在的问题，学者们力图从经典哲学家那里寻找答案。自英国保守主义思想家柏克批判法国大革命以来，不少学者开始强调英国保守的经验主义与法国激进的理性主义的区别。他们大多把洛克、汉密尔顿、麦迪逊、柏克、贡斯当、休谟等人归于保守的经验主义，而把卢梭、杰斐逊、康德、黑格尔等人归于理性主义。认为理性主义为宪制发展提供的主要贡献是人权思想，但是其激进的革命主张以及其理性主义整齐划一的思维方式也为极权政治的兴起提供了理论资源。对宪制发展贡献更大的是从英格兰传统中发展出来的保守的经验主义，由于它对政治权力以及政治发展持一种悲观、谨慎的态度，能够有效地防范权力的扩张及其破坏性。它认为真实的宪法并非"制定"出来的，而是"发现"的，宪法并非一个完美的文件，而是一个"可以完善的"文件。20 世纪 80 年代，新自然法学派兴起后，法律的道德性问题引起了人们的关注。自然法学派一直认为道德是法律存在的依据。主张契约论的近代启蒙思想家们无一例外地把道德作为国家和法律的基础。到了当代的自然法学派，更是抛弃了自然之类的虚构，直接诉诸道德。如富勒认为法是使人类的行为服从规则治理的事业，它必须具有"外在道德"和"内在道德"。他还区分了义务道德和愿望道德，指出有效的法律必须具有道德性，否则就丧失了法律的存在资格。另一位自然法学者德沃金也认为，法律的运作不可能避免或拒绝法律应当是什么的指引。他在法学方面的一个重要建树就是对宪法的道德解读。宪法的特点是高度的概括性与抽象性，是原则与目的的整体性表达。德沃金指出，这些概念术语往往极其空洞、抽象，对它们的解释必须立足于道德观念。体现该路径的文献主要体现在法哲学论文集和专著中，如罗森鲍姆编的论文集《宪政的哲学之维》、富勒的《法律的道德性》、德沃金的《自由的法：美国宪法的道德解读》、庞德的《法律与道德》等。

以上分析路径从不同角度相互补充、相互印证，比较完整地展示了西方宪政发展的内在逻辑与历史经验，极大地丰富了宪制理论的研究，也为人类社会选择宪制提供了强有力的理论支撑。这些理论成果经过译介、转述及其地方性阐释，也逐步变成了我国法学界、政治学界的知识资源。

（二）国内学术界关于宪制问题的研究路径

自 20 世纪 90 年代以来，我国学界对宪制的研究也呈现出繁荣的趋势，其集中体现就是有关宪制的系列丛书的出版以及相关网站论坛的活跃。丛书如"公共论丛"、"公法论丛"、"法理文库"等，网站如中国公法网、世纪中国等。另外，还出现了专门研究宪制问题的民间学术机构，如九鼎公共事务所。

国内学界的研究主要集中在以下几个方面。

一是历史研究的路径。首先是对西方宪政思想史的研究，其中包括对西方宪政的构成要素、文化背景、理论基础、危机成因等方面内容。这方面的代表性著作有何勤华主编的《20 世纪西方宪政的发展及其变革》、刘守刚的《西方立宪主义的历史基础》、黄基泉的《西方宪政思想史略》等。其次是对西方学者宪制思想的述评。如张军在论文《从宪政国家到市民社会》中对埃尔金和索乌坦主编的《新宪政论——为美好的社会设计政治制度》进行了述评。这是由七位学者对宪制理论从不同方面以专题形式做的论述所组成的论文集。

二是对宪制从法学、社会学、经济学等角度进行分析。这方面比较有影响的著作是季卫东的《宪政新论》，他从法学、政治学和社会学的视角，用复眼式观察方法分析了宪制、法制改革以及法与社会变迁等方面的问题。从经济学视角对宪制进行研究在国内只是初步涉猎，未形成规模。有代表性的论文是钱弘道的《从经济角度思考宪政》。该文中他从宪制的经济根源等三个方面对宪制的研究方法、理论与实践进行了经济的、历史的、比较的分析。

三是政治学角度进行的研究。具体体现为从人性角度进行研究以及从宪制与民主的关系视角进行思考。这方面最具影响力的显然是刘军宁先生，其代表性著作是《共和·民主·宪政》。在该书中他在国内较早厘清了民主、共和与宪制的复杂关系，凸显了宪制建设对于中国政治发展的重要意义。在他的影响下产生了一批较有影响力的中青年学者。

四是从哲学角度研究宪制。这方面的研究从两个向度展开：其一，从法哲学角度进行研究，强调人本主义、人权是宪制的核心。如公丕祥、李龙、郭道晖、徐显明、夏勇等著名学者。这方面的研究成果最为丰厚、扎实，文献也较多。其二，从道德哲学角度进行研究。这方面的研究比较薄弱，仅有一些论文初步涉及，其理论深度也远不如法哲学的研究。如谢维雁在《论宪政的德性》一文中指出，宪制本身必须具备一定的内在道德，并列举了十项具体准则，指出这十项准则是判断宪制自身合法性的依据；李龙和朱孔武在论文《宪政的超越之维——兼论"以人为本"的宪政意义》及其系列论文中指出，人的尊严在西方语境中构成宪制的超越之维，而"以人为本"作为人权的核心内容，构成了我国宪制的超越之维，它既是我国宪制建构的根本，也是借鉴世界其他国家宪制和人权理论与制度的坚固基础。

显而易见，国内外的学者对宪制进行了大量有价值的研究，这些研究都是开展本书研究不可或缺的基础。然而上述研究仍需拓展。从法学的路径考察宪制，其优点是把握了宪制的基本载体，即宪法以及司法审查在现代政治制度中的极端重要性，其缺陷是容易陷入实证主义法学观的影响，很难厘清宪制与宪法的复杂关系，也很难为衡量真实与虚假宪制提供一个分析标准。从政治学的路径考察宪制，能够把握宪制的主体内容及其社会基础，但其对权力和人性的悲观理解虽然具有"实践的合理性"，但在逻辑上存在瑕疵，不可能一以贯之，民主对人性善的信念与宪制对人性恶的信念始终是一种无法回避的冲突。而且，它基本上把社会主义国家的宪制经验完全否定了，很难有完整的说服力。从历史社会学路径考察宪制，揭示了宪制发展独特的历史文化经验，有利于我们深入认识现代宪制发展的复杂性。但其所持的冷漠的中性立场以及对历史因素的过度强调，很难为现实中的宪制运动提供理论资源，而且这种历史偶然论也在很大程度上消解了宪制对于人类文明发展的普遍意义。一个完全基于某种独特历史经验产生的事物是不可能具有深远的历史影响的。从经济学路径考察宪制，其最大的优点是逻辑性强，理论推导具有相当强的说服力；其最大的缺陷是逻辑前提不完全可靠，实际上它把宪制的意义完全局限在一种资本主义经济体系中了。因此，笔者认为，对人类宪制现象的研究必须进一步抽象到更高的层次，才能避免西方特殊的历史经验所产生的历史偶然性。这种更抽象的层次的内容之一就是开展宪制伦理的研究，通过考察宪制的道德正当性及其伦理意蕴，解释人类选择宪制的必然性。西方学界对此的讨论大多与宗教因素交杂在一起，反而限制了其普遍意义。总的来看，西方学者囿于自身文化资源及其语境的限制，很少单独讨论宪制伦理问题。处于中西社会发展巨大反差语境中的中国学者，出于对中国传统道德理想主义深刻局限的反思，也很难真正挑战西方学者传统的分析路径，另辟新路。因此，尽管讨论宪制伦理问题的论说也在他们的有关著述中时时闪现，但除了有限的几篇论文，很少有人把这一问题单独凸显出来加以研究。目前国内还未有专门的宪制伦理的研究，上述提到的有关宪制道德性的研究还停留在对宪制的道德原则及伦理内涵的揭示，尚未达到对宪制的道德正当性的追问。

　　总之，从国外尤其是西方的学术传统来看，宪制问题历来是西方学术界广为关注的重要问题，其研究大致形成法学、政治学、社会学、经济学和哲学五个方面的路径和传统。但是对宪制伦理的研究却一直没有完全展开。可以这样说，在科学取得学术上的统治地位之前，宪制伦理的研究有一系列深刻的思想，但是完全淹没在法律伦理的海洋之中，从亚里士多德到洛克基本都是如此。在科学取得了在学术上的统治地位以后，实证主义法学就占据了主流，从那时起，一切都被戴上了科学的帽子，法学和伦理学也不例外。在学术研究中，伦理学的理论尤其是方法被边缘化。而富勒、罗尔斯、德沃金、哈贝马斯等人甚至包括他们之前的康德也都扮演了实证主义批判者的角色。所以，上述五人在宪制伦理方面的贡献是巨大的。国内对于宪制伦理的研究处于自发的、零星的状态，不但缺少系统的成果，而且在方法和研究视野上呈现出单一性。当然，国内外对宪制的思考无疑是有价值的，都将是本书研究可资借鉴的基础。

三　宪制伦理研究的理论线索述评

从国内外的研究现状来看，宪制伦理的研究还处于起步阶段，笔者将现有的理论线索加以梳理，概括为以下两个方面，从而构成本书研究的基础。

（一）法律伦理的基础理论

法律伦理的基础理论主要包括四个方面的理论成果。

其一是法律的道德性理论。富勒在《法律的道德性》中提出"道德使法律成为可能"。该理论论证了"义务的道德"与"愿望的道德"之间的区别，他认为，如果说"愿望的道德"是以人类所能够达到的最高境界作为出发点的话，那么"义务的道德"是从最低点出发，它确立了使有序社会得以达致其特定目标的那些基本规则。该理论的核心内容就是构成法律的内在道德的八项品质：法律应当具有一般性，法律应当颁布出来，法律不得溯及既往，法律表述应当清晰，法律不应自相矛盾，法律不应当要求不可能实现的事情，法律在时间之流中应当保持连续性，官方的行动与公布的规则之间应当具有一致性。在该理论体系中，法律的内在道德被称为程序的自然法，而法律的外在道德也即实体性道德被称为实体的自然法。

其二是基于正义的"道德发展过程"理论。罗尔斯在其著名的《正义论》中指出正义的对象是社会的基本结构——用来分配公民的基本权利和义务、划分由社会合作产生的利益和负担的主要制度。罗尔斯的正义观可以概括为：所有的社会基本善——自由和机会、收入和财富及自尊的基础——都应被平等地分配，除非对一些或所有社会基本善的一种不平等分配有利于最不利者。基于这种正义观，在一个实现了正义原则的组织良好的社会中可能出现的道德发展过程是：权威的道德—社团的道德—原则的道德。最初的权威的道德主要由一系列命令和规则构成，而发展到最后阶段的原则的道德，则上升为按照道德的首要和根本原则行动。

其三是基本自由权优先性的宪法确认。罗尔斯在其《政治自由主义》一书中进一步指出：只有当我们履行政治权力的实践符合宪法时，即当我们可以理性地期许自由而平等的公民，按照他们的共同人类理性可以接受的那些原则和理想来认可该宪法的根本内容时，我们履行政治权力的实践才是完全恰当的。秩序良好不再是社会归依于某种基础性的道德信念，而是共同认可的一种政治的正义观念，这种正义观念既是各种主流性的宗教、哲学与道德学说间的重叠共识的焦点，也是西方三百年来整个公共文明与思想运动——以宗教宽容为标志的宗教改革是其开端，而基本自由权优先性得到宪法的确立是其完成——的最后结果。

其四是法律伦理学理论体系。国内学者李建华在《法律伦理学》中从法律伦理、礼法伦理、司法伦理、守法伦理等方面，构建了一个完整的法律伦理学理论体系。

在法律伦理的基础理论中，富勒最为重要的理论贡献就是扩展了自然法学讨论的范围，将法律本身的程序内化为法律自身的性质和目的，强调法律成为道德的可能在于程序要求和目标追求的统一。尽管富勒没有探讨宪制问题，更无法涉及宪制伦理问题，但是宪法作为根本法，宪制作为法治的高级形态，富勒的理论对于研究宪制伦理具有基础性的指导意义，这为我们研究宪制的内在道德性提供了可供借鉴的路径。罗尔斯的"道德发展过程"理论为宪制伦理的主体构建提供了理论范式。其"基本自由权优先性的宪法确认"为确立宪制伦理的最高价值指明了方向。李建华建立的法律伦理学理论体系是一个大胆的尝试，具有一定的理论先导性。

（二）宪制伦理的基础理论

宪制伦理的基础理论主要包括八个方面的理论成果。

其一是"宪法爱国主义"理论。当代学术大师哈贝马斯认为：

存在多元文化差异的人类共同体是不能以民族认同来维系的。现代国家统一的价值规范是"宪法爱国主义"而不是"民族主义"。他指出，一个民主国家的理性宪法体现了一种预先确立的、抽象化的原则性社会契约，用立宪爱国主义整合自由民主制度中的普遍主义成分，用政治文化观统摄社群主义和共和主义的特殊主义要素，在多元化的社会中，宪法代表一种形式的共识，从而建立了宪制伦理主体之间的关系准则和行为模式——协商民主。

其二是宪法制度的价值法则。著名法学家夏勇认为，宪法之所以为根本法，乃是因为它体现一种能够作为最高权威来源的根本法则。根本法则之所以具有最高权威，乃是因为它体现基本价值。这种基本价值的核心，不仅是人本的，而且是自由的，即维护人的尊严和福祉。这一基本价值也是普遍道德。宪法是人类在不断认识和运用根本法则的过程中，历史地产生和发展起来的。基于宪法的政治秩序，被称为宪制。

其三是宪制内含的价值精神。张志铭主张，宪法中应该有恒久不变的内容，这就是作为国脉之所系、社会成员安身立命之所在的宪法的基本价值和基本精神。宪法应该确认和保障一些最基本的政治、经济、社会、文化和人类价值，如最低限度的人权、民主政体、财产保护、法治等，并将它们表述为国家和社会生活所应遵循的最根本的、不可动摇的原则。

其四是宪制正义的维度。高全喜论证了宪制的正义在实质上展现为三个维度：第一，个人自由维度，这个维度关涉的是每一个个人作为不可替代的生命，他的生命、自由、幸福等基本权利的保障与实现；第二，人类群体性的历史维度，这个维度关涉人类作为一种社会组织化的存在，在历史的进化中所展示的价值性意义；第三，超验价值维度，它关涉着上述两个维度的超验性渊源，为它们的正当性提供终极的价值支撑。

其五是关于宪制道德的观点。江山很早从道德角度对宪制的道德性进行了详细的论述。他认为宪制的道德性来源于现代人类的宪制意识和宪制信仰，属于政治道德的范畴，但不等同于政治道德。它与一般的道德规范、人格品质有密切的关联，但亦有重大差别。

它是意识自觉在现代文明条件下的特定呈现。宪制道德虽然是个人的心理状态和内在准则，但它在特殊的时空条件下是一个特定社会、国家最终导向民主宪制还是独裁专制的阀门。这些观点只是在网络上发表出来，没有详细的论证。

其六是宪法的道德解读方法。德沃金在《自由的法：对美国宪法的道德解读》一书中，通过宪法的道德解读，将政治道德引入宪法的核心，阐述了一种解读和贯彻政治性宪法的特定方法，即"道德解读"的方法。

其七是宪制伦理与宪制建设的理论。唐代兴认为宪制伦理就是宪制的伦理化，宪制的伦理化即是宪制必以伦理为基础，必以其特定的伦理思想、伦理框架、伦理原则为理想蓝图和价值平台来立宪，来建立符合宪法的政治、政体、政制、制度和政府。宪制伦理道德建设的基本任务，是为宪制主义民主政治提供普遍平等的自然法则、人性论基础和人权维护、权利保障与权力制约的价值尺度、道德原则和行动规范体系，所以宪制伦理道德建设应围绕"人"、"欲"、"权"而展开：对"人"的自然存在论和社会生存论探讨，为宪制主义民主政治建设提供人人平等的自然法则、价值尺度、契约精神；对"欲"的生物学和文化学探讨，为宪制主义民主政治建设提供坚实的人性论基础；对"权"的全方位考察，则为宪制主义民主政治治理提供人权维护、权利保障与权力制约相协调与均衡的社会机制和行动规范体系。

其八是宪制的伦理维度。陈焱光指出：良好的宪制必然遵从和反映人类的优良伦理，这些伦理维度主要表现为：幸福是宪制的根本关怀，正义是宪制的永恒追求，博爱是宪制的核心价值，人权是宪制的终极目的，和谐是宪制的理想状态。

在宪制伦理的基础理论中，哈贝马斯的理论贡献在于强调社会关系是建立在相互承认的基础上的，每个人都承认他人不但和自己是平等的，而且是自由的，人人都可以获得这种"形式普遍性"，它承认由差异构成的多元文化整体。这样，国家就获得了作为人的共同体的正当性，而民族只是一种历史联系和感情联系，人们并不是非要有相同的民族背景才能一起共同提倡和维护普遍的公民权利。因此，作为国家理性最高形式的凝结，宪法获得了至高无上的地位，这为宪制伦理的研究提供了逻辑场域。然而该理论的缺憾也是显而易见的：对于多民族国家而言，历史文化的多元性和错综复杂的民族关系对宪制有着更高的要求，"宪法爱国主义"作为一种愿望无法具有终极的和全面的解释力。似乎夏勇的观点在研究过程中通过历史的方法得以展开和多维度证成。张志铭强调宪法必须建立在对人性、人类社会本质深刻洞察的基础之上，直接导向了对伦理本质的追问。高全喜的论点也为宪制伦理的研究提供了可借鉴的思路。江山关于宪制道德的观点可谓真知灼见，但缺乏系统和全面的论证。德沃金关于宪法的道德解读只是一种方法论，也是表明他对实证主义法学的一贯批判态度。当然，道德解读无疑在美国宪法生活中起到了相当重要的作用，同时也造就了联邦最高法院所有最伟大的宪法判例，他在许多问题上的敏锐眼光、逻辑思维、有条理的阐释，都为我们提供了法律诠释的方法和视角。作为一名伦理学学者，唐代兴提出了宪制伦理与宪制建设的理论，他是国内最为系统研究宪制伦理的学者，然而他的角度完全是伦理学的而非法学的。相反，陈焱光对宪制伦理维度的研究是站在法学的立场上，缺少伦理学的方法和视野。

上述理论成果构成了本书研究的基础材料，其中相关观点为本书研究提供了学术启发、理论奠基和直接借鉴。

四　运用资料与研究方法

研究方法主要取决于研究内容的属性，并受研究中所运用的资料的限制。本书运用的研究资料大体上可以分为两部分。第一部分资料是古今中外的一些研究著作和论文。这些著作和论文从学科性质上讲包括了法学、伦理学、政治学、社会学、哲学、经济学等多个学科领域，涉及西方哲学、人文社会科学的领域的诸多重要人物及其思想，笔者通过国家、社会和个人三个维度或者将这些思想系统化为本书的逻辑基础，或加以诠释和评判，厘定争议。从而在研究方法上注重历史分析方法和实证分析方法的运用。第二部分资料是各国的宪法文本。从时间上讲这些宪法跨越古今，但是以现代和当代的宪法文本为中心；从空间上讲又包罗中外，但是以美国、法国、德国、日本等发达国家的宪法文本以及英国等不成文宪法国家的宪法惯例作为研究对象，结合我国宪法进行研究，从而在研究方法上以比较研究方法、规范分析方法为主。在具体方法的运用上，以法学方法为主，但是在对宪法规范进行分析的过程中，又采用了宪法发现、宪法解释、宪法推理等若干法律方法。

五　研究的价值

本书研究的价值可能在于：在克服诸多障碍的基础上取得了一点理论成果。具体而言，首先厘清现代政治与法律活动的理性化与道德对现代政治与法律活动的深刻制约关系，既能避免西方实证主义分析法学缺失道德关怀的弊端，又不陷入传统中国政治文化中的道德理想主义泛滥的陷阱，深入全面探讨宪制与道德的复杂关系。这在一定程度上摆脱了西方语境下对宪制问题研究的主要路径，通过进一步的抽象化对宪制的道德正当性进行追问，并探求宪制的普适价值，为中国的宪制实践提供更加可靠的知识资源。其次，贯通宪制伦理的社会维度、国家维度与个人维度之间的关系，把宪制伦理的历时性分析与共时性分析有机地结合起来，展示了宪制不同维度后面的历史逻辑与价值取舍。而这一点理论成果不但对于宪制理论的拓展有一定价值，也对法伦理学甚至宪法学学科建设有积极作用。再次，更重要的是，站在法学与伦理学的双重立场对宪制伦理进行开拓性、系统性研究是作为一次立足于中国法治现实的艰难的学术探索，这对我国这样一个伦理思想十分发达的国家，建立和谐社会和社会主义宪制，不但具有重要的理论意义，也有一定的实践价值。

第一章

人的尊严：宪制伦理的道德基础

宪制伦理被理解为宪制所蕴含的道德意义，是指宪制本身的道德性及其伦理价值、伦理关系和伦理评价，其更深层次的问题是宪制必定能得到某种道德价值的支撑，也就是宪制的正当性问题。本章通过对宪制与宪法相互关系主要方面的把握，对宪制伦理理念历史源流尤其是通过对于作为宪制的古典民主理念、法治理念和共和理念历史演进及其内蕴的伦理思想的探索，对中世纪基督教伦理及近代宪制对人权观念的确立、宪法的诞生的探讨，揭示出人的尊严是宪制伦理的道德基础和最高价值。

一 宪制与宪法相互关系的主要方面

探求宪制伦理的道德基础，无法绕过宪法。宪法（constitutional law）与宪制（constitutionalism）具有同源性，就像一枚硬币的两面，不可分离。所以我们需要从宪制与宪法相互关系的主要方面来把握它们的本来面目。

（一）宪制以宪法作为逻辑前提

顾名思义，宪制就是以宪法为基础的政治，所以在政治学上可以将宪制称为"立宪政府"、"立宪政治"、"立宪政体"、"立宪主义"或者"民主政治"等。① 而"立宪政府的理论和实践可能是西方世界所取得的最伟大的政治成就……可能成为全人类永久遗产"②。学术研究中，宪制是一个见仁见智的概念，宪制作为专制政治制度的对立物，其基本内涵就是：用宪法这一国家根本法的形式，把人类经过艰苦卓绝的奋斗所业已取得的民主事实确认下来，并运用法治的精神来发展和完善该民主事实，以此限制国家权力，保障公民的基本权利。可见，宪制说到底也是一种使政治过程法律化的理念或理想化的状态，它要求政府在行使任何权力的过程中都必须以宪法为依据并受宪法的制约。当下，世界上绝大多数现代国家（包括民族国家）都有一部被称为"宪法"的纲领性文件。在西方国家，宪法实际上是个多义词，可以在多重语境下使用。其词根 constitution 最初的含义就是组织、结构、确立、政体等意思，首先被古代罗马帝国采用，表示由皇帝和市民议会之间订立的法律文件。中世纪以后，被用来指封建主的各种特权以及部分城市和团体有关权力的书面规定等。③ 19 世纪 60 年代以后，随着西方立宪政治影响的不断扩大，许多国家出现了近代意义上的宪法概念，并逐渐成为正式法律用语，主要是针对限制王权而言的，它规定国家机关的权限、组织结构及其相互关系，确认公民的基本权利和义务，是国家的根本法。经过不同时期的历史演变，逐渐成为具有现代宪法特质的权力规制与权利保障体系。

---

① 其实这些概念之间是有一些细微差别的。立宪政治是与"日常政治"相对应的一个概念，它为后者确定基本的制度框架，它除了制定合乎自由原则的宪法之外，还需要进行制度建构。"立宪政体"是与"专制政体"相对应的一个概念，强调政治生态中宪法的地位和功能。立宪主义（constitutionalism）是一种关于人类社会应如何组织其国家及其政治生活的规范性思想，其精髓在于以宪法和法律来规范政府的产生、更替及其权力的行使，借以防止人民的人权受到政权的侵害，并进而确保政权的行使能符合人民的利益。立宪主义认为国家统治者所掌握的政权是人权和自由的最大威胁。由于政治是人类共同体借助公共权力（或特权），管理冲突并实现特定价值目标的方式和过程，那么民主政治就是凭借公共权力，和平地管理冲突，建立秩序，并实现平等、自由、人民主权等价值理念的方式和过程。

② ［美］卡尔·J. 弗里德里希：《超验正义——宪政的宗教之维》，周勇等译，生活·读书·新知三联书店 1997 年版，第 1 页。

③ 韩大元等：《宪法学专题研究》，中国人民大学出版社 2004 年版，第 53 页。

其实，宪法与宪制共同属于历史范畴，① 它们都是商品经济高度发展的历史产物，是近现代民主政治和法治精神的现实反映，二者的价值目标大体具有一致性，即以规制国家权力为手段、保障公民权利为目的。宪法与宪制的关系就和法律与法治的关系一样：从逻辑上讲，从法律实践的各个环节上贯彻法律的内在精神，使之真正成为约束社会关系主体行为的规则体系，法律就实现了，而法律的实现正意味着社会实现了法治。社会关系主体尤其是国家只有认真对待宪法，从宪法实践的各个环节上贯彻宪法的内在精神，视宪法为真正的根本大法，并控制国家的所有权力，包括使国家日常运转和政治生活在宪法的轨道上运行，就实现了作为法治最高形式的宪制。② 可见，宪法一旦颁布和实施，就成为宪制的逻辑前提和依据。如果没有宪法，宪制的实施就没有依据和保障。

（二）　宪法是宪制运动的必然结果

任何事物的发展都从其历史源头开始并逐渐改变自己。尽管从逻辑关系上我们不能断言宪制先于宪法，事实上这就像"先有鸡还是先有蛋"的问题。但是今天我们可以称之为"宪制"的这种存在必然有其历史"活化石"，笔者将其称为"宪制运动"。历史叙事的路径可以帮助我们找到那些久远的踪迹。法治发展的高级形态就是宪制，而在西方法治国家的传统中，古老的共和制和民主追求与法治形影相随，希腊传统和罗马文化（尤其是以罗马法为代表的法文

---

① 本书所提及的宪法、宪制内涵可以分为两个阶段，资产阶级宪法正式产生以前为一个阶段；这个阶段的宪法、宪制处于自发的、未形式化的状态，不具有我们现在所谓宪法、宪制的含义，但它无论在形式上还是在实质上都不同于普通法律及其运行，这个阶段的宪法、宪制对近现代宪法、宪制产生了重要影响。资产阶级宪法产生之后为宪法、宪制的自觉阶段，我们通常所谓的宪法、宪制即是这个阶段的含义。

② 一般认为，法治意味着严格按照法律治理国家，它包含一个国家以宪法为基础的法律和法律制度由静态到动态的运行过程。法治强调国家受宪法和法律的限制，政府权力来源于宪法和法律的授权，依宪法和法律指示的轨道运行，任何越权行为都是同宪法相违背、与宪制价值相悖的行为。法治的集中体现是法律至上、宪法至上，依法治国首先是依宪治国，即运用宪法的民主原则和法治精神来治理国家，离开了宪法和宪制，法治也失去了依据，权力也就失去了控制。因此，宪制是法治的基本标志，是法治的高级阶段。

化）以及英国的"巴力门"（Parliament）① 主权就是最好的印证。有学者甚至断言："宪法应运而生的惟一原因是为了缔造自由的共和政府。"② 在宪法诞生之前，共和主义早已经历古希腊的斯巴达、雅典等城邦国家开始了其历史步伐，而之后古罗马以及中世纪的意大利先后诞生了许多诸如威尼斯、热那亚等著名的共和国。这些古代的共和政体正是当代以自由为表征的共和国的历史形式。当前，人们已经认识到"宪制主义是四种思潮的融汇：共和主义、自由主义、民主主义和法治主义。共和主义确定政府形式，民主主义解决了主权的归属及政府的合法性，自由主义指明了政府的目的，要求划分政府权力与个人自由的界限，法治主义主张法律体现人的尊严和自由，并以这样的法律限制政府"③。

　　事实上 19 世纪以降在世界范围内兴起的立宪主义热潮就是一部宪制运动史，只不过在笔者看来西方传统的宪制是一个自然养成的过程，而那些通过民族解放运动获得独立的国家的宪制许多还不具有实质意义上宪制的基本特征，作为其民族国家主要标志的宪法甚至在有些国家只是一个政治道具而已。但是不管怎么讲，"给国家披上宪法外衣"总比赤裸裸的暴力统治更让国家合乎政治道德。此后各国的宪法基本上以实证主义方式，重视宪法的可操作性，从而在一定程度上弥补西方传统中的社会契约论和自然法思想所秉持的形而上的缺憾。可见，作为宪制运动最初表现形式的立宪主义进程是西方自然法传统与法律实证主义完美结合的产物，这种"给国家披上宪法外衣"的运动只是宪制运动的第一阶段，但也是非常重要的阶段。接下来要发生的事情无非就是如何运用宪法来治理国家，这是宪制运动的高级阶段。由于这个过程与前一个阶段相比较更加温和，所以笔者不再称之为"宪制运动"而直接称其为"宪制"了。

---

　　① Parliament 实际是指君主（the King）、贵族院（House of Lords）和众民院（House of Commons）共同掌管国家最高权力，即 the King of Parliament。

　　② 王炎主编：《宪政主义与现代国家》，生活·读书·新知三联书店 2003 年版，第210 页。

　　③ 同上书，第 209 页。

　　至于宪法与宪制的区别之处何在，学术界虽然有诸多不同的论证，但笔者认为何勤华教授的概括是到位的：第一，宪法是一个名词，宪制是一个动名词，是将宪法予以贯彻实施的一种行为、活动和实践。第二，宪法是一个文本、一种文献，而宪制是一种运动，是一种实践，是一整套的制度体系及其运行。第三，有了宪法，可以有宪制，也可以没有宪制。但是有宪制的国家，必定有宪法，或者是成文的，如美国、法国、德国、日本等；或者是不成文的，如英国等。第四，宪法是一种理想，是一种宣言，而宪制是一种结果，是一种实现了或者基本实现了宪法理想的境界。何勤华教授最后指出："有了宪法，未必一定能实现法治，它仍然可以是人治的国家。"[①] 把握宪法与宪制基本关系的主要方面，其关键是在历史与逻辑的统一中认识静态的宪法与动态的宪制的辩证统一。

二　宪制伦理思想的历史演进

　　宪制伦理理念的历史演进与宪制的确立、宪制实践的展开是分不开的。探讨宪制伦理理念的历史演进有助于我们把握人类理性的流变规律。对于不同时代人类的政治实践、法律实践、道德实践是与宪制伦理理念的关联性分析，对于作为宪制要素的民主主义、法治主义、共和主义和自由主义等与关联的伦理理念的揭示，都将证明历史的逻辑为宪制伦理的立论提供了支撑。

（一）古代宪制伦理思想的萌芽

　　只要是关于人类文明尤其是制度文明的研究，很少不是从古代传统开始的，笔者也不能脱俗。古人的生活状态与他们所处的时间和空间有密切的关系。那时的人们对于"此时此地"的生活似乎顺从了自然的安排，而人与人之间的每一次互动和交往都因其时间上的短暂性和空间上的局限性而难以形成比较持久的经验。经验的积

---

① 何勤华：《从宪法到宪政》，《法学论坛》2004 年第 4 期，第 18 页。

累也是观念的养成过程，宪制伦理理念也是如此。

　　1. 古代宪制的民主理念

　　可以说"正是希腊人——很可能是雅典人——创造了民主（democracy or demokratia）一词，这一词语来源于希腊语 demos（人民）和希腊语 krakos（统治）这两个词的组合"①。古代宪制的民主理念体现了作为追求正义与自由手段的民主政治的价值。古希腊城邦的直接民主方式似乎可以视为一种宪制民主的模式。除了技术官吏外，都是通过抽签的方式产生而没有资格的限制，使得每一个公民都有机会成为政治权力的分享者。这种模式使得整个城邦沐浴在民主的阳光之下，而且"我们看到，所有城邦都是某种共同体，所有共同体都是为着某种善而建立的（因为人的一切行为都是为着他们所认为的善），很显然，由于所有的共同体旨在追求某种善，因而，所有共同体中最崇高、最有权威并且包含了一切其他共同体的共同体，所追求的一定是至善。这种共同体就是所谓的城邦或政治共同体"②。显然，从城邦国家到平民社会，所有组织都被赋予了一定的道德义务——为善，从而使我们看到了宪制伦理的历史雏形。伯里克利于公元前 431 年在阵亡将士国葬典礼上发表的演说中有几句话道出了古典民主的实质："我们的制度之所以被称为民主政治，因为政权是在全体公民手中，而不是在少数人手中。解决私人争执的时候，每个人在法律上都是平等的……我们的政治生活是自由而公开的，我们彼此间的日常生活也是这样的……在我们私人生活中，我们是自由的和宽恕的；但在公家的事务中，我们遵守法律。……你们要下定决心：要自由，才能有幸福；要勇敢，才能有自由！"③

　　在亚里士多德看来，"法律的制定应该与政体相适应，而且所有的法律也都是这样制定的，却不能说政体的创立应与法律相适

---

　　① ［美］罗伯特·达尔：《民主论》，李柏光等译，商务印书馆 1999 年版，第 14 页。

　　② ［古希腊］亚里士多德：《政治学》，颜一、秦典华译，中国人民大学出版社 2003 年版，第 1 页。

　　③ ［古希腊］修昔底德：《伯罗奔尼撒战争史》，谢德风译，商务印书馆 1997 年重印本，第 130—135 页。

应。一个政体即是对城邦中各种官职的一种设置，以某种方式对官职进行安排，确定该体制中的权力所在和每一城邦共同体的目的所在。而法律是独立成章的，是说明政体性质的一种规章，当权者必须依法统治，并防止有人违犯法律"①。由此产生的一种系统化的宪制伦理理念就是：政体（宪法）高于一般法律，它是权力的依据和界限。当然，"这种范式根本不是现代宪法的翻版，不仅是因为它没有强调人权，而且它也没有提及对权力的行使加以限制的必要"②。但是我们不能用现代的眼光去审视遥远的历史，诚如弗里德里希所认识的，古代的政体（宪法）"仅等同于政治秩序或政治结构，包括其组成的各个方面，并不是指我们现在所说的'基本法'。但是毫无疑问，它在现代宪政论的演化中起过作用"③。其实，这种朴素的民主并非尽善尽美。按照亚里士多德的逻辑，只有谋求共同善的政体才是正确的，同时是符合绝对正义的，而仅仅为了实现统治者的善的政体都是错误的。为此，他将政体分为正宗与变态两类：前者包括统治权分别掌握在一人、少数人与多数人而谋求全邦利益的君主制、贵族制与共和制；后者则为统治权掌握在一人、少数人和多数人而仅谋取统治者私益的僭主制、寡头制和民主或平民制。从理想的"共和"政制的择取和法治内在要求的整体来看，亚里士多德所否弃而斥之为变态政体的民主制不过是无法无天的极端民主，也就是政事最后由群众决定而不是由法律决定，这样的结果必然导致法律被漠视为"群众专政"。④ 显然，如果事事都交由群众决定，不但是没有效率的，而且也有悖于代表群众意志的法律的精神。

亚里士多德的宪制思维并没有就此停下来，他同时通过对诸多城邦共和国法律的考察，进一步为朴素的宪制开出了伦理药方：

---

① ［古希腊］亚里士多德：《政治学》，颜一、秦典华译，中国人民大学出版社2003年版，第117页。

② ［美］卡尔·J. 弗里德里希：《超验正义——宪政的宗教之维》，周勇等译，生活·读书·新知三联书店1997年版，第5页。

③ 同上书，第4页。

④ 参见黄基泉《西方宪政思想史略》（http://www.ckmba.com/dispbbs.asp）。

"中庸原则"。他认为："幸福的生活在于无忧无虑的德性，而德性又在于中庸，那么中庸的生活必然就是最优良的生活——人人都有可能达到的这种中庸。"① 原因在哪里呢？因为只有"这种处境下人最容易听从理性，而处于极端境况的人，如那些在相貌、力气、出身、财富以及诸如此类的其他方面超人一等的人，或者是与上述人相反的那些过于贫穷、孱弱和卑贱的人，他们都很难听从理性的安排。头一种人更容易变得无比凶暴，往往酿成大罪，而后一种人则易变成流氓无赖，常常干出些偷鸡摸狗的勾当。这两类罪行一则起源于暴虐，一则起源于无赖"②。可见，"由中产阶层构成的城邦必定能得到最出色的治理"③。中庸体现了人类理性的基本方面，既不极端贫困也不极端富裕的中产者成了中庸的标志，他们不会走极端，而是在理性的引导下既有天国的理想，也有尘世的生活，成为国家与社会的稳定力量。

古代宪制的民主理念是在当时的政治实践中产生并获得发展的，从民主实践的角度看，梭伦是雅典民主的奠基人。贵族出身的梭伦在平民与贵族斗争无法调和的时候被推到前台做执政官。他坚信由于世袭的上层阶级的权力没有约束和监督，所以只有建立民主的宪制才能够奠定良好国家的基础。为此，他制定了民主的选举法，让九位执政官通过抽签和差额选举的方法产生，把原属于贵族会议的重要官员的选举权和为公民大会准备提案的权力，分别交给公民大会和四百人大会行使，设立民众法庭，每个公民都可以以陪审员的身份参加，申诉权属于广大民众，贵族会议保留维护法律的职责。当然，在梭伦晚年的时候，他所创制的民主体制被专制的独裁统治践踏和抛弃，但这种民主的精神还是被后来者所继承，尤其是"经过著名政治家克里斯提尼和伯里克利领导的政治改革，雅典的民主政治最终确立下来，并具有较为成型的体制，包括民主运作

----

① ［古希腊］亚里士多德：《政治学》，颜一、秦典华译，中国人民大学出版社2003年版，第137页。

② 同上书，第138页。

③ 同上。

的各种程序"①。可以说正是这种古典民主精神的传承才奠定了近现代民主的基础。

2. 古代宪制的法治精神

古代宪制的法治精神体现了对自由的追求和保障。当我们将那些古代的政制看作宪制的历史形态时，法治尤其是其精神完全可以脱离"背景"的角色而成为宪制的核心要素。逝去的历史是无法复原的，好在先贤们留下了他们关于法治的思考与总结。早在雅典城邦国家时期，维尔认为："古典思想最伟大的贡献在于它强调了法治，强调了法律对于统治者的至高无上。"② 早在亚里士多德之前，柏拉图在"哲学王"统治的"理想国"梦想破灭以后，退而求其次地推出了法治的主张。而且，他给法律赋予一定的道德内涵：理想的法律就是体现正义的法律，是符合道德正义的法律。随后，亚里士多德系统阐述了法治的思想和理念。他指出："崇尚法治的人可以说是惟独崇尚神和理智的统治的人，而崇尚人治的人则在其中掺入了几分兽性；因为欲望就带有兽性，而生命激情自会扭曲统治者甚至包括更优秀之人的心灵。法律即是摒绝了欲望的理智。"③ 在提出法律之治以后，他进一步揭示了法治的真谛：良法之治。他指出："恪守法律可以分成两种情况：或者是恪守在人们力所能及的范围内最优良的法律，或者是恪守在单纯的意义上最优良的法律。"④ 他也提出了良法的三个条件：其一，良法的目的应该是为了公共利益而不是个别利益。其二，良法应当体现自由，法律与自由是一致的，自由具有最高的道德价值。其三，良法必须能够维护当时的城邦政体。良法标准的提出凸显了"恶法"的效力问题，可以说，亚氏之后的自然法学和分析法学的理论主张都没有摆脱对这个问题的讨论。

---

① 程燎原、江山：《法治与政治权威》，清华大学出版社 2001 年版，第 22 页。

② ［英］M. J. C. 维尔：《宪政与分权》，苏力译，生活·读书·新知三联书店 1997 年版，第 22 页。

③ ［古希腊］亚里士多德：《政治学》，颜一、秦典华译，中国人民大学出版社 2003 年版，第 110 页。

④ 同上书，第 132 页。

罗马法之前的可以称之为"宪制"的理念和实践，在罗马法面前是大为逊色的。诚然，罗马法从文化本源上离不开古代传统，但是罗马法的巨大成就确实有力地印证了"青出于蓝而胜于蓝"这一格言。的确，罗马法的精神奠定了近代以来西方社会的政治法律基础，它所倡导的正义理念决定了当代西方宪政的基本走向。

言及罗马法，我们一般都很熟悉狄奥多西一世皇帝于公元 438 年将罗马帝国的法律汇编成《狄奥多西法典》（*Codex Theodosianus*）和一个世纪后查士丁尼大帝对罗马法进行了重新整理汇总、编纂成《民法大全》（*Corpus Iuris Civilis*）两部宏大著作。这仅仅说明丰富多彩的市民社会的生活有了基本的法律规则，用现代的眼光审视，还只是私法领域内的事情。

那么，是什么可以保障市民社会的基本权利和秩序呢？当然是宪制。宪制首先应当是对人们生活经验、生存智慧和生活方式的一种态度，保障这一切不会受到其对立面的不法侵害，这却是公法领域内的事情。古罗马著名思想家西塞罗在他的《国家篇 法律篇》中指出："对一个国家来说，最好的政制是前面提到的三种政体形式——君主制、贵族制、民主制——的均衡结合。"① 他将罗马共和国看作一个兼备君主制、贵族制与民主制优势的混合政体，是把人民的权力和执政官的政治智慧以及元老院的权威相结合而构成中庸而和谐的宪制体制。在此，官制、元老院和民众（表现为民众大会）形成三足鼎立之势。其中由民众大会选举产生两名拥有"治权"的执政官掌握军事、审判与祭祀大权，元老院掌握着立法批准权、财政权、外交权等，而民众大会拥有选举执政官与议决法案的职权。就总体而言，"从公民有权参与国家管理、官职对所有公民开放、民众会议的基础不断拓宽等角度看；应当承认，在罗马共和国存续的 500 年期间，其宪制在平民与贵族的相互竞争中一直反映出民主化的态势。"② 在西塞罗的眼中，自然法就是全世界的法律，它远远高于人类制定的任何法律，统治这个世界的是永恒不变的自

① ［古罗马］西塞罗：《国家篇 法律篇》，沈淑平、苏力译，商务印书馆 1999 年版，第 73 页。

② 参见黄基泉《西方宪政思想史略》（http：//www. ckmba. com/dispbbs. asp）。

然法，而人类的法律作为一种理性来源于上帝的理性，"人和上帝的第一份共同财富就是理性。因为正当的理性就是法，所以我们必然认为人与上帝共同具有法"①。同样，"对于我们一切人来说，将只有一位主人或统治者，这就是上帝，因为他是这种法律的创造者、宣告者和执行法官。无论谁不遵从，逃避自身并否认自己的本性，那么仅仅根据这一事实本身，它就将受到最严厉的惩罚，即使是他逃脱了一般人所认为的那种惩罚"②。所以包括国家在内的一切政治团体以及个人都必须接受法律的约束和支配，质言之，在法治关系中体现着一种超验的伦理：一切顺从上帝的理性，而人类与上帝拥有共同的理性，因此服从法律实际上就是服从上帝。

事实上，在西塞罗的世界观里，上帝的法律、道德、自由以及正义其实是统一的。他指出："在一个以法律为根基的国度，弃法律于不顾的行径将会是更大的耻辱。因为法律是维系个人在共同体中的利益的纽带，是我们得享自由的基础，是正义的源头……没有法律的国家犹如缺失头脑的人体……总而言之，我们遵守法律，是因为法律赋予我们自由。"③ 由此可见，在古代宪制的法治精神中，贯彻着对人的自由的追求与保障，不能容忍对人的自由的恶意剥夺和任意践踏。这种均衡的宪制体制固然需要法治来加以保障，但是这种法治同样需要具有应有的伦理内涵。由于"上层人士干坏事对国家特别危险"，所以，他似乎返回到了柏拉图的"哲学王"的起点上去寻找答案了。西塞罗十分强调君主在智慧和道德上的至高无上性，人性的追问在此被打上了一个死结：如果人性是善良的，那么它也应当是正义的，是合乎理性的，因此是不需要法律的。然而，他也清楚地看到："任何一个民族的幸运……如果依赖于某一个人的意志或性格的话，那么就是脆弱的。"④ 事实是他也同时看到

---

① ［古罗马］西塞罗：《法律篇》，转引自《西方法律思想史资料选编》，北京大学出版社1983年版，第66页。

② ［古罗马］西塞罗：《国家篇　法律篇》，沈淑平、苏力译，商务印书馆1999年版，第101页。

③ 同上书，第113页。

④ 同上书，第77页。

了"一切古代民族的君主都是在正义和智慧上杰出的人"①。我们能够想象他的痛苦及其根源。后世的学者试图为这个问题求解：古代宪制"一方面是为了满足大众对自由的渴望，同时也是为了重新恢复王者统治所特有的智慧和美德的地位……它力图将智慧的奠基者的训诫具体化于国家的基本法中，而且还要确保其后这些法律的实施和完善落入这样的人手中，他们最不可能背叛它们……"② 可以说，古代法治的理论与实践所提出的难题是现代法治仍然需要着力解决的问题。

3. 古代宪制的共和传统

共和是西方宪政文明的有机组成部分，是整个西方宪政理论的重要渊源。而开启共和主义传统的就是古希腊和古罗马，尤其以柏拉图、亚里士多德和西塞罗的共和思想为代表。后经普鲁塔克、普利比乌斯、马基雅维利、哈灵顿、卢梭和雅各宾党人的发展，这些思想被称为"古典共和主义"。笔者之所以将其称为"传统"，是因为古代共和首先是作为一种共和国的实践而存在于古希腊和古罗马，后经过以上思想家的不断提炼形成了一种比较稳定的理念，而正是 17、18 世纪的英美思想家们对这些理念进行了彻底的改造，才实现了古典共和主义向自由共和主义的转变。

柏拉图在《理想国》中展望了共和主义的目的："我们的立法不是为城邦任何一个阶级的特殊幸福，而是为了全国作为一个整体的幸福。它运用说服或强制，使全体公民彼此协调和谐，使他们把各自能向集体提供的利益让大家分享。"③ 他的"说服"方式实际上就是不但讲究个体的伦理境界——德性，还要赋予城邦国家以"体制伦理"。在柏拉图的哲学里，他的伦理思想集中体现在对共和国之理想城邦的设计蓝图。在他的心中，共和国应当是这样一种体制：明确各个阶层的社会分工，形成一个和谐的共同体之后再来规定和实现个人的道德行为，也就是说通过他律和自律的高度结合来

---

① 程燎原、江山：《法治与政治权威》，清华大学出版社 2001 年版，第 53—54 页。
② ［美］列奥·斯特劳斯、约瑟夫·克罗波西主编：《政治哲学史》（上册），李天然等译，河北人民出版社 1993 年版，第 184—185 页。
③ ［古希腊］柏拉图：《理想国》，郭斌和等译，商务印书馆 1986 年版，第 279 页。

实现全社会的道德完善。而共和国的伦理基础在哪里呢？那当然是每一个人的道德尤其是德性的完善，"人的德性来自于灵魂的作用，灵魂的理智部分的德性是智慧，激情部分的德性是勇敢，欲望部分的德性是节制……三个部分服从理智的指导，各个发挥自身的德性优势，使灵魂全体和谐一致，这时灵魂就是正义的德性"①。他的"强制"方式毫无疑问就是法律的实施。而正义也有其现实的标准，即只有是符合全体社会成员利益的法律才是正义的法律。这个"强制"表明公正的法律对于统治者们是具有实效的。为此他写道："不是根据城邦的利益而只是根据部分人的利益而制定的法律不是真正的法律。那些只是依照部分人的利益制定法律的城邦，不是真正的城邦，他们说的公正是毫无意义的。我之所以这样说，就是要坚持任何城邦的政府，凡当权者是由于他有钱或权势、地位高、出身名门等优越条件而执政，则这些政府不可信赖；只有那些最能遵守城邦法律的人，才能在这场考验中获得最高荣誉，他将被任命为最高的官职和众神的首席执行官……我确信他们具有守法的品德，这是决定城邦兴亡的要素。如果一个城邦的法律处于没有权威的从属地位，我敢说，这个城邦一定要覆灭；然而，我们认为一个城邦的法律如果居于官吏之上，而这些官吏服从法律，这个城邦就会获得诸神的保佑与赐福。"②

如前所述，法治是柏拉图不得已的"次好的选择"，他念念不忘给那些拥有极高德性的"哲学王"松绑，使得他们免受法律的约束。而且，"用法律条文来束缚哲学家——国王的手脚是愚蠢的，就像是强迫一个有经验的医生从医学教科书的处方中抄袭药方一样"③。柏拉图的主要伦理设计一方面为他的老师苏格拉底的"善生"理想找到了一条现实化的道路，另一方面由于历史与自身的局限性他无法完成其伦理体系的总体构思，他的努力也为他的弟子亚

①　宋希仁主编：《西方伦理思想史》，中国人民大学出版社 2004 年版，第 38 页。

②　[古希腊] 柏拉图：《法律篇》，转引自法学教材编辑部西方法律思想史编写组编《西方法律思想史资料选编》，北京大学出版社 1983 年版，第 24—25 页。

③　[美] 乔治·霍兰·萨拜因：《政治学说史》（上），盛葵阳等译，商务印书馆 1986 年版，第 92 页。

里士多德的理论成就奠定了基础。

亚里士多德的共和思想首先表现在他对国家的推崇。他认为由于人无法凭借自己的力量孤单地生活，应当结合成一定的形式过团体的生活，因此城邦的生活是人性的"高级组合"。他认为"人天生就是一种政治动物"，追求共同的生活，"仅仅为了生存自身，人类也要生活在一起，结成政治共同体"。① 他大量考察了以前时代的各种政体的实际状况，把它们分为"正确的政体"和"蜕变的政体"。前者包括一人统治的君主政体、少数人统治的贵族政体、多数人统治的共和政体。他给予充分肯定的是共和政体。作为共和政体直接表现形式的国家（共和国或城邦）从本性上讲是至善的团体。他认为，所有人类的每一种行为基本都在寻求某一善果，既然一切社会团体都是以善良的事业作为目的，那么共和国作为一个最高、最广泛的社会团体，它的善业也必定是最高的和最广泛的。由此，他赋予共和以最高的伦理价值。

那么，区分"正确的政体"和"蜕变的政体"的原则或标准到底是什么呢？他指出："种种政体都应以公民共同的利益为着眼点，正确的政体会以单纯的正义原则为依据，而仅仅着眼于统治者的利益的政体全部都是错误的或是正确政体的蜕变。"② 共和政体就是一种"正确的政体"，因为它是"为被治理者的利益着想的政体"③。一个政体是否优良，完全取决于它是否代表了公共利益。在亚里士多德的眼里，共和政体无疑是最好的政体，这种政体能够帮助公民过上无比幸福的生活。应当指出的是他的共和思想与民主主义、法治主义等理念也是密切相关的。诚然，亚里士多德的经验与理论也许只能适用于他的那个时代，"而不是适用自从他这本书写成以后的一千五百年之中所曾经存在过的任何世界"④。罗马人很快就创立

---

① ［古希腊］亚里士多德：《政治学》，颜一、秦典华译，中国人民大学出版社2003年版，第82页。

② 同上书，第84页。

③ 同上书，第85页。

④ ［英］罗素：《西方哲学史》上卷，何兆武、李约瑟译，商务印书馆1963年版，第240页。

了自己的共和体制。

罗马人对希腊人的军事征服和政治超越是不争的历史事实，高贵的希腊贵族波里比阿惊叹罗马征服的力量，他认为只有从罗马的政治制度中才可以找到这个帝国崛起和强大的真正原因。在完成了他的历史巨著《罗马史》之后，这个谜底被揭开了：优越的政治制度是罗马帝国成功的根本原因。那么这种政治制度到底优越在哪里呢？波里比阿通过对罗马共和国性质的探索，总结出了共和政体就是这种优越性的具体形式，这种共和政体其实是一种包含着君主制、贵族制和民主制三种政体优点的混合政体。他指出：“最优政体，是三种政体的混合。”①孟德斯鸠的研究也证实了这一点：在共和国时代，“罗马的法律贤明把国家的权力分配给许多高级官吏，这些官吏起相互支持、制止和限制作用”②。最可贵之处在于波里比阿通过考察混合政体中元老院、执政官和平民大会的既相互独立又彼此制衡的关系，提炼出了“分权制衡”的思想。该思想不但被古罗马法学家西塞罗所继承，而且经过洛克、孟德斯鸠和汉密尔顿等人的发展和改造而成为完整的学说，并被现代主要资本主义国家确立为宪制原则。

西塞罗生活在共和国的时代，如前所述，他也十分推崇集君主制、贵族制和民主制的优点于一身的均衡体制，认为其是最好的政体。不过他的侧重点在于强调对于官吏的政治安排。他曾经指出：“一个共和国的全部特点都是由其对官吏的安排所决定的。我们不仅必须告诉官吏他们的管理权限；我们还必须告知公民在什么程度他们有义务服从官吏。”③权利在这里获得了正当性，义务的范围和程度也是明确的，权利、义务与职责之间达到了一种可贵的平衡。在共和国里，“如果民众拥有自己的权力，便没有什么比那更美好、

---

①　转引自谷春德、吕世伦主编《西方政治思想史》，辽宁人民出版社1986年版，第92页。

②　[法]孟德斯鸠：《罗马盛衰原因论》，婉玲译，商务印书馆1962年版，第56页。

③　[古罗马]西塞罗：《国家篇　法律篇》，沈淑平、苏力译，商务印书馆1999年版，第215页。

更自由、更幸福的了……只有这样的体制才堪称国家，亦即人民的事业"①。在共和体制中，公民平等地参与政治事业，权力之间分工均衡，政治稳定，公共利益才有保障，人民的自由才有保障。可见，公共利益的实现与人民的自由就是共和国的价值目标。也正是因为共和国作为"人民的事业"是人民分享正义的摇篮，所以以正义为基础、以法律为纽带的法制共和国应当是人类为之奋斗和极力维护的政治制度。

　　然而，专制的潮流如高山流水，随着罗马征服范围的扩大，"精致的"共和国体制无法适应对"非我族类"的统治，伴随着帝国的崛起，对共和体制的否定是不可避免的了。公元前27年，奥古斯都开创了帝制，它与共和制最大的不同在于君主可以"做任何根据国家利益并为维护神的、人的、公共的或私人的事务而认为有益的事情的权利和权力"②。历史地审视共和国的命运我们也许会有许多托词，诸如共和国本身有无法克服的缺点，等等。但是笔者认为，尽管罗马帝国取代了罗马共和国，但共和的传统并没有被全部抛弃，至少在君主权力之下的制衡机制还是存在的，何况，罗马帝王们也没有谁否定哪怕是他们至高无上的权力也来源于人民的授权。正是这个简单的宣示为之后的西方法治埋下了伏笔。正如古典共和主义所预料的：也许只有在小国寡民的地方才能实行共和，大的共和国无法长久维持人的"美德"和对共和国的忠诚。在笔者看来，这种"美德"和对共和国的忠诚在被征服者的眼里是一文不值的，凭什么被征服者要认可罗马人的所谓的"美德"，为什么要忠诚于一个外来入侵者强加给自己的国家？显然，此时就需要一种权威——一种说一不二的政治权威，它既可以调动自己原来的力量，又可以震慑被征服者。历史也告诉我们，罗马人不光靠武力征服世界，还靠罗马法。不管是罗马私法还是罗马公法，都蕴含着伟大的法治精神，就连它的形式理性和所概括出来的法律原则和规则，对

————————

　　①　［古罗马］西塞罗：《论共和国　论法律》，王焕生译，中国政法大学出版社1997年版，第45页。

　　②　［意］朱塞佩·格罗索：《罗马法史》，黄风译，中国政法大学出版社1994年版，第316页。

于后世都是用之不竭的宝贵财富。

由于在共和国中不管是民主的程序，还是法治的理念与实践都表现出人类的自然本性并非完全基于利益，而是因为人类天生就有理性和正义的倾向性。所以，这段历史使我们有足够的理由认为共和国既是政治的共同体，也是道德的共同体，需要设计一种能够实现这种道德和正义的政体框架，它就是共和国。总之，古典共和传统有着极其丰富的内涵，它所倡导的权利均衡、权力制约、公共利益、公民美德、分享正义等理念初步体现了人的权利的超验正义性。正是在这些智慧与理性的基础上，才具有了开拓宪制伦理思想的坚实基础。

（二）中世纪宪制伦理思想的发展

"中世纪"一词是从 15 世纪后期的人文主义者那里开始使用的，指公元 395—1500 年这段"黑暗时代"。其主要历史特点是欧洲处于封建割据状态，没有形成一个强有力的政权来统治，科技被窒息，生产力发展停滞，人民生活在绝望与痛苦之中。在这样一个时期是否有宪制呢？学者们也是见仁见智。有的学者认为罗马共和国消亡以后，宪制没有传承。[①] 然而我们分明看到在这段历史中不但有思想家的宪制思想犹如黑暗中的火把引导着人类的心智，而且可以找到近代宪制的历史化身以及人们的种种宪制努力。

1. 基督教文化强化了宪制的法治精神

法治在共和国时代就已经是宪制的基本价值和核心理念，基督教文化强化了宪制的法治精神。

基督教的产生不但是西方历史上的伟大事件，也是人类发展历程中的重大事件。根据基督教的"原罪说"，众所周知，人之所以有罪的唯一原因就是亚当在伊甸园里违背上帝的警告偷吃智慧果。违背上帝的意志而获得智慧的行为是有罪的，这种罪已经成为每个人的天然枷锁。这似乎在说，人不该有理性和智慧。可见在基督教

---

① 马起华：《宪法论》，黎明文化事业公司 1983 年版，第 219 页。转引自白钢、林广华《宪政通论》，社会科学文献出版社 2005 年版，第 24 页。

的世界观里，人类是没有尊严的，任何人生来即是恶人，自 16 世纪以后，基督教用撒旦的七个恶魔的形象来代表七种罪恶：傲慢（pride）、嫉妒（envy）、暴怒（wrath）、懒惰（sloth）、贪婪（greed）、暴食（gluttowy）以及淫欲（lust）。基督教人性之恶的主张与共和国时期的人的善的倾向大相径庭。基督教教导人们只有笃信上帝，才可能获得灵魂的拯救。既然那么多"恶人"要在世俗的世界里追逐利益，实现他们自认为的幸福与快乐，这必然会导致人与人之间利益的矛盾，各种恶行横行，国家与社会就不得安宁。显然，仍然需要法治来调整关系，解决问题。基督教通过对古典文明的反思和对国家道德至善性谎言的揭露，为世俗权力尤其是君主权力的绝对性画上了句号。基督教并没有否定人间法律的作用，它只是揭示由于人性的罪恶以及人的局限性，还无法制定和实施完善的法律，而且，古典传统以来所推崇的自然法和永恒正义并非来自人类自身而是来源于人类之外——上帝。至于这些法律的效力问题，阿奎那指出："所有的法律是否有效，取决于它的正义性。但在人类的事务中，当一件事情能够正确地符合理性的原则时，它才可以说是合乎正义的。并且如所知道的那样，理性的第一个法则是自然法。由此可见，一切由人所制定的法律只要来自自然法，就都和理性相一致。如果一种人法在任何一点上与自然法相矛盾，它就不再是合法的，而宁可说是法律的一种污损。"① 为此，教会的三位博士之一——奥古斯丁区分了上帝的"永恒法"和人间的"世俗法"。②我们禁不住思索：什么是"永恒法"？它有没有一个开始？在奥古斯丁看来，上帝是站在时间的潮流之外的，什么是时间呢？"如果没有人问我，我是明白的；如果我想给问我的人解释，那么我就不

---

① ［意］托马斯·阿奎那：《阿奎那政治著作选》，马清槐译，商务印书馆 1982 年版，第 116 页。

② 神学思想家阿奎那进一步发挥了奥古斯丁的法律类型观，提出法律效力位阶递减的四类型说——永恒法、自然法、神法和人法，从而构造起渊源于上帝理性的宇宙法治秩序。从现代的眼光看，将古典时代所推崇的自然法降到了永恒法之下，确实是一个倒退。但是客观而言，真正的意义在于通过法律的形式将神权凌驾于君权之上才是他们最重要的意图。

明白了。"① 对于"永恒法"的追问也许还是这样一个答案。"永恒法"的出现首先是将自然法宗教化和神圣化，这样就从理论上解决了自然法的效力问题，即作为道德与正义准则的自然法高于世俗法，并能够弥补世俗法的局限性。当然，无论是永恒法还是世俗法，都是应当被严格遵守的。在奥古斯丁看来，尽管人们在制定法律的过程中可能会有许多争议，但是法律一旦被制定出来，就不能再对法律说三道四、妄加评论。奥古斯丁认为："作为永恒法的维护者与解释者，教会有约束国家的绝对权威，而君主的立法权力自然应受到教会与自然法和永恒法的多重约束。这样一来所形成的宇宙法治状态是：生命有限的人与永恒的上帝之间的和平，是一种有秩序地服从上帝的丝毫无误的被忠实执行的永恒的法律。"② 这不就是法治的精神吗？君主的世俗权力在此受到了限制，同样，教会的权力也不是没有限制的，尽管教皇集最高立法权、司法权和行政权于一身，但是他仍然要受到法律的约束，因为教会和教皇只是上帝与其子民之间的中介，"超验的神意和基督教的伦理永远是对任何权力的限制。同时，教皇对神意的解释也不是任意和绝对的，否则便是无效的，甚至在某些事务上，奥古斯丁等教父的解释还优于教皇"③。对绝对权力的限制是宪制的不懈追求，从一定意义上讲，正是基督教的原罪文化将那些道貌岸然的君主权威抛进了历史的垃圾箱，孕育了限制国家权力意义上的宪制的法治精神。从而使得"人与人之间的和平是一种相互协调；一个家庭的和平是在各成员间一种有秩序的统治与服从；一个城市的和平是在公民之间一种有秩序的命令与遵守。在上帝之城的和平是上帝和上帝的创造物之间达到最高度的有秩序的一致；万物的和平是一种被安排得很好的秩序"④。在教皇格里高利的心中，上帝才是最高的主宰，世俗统治者

---

①　［英］罗素：《西方哲学史》上卷，何兆武、李约瑟译，商务印书馆1963年版，第435页。

②　黄基泉：《西方宪政思想史略》（http://www.ckmba.com/dispbbs.asp）。

③　李龙主编：《西方宪法思想史》，高等教育出版社2004年版，第74页。

④　［古罗马］奥古斯丁：《论上帝之城》，载《西方法律思想史资料选编》（中译本），张学仁等编译，北京大学出版社1983年版，第91页。

只是受到上帝的委托照管社会，他的权力应当受到限制，是有限的权力而不是无限的权力，世俗权力的存在不是目的而是手段。① 同时我们应当看到，"奥古斯丁关于将人定法对自然法的仆从变为永恒法至上的解证，开辟了宗教法治主义的新传统，极大地左右着西方中世纪的法治观与政治现实，也使宪政主义表征为新的历史形态"。② 从此以后，人们深刻地认识到把希望寄托在当权者的道德完善性上是靠不住的，只有制度尤其是法治的途径才是现实可行的选择，所以政治和宪制不再是实现善的工具，而是抑制由于人性恶而导致的种种罪恶的工具。

2. 基督教"发现了人"

考察共和国时期的政治体制，真正的统治者其实是那些精英，他们道德高尚、勇敢、节制，富有正义感。而广大的平民（由于时代的局限，笔者姑且不提那些奴隶和农奴）永远在国家和社会的底层。基督教的诞生有其深刻的历史原因，它是在不断同罗马和日耳曼传统做斗争的过程中发展起来的。一开始他们一样需要逃避世俗权力的迫害，但在经过与王权的合流之后，基督教获得了立足与发展的机会。当人们觉得"地上善人的一生只是奔向天国的旅程；除了最后引人进入永福（eternal bliss）的坚贞的德行以外，尘世间就不可能有什么有价值的东西"③ 时，世俗的权力在这些获得了信仰的上帝的子民面前已经不再是什么神话了。根据基督教的伦理：上帝面前，人人平等。人们信仰的是天国福音，他平等地对待每一个人、每一个民族、每一个国家。上帝的权威与爱消解了所有的差别，只要人们心中有上帝并为之献身，尽管在此一世会遇到各种痛苦，但是这些痛苦与不幸与末日审判时得到的永福相比是不值一提的。

这种平等观带来的另外一个收获就是超验正义，这种正义的主角有两个：一个是上帝，另一个就是人。我们已经非常熟悉一些历

---

① 参见李龙主编《西方宪法思想史》，高等教育出版社2004年版，第73页。

② 黄基泉：《西方宪政思想史略》（http：//www.ckmba.com/dispbbs.asp）。

③ ［英］罗素：《西方哲学史》上卷，何兆武、李约瑟译，商务印书馆1963年版，第380页。

史的公理，那就是至少在古代社会（甚至可以说在阶级社会）人类所追求的正义根本没有摆脱身份的纠缠，君主、贵族、执政官、公民，他们属于不同的主体，在各种具体的法律关系中地位截然不同，正义在此常常像被撕裂的伤口。难怪梅因教授说道："所有进步社会的运动在有一点上是一致的……如果我们依照最优秀者的用法，把'身分'这个名词用来仅仅表示这一些人格状态，并避免把这个名词适用于作为合意的直接或间接结果的那种状态，则我们可以说，所有进步社会的运动，至此处为止，是一个'从身分到契约'的运动。"① 如果说此时的契约还是人与人之间的契约，那么，基督教带来的是人与上帝之间的契约。在尘世的生活中人要服从上帝，似乎是一种不平等，但是到了天国，人获得了永福之后是个什么景象呢？"超验正义从神的法则上确立了所有人的平等权利，不偏袒，不极端，保持中立，一视同仁，平等对待。在超验正义面前，一切的关系都应该是平等的，公正的，正当的，并不因某人是统治者而使其多得，也不因某人是被统治者而被减损。"② 简言之，这意味着作为个体的人天生都应当受到尊重，是对每个人固有尊严的肯定。

以上帝为摹本的人与上帝关系的确立，使人获得了相对独立性。到了中世纪的后期，人文主义思潮兴起了，人文主义法学家以"一切为了人"作为旗帜，反对神权对人的束缚和压迫，提出了人性自由的政治主张，而这恰好是上帝埋下的火种。支持王权的民主主义思想家马西利乌斯（1275—1342 年）继承并发扬了亚里士多德的国家的自然主义解证范式，主张代表人之理性的王权高于教权。他将国家看作为因社会分工并相互协作而出现的六大阶层构成的有机整体。他们之间的分工是非常明确的：教士负责基于信仰的宗教事务，政府官吏的责任是确保社会各阶层为整体利益而各尽其责。而当下的各国内外纷争完全是教会没有把全部精力用于拯救人的灵魂这一自身的任务上，反而向国家争夺世俗的权力的行为所导

---

① ［英］梅因：《古代法》，沈景一译，商务印书馆 1959 年版，第 96—97 页。
② 高全喜：《神正论》（http://www. gongfa. com/shenzhenglungaoqx. htm）。

致的结果。可见教会在世俗社会的神圣而垄断的政治特权地位并不存在，它至多只能在人们的信仰部分尽职责，所以教会必须尊重政府的权威和世俗国家的法律。① 世俗国家的法律的立法者是谁呢？马西利乌斯指出："按照真理及亚里士多德的主张，立法者，或法律的主要而正当的来源，是人民全体，或主要的部分。他们在大会中依照一定的规程，按着他们自己的意见或选择，而断定人类在社会中何者应行，或何者应避免，不从者受惩罚的痛苦。"② 换言之，法律的制定只能是全体人民（至少是大多数人民）的共同行动。这种理论开了"人民主权"的先河。

3. 中世纪对宪制人性基础的奠基

中世纪在人们的眼睛里似乎是"黑暗"的代名词。众所周知，在西方的传统中有许多关于人性的观念，比如诺斯替派认为人性是善恶二元论，灵魂属于善的光明世界，肉体属于恶的黑暗世界。贝拉基主义认为人性中始终存在善的一面，实际上也是二元论。阿奎那认为人性的善恶取决于人的自由意志和神与人的关系。但在人与神的关系上，上帝的自由意志也有其局限性，就像"上帝不能使一个人变成一匹驴"③ 一样。奥古斯丁一贯主张人性本善却由于"原罪"而堕落，所以现实的人性是恶的。而这种观点在基督教的传统中被视为正统派，他也因此获得了"教会博士"的美称。

如果说早期的人性恶是基督教赖以传播的人性基础的话，那么马基亚维利将人性的"真实面目"彻底揭露出来了："一般而言，人都是忘恩负义、诈伪轻浮、怯懦、贪婪的。当你成功的时候，他们一切都属于你，他们的血肉、他们的财产、他们的子孙，一切都贡献给你。但是，一旦遇到危急情况，他们就倒戈相向，落井下石。"④ 他们在道德与伦理上也存在重大缺陷："人们的父亲死了，

① 参见黄基泉《西方宪政思想史略》（http：//www. ckmba. com/dispbbs. asp）。
② ［意］马西利乌斯：《和平的捍卫者》，转引自法学教材编辑部西方法律思想史编写组《西方法律思想史资料选编》，北京大学出版社1983年版，第110—111页。
③ ［英］罗素：《西方哲学史》上卷，何兆武、李约瑟译，商务印书馆1963年版，第556页。
④ ［意］马基亚维利：《君主论》，董存山译，商务印书馆1985年版，第46页。

很快便会忘掉，而遗产的损失，将永远铭记在心。"① 而且在现实中，"人民的道德如此彻底败坏……这就有必要由一个皇族去建立具有完全的与绝对的某种最高权力；这种最高权力就像给野马带上'嚼口'，才可以羁勒住它那过分的野心和严重的败坏"②。马基亚维利面对如此堕落的人性景象，并不是为了批判，也没有改造的愿望，相反，他认为这是一种必然的客观的存在。人性的丑恶只是为强权政治的存在提供了口实，所以他极力主张建立强大的集权政治，以解决他所处的那个时代的经济发展和民族国家的构建问题，他的内心的目标仍然在于追求共和的政治制度，追求人民的权利和利益。这也是他的宪制观念的人性基础。所以他主张："在作出有关国家安危的决策之时，决不应该去管它是正义还是邪恶……惟一的选择就是全力保卫国家的生存和维护国家的自由。"③

到此为止所有对人性的判断，基本上有两个维度：其一是人性的应然状态，其二是人性的实然状态。毫无疑问，从苏格拉底、柏拉图到亚里士多德，无不是在应然状态的意义上界定人性。而基督教对人的发现以及中世纪思想家的侧重点却在于人性的实然状态。现在看来，人性的标准不能只局限在善恶这样一条标准上来，人性应当有其他更多的标准，而这些标准的出现有赖于人的实践活动的广度和深度。但是对人性的认识只是对人的认识的第一步，在人的世界里，我们有许多面镜子：除了政治、法律、宗教之外，还有文学、艺术以及由无数的碎片编织而成的符号环境，它们使我们的生活犹如梦幻，以至于每每在我们梦醒之后都无法接受自在的客观世界。

（三）近代宪制伦理思想的成熟

对古代和中世纪宪制伦理思想梳理表明宪制伦理演进的历史

---

① ［意］马基亚维利：《君主论》，转引自法学教材编辑部西方法律思想史编写组编《西方法律思想史资料选编》，北京大学出版社 1983 年版，第 123 页。

② 同上书，第 119 页。

③ 转引自李龙主编《西方宪法思想史》，高等教育出版社 2004 年版，第 94—95 页。

性，产生于近代的人权和宪法把宪制伦理的理念陈述推向成熟。从实质上看，作为制度的和文本的宪法是宪制伦理理念的集合。而且早在中世纪的英国，已经产生了《大宪章》，它既是一种宪制，也是一种宪制实践，更重要的是它告诉人们：人类的理性可以成就宪制的标志性建筑——宪法，这是人类应当不断努力的方向。

1. 人权理念的萌芽

从历史上看，人权的理论起源可以从格劳秀斯、斯宾诺莎、霍布斯、洛克等著名的思想家那里找到，他们的主张可以概括为"天赋人权"理论。后经卢梭、康德等的发展，奠定了"人民主权"的理论基础。

（1）"天赋人权"理论的肇始

人权理念的萌芽不是一蹴而就的，它是从人的自然权利与自由开始逐渐生长起来的，从某种意义上讲，自然权利就是人权的同义词。虔诚的基督教徒格劳秀斯最早阐述了人权的原则，他认为自然法之母是人性，对财产的占有是人的一种普遍权利，是由自然法的理性要求派生出来的。像绵羊一样温柔高尚的斯宾诺莎在其《神学政治论》中进一步论证了"天赋人权"，并着重强调了其不可转让性："天赋之权即使由于自愿，也是不能割弃的。"① 可见，人们在缔结契约、组织国家的时候，并没有让渡财产权和自由，这些根本的权利仍然属于个人所有。

英国思想家霍布斯发展了"天赋人权"的理论。其学术名著《利维坦》第十四章"论第一与第二自然律以及契约法"中对自然权利、自由以及契约的论证实际上就是对"天赋人权"的另一种阐释，他的人权思想包括了对于人的自由、平等、安全、财产等各个方面的论证，将他看作近代自由主义的先驱一点也不为过。他对自由的理解完全是从基督教所发现的人开始的，关键是他提出了"自由人"的概念。他指出：自由人"指的是其力量和智慧所能办到的事物中，可以不受阻碍地做他愿意做的事情的人……从自由意志一词的用法中，我们不能推出意志、欲望或意向的自由，而只能推出

---

① ［荷］斯宾诺莎：《神学政治论》，温锡增译，商务印书馆 1963 年版，第 16 页。

人的自由……人们在国家之内由于畏惧法律而做的一切行为都是行为者有自由不做的行为"①。在这里，我们分明洞察到了自由不再是一种抽象的不着边际的理念。在他看来："臣民的自由只有在主权者未对其行为加以规定的事物中才存在，如买卖或其他契约行为的自由，选择自己的住所、饮食、生业，以及按自己认为适宜的方式教育子女的自由等等都是。"② 当然，尽管他对人权有一定的理论贡献，但是毕竟这个胆小如鼠③的思想家以其国家学说闻名。

洛克是第一个系统阐述并给"天赋人权"理论以丰富内涵的人。他主张："人的自然自由，就是不受人间任何上级权力的约束，不处在人们的意志或立法权之下，只以自然法为准绳。处在社会中的人的自由，就是除经人们同意在国家内所建立的立法权以外，不受其他任何立法权的支配；除了立法机关根据对它的委托所制定的法律外，不受任何意志的统辖或任何法律的约束。"④ 显然，他不但强调"人的自然自由"，而且强调"处在社会中的人的自由"，这不但继承了古典自由主义的基本立场，而且在自然与社会两个维度上拓展了人的自由的内涵。由于人类天生都是自由、平等和独立的所以任何人都不得侵害他人的生命、健康、自由或财产，包括人民选举出来的立法者。当然，自由的状态并非放任的状态，"理性，也就是自然法，教导着有意遵从理性的全人类：人们既然都是平等和独立的，任何人就不得侵害他人的生命、健康、自由或财产……而除非为了惩罚一个罪犯，不应该夺去或损害另一个人的生命以及一切有助于保存另一个人的生命、自由、健康、肢体或物品的事物。"⑤ 显然，根据法律的规定所为的行为应当是一个例外。在一般情况下，人的生命、健康、自由和财产是不可转让的自然权利，如

---

① ［英］霍布斯：《利维坦》，黎思复、黎廷弼译，商务印书馆1985年版，第163页。

② 同上书，第165页。

③ 他曾经在自己的一本自传中称他的孪生兄弟是"fear"（恐惧）。参见《利维坦》中译本出版说明。

④ ［英］洛克：《政府论》（下），叶启芳、瞿菊农译，商务印书馆1964年版，第16页。

⑤ 同上书，第6—7页。

果统治者侵害之，人们有权利推翻这个统治者，也就是说，人民拥有最终的反抗权。"立法者由于侵犯人民的财产，从而辜负他们所受的委托时，人民有以新的立法机关重新为自己谋安全的权利这一学说，是防范叛乱的最好保障和阻止叛乱的最可靠的手段。"①

由此可见，洛克在人权思想上的巨大贡献在于他系统论证了作为人权基本构成要素的人的生命权、自由权和财产权，它们也是宪制的基本伦理要求。后来法国和美国的宪制实践也有力地证明了这种理论的生命力和巨大影响力：法国《人权宣言》宣称："一切政治结合的目的都在于保存自然的、不可消灭的人权；这些权利是自由、财产权、安全和反抗压迫。"美国《宪法修正案》指出："未经正当法律手续不得剥夺任何人的生命、自由或财产。"这些人权法则几乎就是洛克理论的重述。有学者感叹道："生命权乃日耳曼法统中古老而重要的权项；生命权所衍生的自卫权在霍布斯看来乃唯一的自然权利；自由权在斯宾诺莎等人的著述中已有探讨；财产权在博丹等人看来是典型的个人或家庭的私权自治领域。当然，把这些权利体系化而纳入同一个解证框架，并成为构造与评判政治社会或人民与政府关系是否合理的绝对伦理价值体系或'道德经'，正是洛克。"②

（2）"人民主权"理论的诞生

法国思想家卢梭进一步继承和发展了前人关于"天赋人权"的理论，将其上升为"人民主权"的理论，使得人权的观念得以更新。他首先批评了其他启蒙思想家对人性的极端污蔑之说。实际上，自然状态下的"自然人"比文明的社会人更加接近自然状态："许多人没有把这些观念辨别清楚，没有注意到这些民族已经离开了最初的自然状态有多么远，竟草率地作出结论说，人天生是残忍的，需要文明制度使他们变为温和的。实际上，再没有比原始状态中的人那么温和的了……他为自然的怜悯心所制约，不会主动地加害于人，即使受到别人的侵害也不会那样去做。因为按照贤明的洛

---

① ［英］洛克：《政府论》（下），叶启芳、瞿菊农译，商务印书馆1964年版，第136页。

② 黄基泉：《西方宪政思想史略》（http://www.ckmba.com/dispbbs.asp）。

克的格言：在没有私有制的地方是不会有不公正的。"① 显然他对于人性是有信心的，由于"善的生活就在于在人道的层次上所可能达到的限度内最大程度地接近自然状态"②，所以在他的心中善是人类自由、平等的道德基础和根源，人类所享有的自由权、平等权和财产权都属于自然权利，是上帝赋予其作为人的不可剥夺的权利——人权。卢梭坚持全体人民才是国家主权的主人，这说明人民的主权具有最高的效力，它不可转让，不可分割，不可侵犯。卢梭通过社会契约的理论，说明国家权力无非是人民权力让渡的结果，这就直接终结了君权神授的神话，也直接颠覆了原有的国家伦理，为人权话语的展开打下了坚实的基础。

康德继续阐述了人民主权的理论，他认为："最高权力本来就存在于人民之中，因此，每个公民（仅仅作为臣民）的一切权利，都必须从这个最高权力中派生出来，当人民的主权得以实现时，也就是共和国成立之日。到那时，就再无必要把对政府的控制权交给那些至今还掌握着它的人们，特别考虑到他们也许会再通过他们的专横和绝对意志去破坏一切新的制度。"③ 但是，在"人民是否有反抗权"这一点上，他不同于卢梭。卢梭主张对于不符合社会契约理论的国家，人民可以通过不断的革命去推翻它。而康德却唱了反调："对人民来说，不存在暴动的权利，更无叛乱权。最不应该的是，当最高权力具体化为一个君主时，借口他滥用权力，把他本人抓起来或夺取他的生命，这还有什么合法性可言呢？哪怕是最轻微的尝试这样做，也是重大的叛逆罪。人民有义务去忍受最高权力的任意滥用，即便觉得这种滥用是不能忍受的。"④ 他的理由很简单：最高权力是普遍立法意志的产物，是法律秩序的前提，反抗意味着对法治秩序和社会组织的破坏，否则它就不是"最高权力"了。

---

① ［法］卢梭：《论人类不平等的起源和基础》，李常山译，商务印书馆1962年版，第119页。

② 转引自［美］施特劳斯《自然权利与历史》，彭刚译，生活·读书·新知三联书店2003年版，第288页。

③ ［德］康德：《法的形而上学原理——权利的科学》，沈淑平译，商务印书馆1991年版，第177页。

④ 同上书，第148—149页。

（3）人权理论系统化的开始

从与康德属于同一个时代的潘恩起，人权理论逐渐系统化。这是那个时代的需要，法国大革命和美国独立战争的伟大实践要求有系统化的理论来指导。潘恩不但是法国《人权与公民权宣言》的起草者之一，也是美国独立战争的参加者，他不是空头政治家。他的实践精神使得他的理论更加具有说服力和战斗力。如果说他之前的理论家都是奠基者的话，潘恩就是人权理论大厦的设计者。他对人权下了一个定义："天赋人权就是人在生存方面所具有的权利。其中包括所有智能上的权利。"① 由此可见，生存权是最基本的人权，是其他一切人权的基础，如果没有生存权，就谈不上其他人权。人权作为权利必须与相应的义务相一致，而且义务的履行决不能妨碍他人权利尤其是人权的享受，当然也不能损害国家利益。另外，潘恩还强调了"谋求安乐的权利"，这与美国《独立宣言》中的"追求幸福权"具有一致性。他的另外一个重要贡献就是将人权与公民权区别开来，它们的性质不同，他认为公民权应当以天赋人权为基础，其内容涉及范围比较广泛，可无论如何公民权的实现离不开一个好的政府以及一个良好的社会合作环境。② 而在多种可供选择的政府形式中，他仍然赞赏民主共和国。另外，由于他不但是一位伟大的思想家，而且也是一位伟大的宪制实践者，所以他对法国《人权与公民权宣言》做了权威而科学的解释，他甚至宣称："但愿这个为自由而高高竖立起的伟大纪念碑成为压迫者的教训和被压迫者的典范。"③ 历史地看，他的理论已经成为美国独立战争时期的重要思想武器，他主张美国摆脱英国而成为民主共和国的理想的实现就是对这位伟大思想家的最好奖赏。

几乎从 18 世纪中期开始，人权理论的系统化全面展开，其代表人物有杰弗逊、麦迪逊、汉密尔顿、贡当斯、马歇尔、耶里利内克、拉班德、戴雪等。然而，由于这个时代是一个在各个方面都突飞猛进的时代，人权的理论与实践只是这个时代大河中的一条小

---

① 《潘恩选集》，马清槐等译，商务印书馆 1981 年版，第 142 页。
② 参见李龙主编《西方宪法思想史》，高等教育出版社 2004 年版，第 176 页。
③ 《潘恩选集》，马清槐等译，商务印书馆 1981 年版，第 187 页。

溪，它在这个时代中逐步成长着，而宪制国家伦理实践的人权维度越来越得以彰显。

2. 作为宪制伦理理念集合体的宪法的出现

近代历史的巨大成就之一就是宪法的出现。宪法是人类智慧的结晶，它的出现从一定程度上避免了历史上司空见惯的刀光剑影，使得政治生活以宪制的形式确立下来并获得合法性，也使得国家至少从形式上过上了伦理的生活。尽管有学者将宪法概念的历史演变概括为许多不同的形式，比如作为自由证书和社会契约意义上的宪法、作为对君主绝对权力限制意义上的宪法、在国家与社会二元结构背景下作为契约意义上的宪法、作为国家支配权以及国家组织基础意义上的宪法、作为阶级妥协产物的宪法、作为政治共同体法律秩序基础的宪法等，[①] 但无论如何，成文宪法的出现应当是一个标志性的成果。

中世纪英国的《大宪章》至今被人们认为是英国宪法起源的标志。1215 年军事上取得了胜利的贵族集团在伦敦泰晤士河畔附近的兰尼米德草地上逼迫国王约翰在贵族们预先拟好的羊皮纸文件上签字署印，这就是英国历史上著名的《大宪章》。它的基本精神就是："这个文件是个法律，它居于国王之上，就连国王也不得违反……封建习俗中长期存在的法律至上的基本思想则通过大宪章升华为一种学说，指导着我们的民族国家。"[②] 与《大宪章》几乎同时起步的就是英国普通法的形成。普通法有自己的一套由普通诉讼法庭、王座法庭、财政法庭和巡回法庭所组成的专职司法组织，还有一个由职业法官和职业律师组成的职业法律阶层，因而从一开始就具有相对独立于王权之外的特点。程汉大先生认为从中世纪后期开始，普通法和《大宪章》就相得益彰、彼此促进、合作互动，推动了英国宪法稳步成长，所以到了中世纪结束之时，英国宪法的各项基本原则已经初步确立起来了。英国宪法史学家亨利·哈兰姆曾把当时

① 参见韩大元等《宪法学专题研究》，中国人民大学出版社 2004 年版，第 57—59 页。

② ［英］温斯顿·丘吉尔：《英语国家史略》（上册），薛力敏、林林译，新华出版社 1985 年版，第 234 页。

已被社会公认的宪法基本原则概括为以下五条："第一，除非经上、下两院组成的议会的同意，国王不得征税。第二，任何法规的制定都必须经议会同意。第三，除非根据法院的专门令状，不得逮捕任何臣民；被捕者必须迅速交付法庭审判。第四，刑事诉讼中关于被告的犯罪事实，必须在案发地区的普通法庭上由 12 人组成的陪审团决定之；一旦陪审团作出一致决定则不得上诉。第五，对侵犯臣民个人自由和权利的国王大臣和政府官员也可以提出控告，不得以他们享有的权力为由请求保释，即使国王御旨也不得为他们作担保。"① 上述原则的确立标志着英国宪法框架的基本形成。由此可见，如果没有中世纪英国《大宪章》，就没有英国宪法基本原则的奠定，当然就没有英国宪法的起源。从此以后，才有了 1628 年的英国国会强迫查理一世签署《权利请愿书》（*Petition of Right*），1679 年辉格党强迫查理二世签署《人身保护法》（*Habeas Corpus Act*），1689 年国会迫使国王威廉签署的《权利法案》（*Bill of Right*）和 1701 年签署的《王位继承法》（*Act of Settlement*）等一系列宪法性的法律文件。诚如马克思所言："不列颠宪法其实只是非正式执政的、但实际上统治着资产阶级社会一切决定性领域的资产阶级和正式执政的土地贵族之间的由来已久的、过时的、陈腐的妥协。"② 有意思的是"时至今日，为成文宪法主义之例外者，仅英国而已"③。原因在于作为世界宪法的母国的英国是世界保守主义的发源地，也是深受经验主义哲学影响的国度，它的所有宪法性权利的来源都经过了与君主的斗争，并取得其书面同意，反映了一种妥协与务实的精神，避免了激烈的革命导致的巨大社会创伤。从这个角度看，也许会给现代人一定的启示。

在英国取得了如此多重要的宪法成果以后，也诞生了一位伟大的思想家和革命家，即前面已经提到的托马斯·潘恩，他虽然出生

① 参见程汉大《〈大宪章〉与英国宪法的起源》，《南京大学法律评论》2003 年秋季号。

② 《马克思恩格斯全集》第 11 卷，人民出版社 1962 年版，第 108 页。

③ ［日］美浓部达吉：《宪法学原理》，欧宗佑、何作霖译，中国政法大学出版社 2003 年版，第 386 页。

在英国，却参与了法国和美国的资产阶级革命斗争。他在理论上有许多贡献，而对宪法概念的解释就是其中之一。他认为："宪法不仅是一种名义上的东西，而且是实际上的东西。它的存在不是理想的，而是现实的；如果不能以具体的方式产生宪法，就无宪法可言。"① 正因为他强调宪法应当有某种具体的方式，所以他觉得成文宪法是一种最好的方式。他批评英国"根本没有宪法……政府爱行使什么权就可以行使什么权"②。有鉴于此，他积极参与了法国《人权与公民权宣言》的起草，他的思想也对美国的华盛顿、杰弗逊、富兰克林等著名革命家产生了巨大影响。

众所周知，1787 年美国宪法是世界上最早的成文宪法。正如它的序言所说："我们美利坚合众国的人民，为了组织一个更完善的联邦，树立正义，保障国内的安宁，建立共同的国防，增进全民福利和确保我们自己及我们后代能安享自由带来的幸福，乃为美利坚合众国制定和确立这一部宪法。"这部宪法是在《独立宣言》（*Declaration of Independence*）和《联邦条例》（*Articles of Confederation*）的基础上产生的。这十三个英国殖民地有他们的想法："如果美国人民要证明他们的'自然法则以及上帝颁赐给他们平等自立于世界强国之列'的权利，他们必须让大家看到他们能够建立并维持一个有效的政府"③，并制定出一部来弥补已经成立的联邦政府的不足。这个"妥协篓子"确实是在实际需要中逼出来的，"它使每一个人都感到惊讶，没有一个人能够预见建立这部宪法的过程，也没有人能够预言调和分歧意见的妥协，因而没有人能预测其结果"④。当然，英国不成文宪法的妥协是在资产阶级与君主统治者之间展开的，而美国成文宪法则是各个州之间利益妥协的结果，二者大异其趣。

在美国宪法之后就是法国宪法的诞生。1791 年诞生的法国宪法

---

① 《潘恩选集》，马清槐等译，商务印书馆 1981 年版，第 146 页。

② 同上书，第 203 页。

③ ［美］马克斯·法仑德：《设计宪法》，董成美译，生活·读书·新知三联书店 2006 年版，第 2 页。

④ 同上书，第 169 页。

是在法国《人权宣言》的基础上产生的，它直接废除了各种封建制度和世袭裁判权，内容涉及公民的基本权利与自由、国家区划与公民资格、国家权力、武装力量、赋税、对外关系、宪法的修改等许多方面。以后随着政治形势的变化，法国陆续制定过许多部宪法，其中比较具有代表性的是 1793 年宪法、1848 年宪法和 1958 年宪法。

然而，有了宪法文本仅仅意味着有了"作为文件的宪法"，"这还不够，因为仅仅作为文件而存在的宪法并不是真正的宪法，其原因在于它无法起到任何构建作用……相反，必须存在这样一种社会实践，在其中，对这些文字的引用通常能够有效地把政府行为限制在这些文字所允许的范围内。我们可以把这种意义上的宪法称为'作为社会实践的宪法'，或者简称为作为实践的宪法"①。宪法从文字走向规范，从文件走向实践，在规范与实践中担当起宪制伦理的理论载体，成为宪制伦理的理念集合体。

以上的历史分析表明：古典宪制伦理理念主要围绕民主的理想、法治的精神和共和的传统展开的，其中围绕民主理想宪制运动的伦理追求是保障城邦国家为善，围绕法治精神宪制运动的伦理追求旨在保障人的自由，围绕共和传统宪制运动的伦理追求是在体现人的权利的超验正义性的初步展开；中世纪基督教文化强化了宪制的法治精神同时在人与上帝的关系中人获得了相对独立性，其伦理追求是肯定了作为上帝摹本的人的尊严的存在。到近代的人权观念得以诞生，并伴随着政治的现实运动出现了宪法，则更为直接地体现出保障人权的国家伦理与宪法价值。宪制伦理的观念变化还表明：从观念宪法走向作为文件的宪法，再到实践的宪法；从以民主、法治、共和等要素追求即作为运动的宪制演进到以权力的规范化为核心的实践的宪制；本质上所体现的是人类追求人的基本权利的实现，是人之为人的本质要求的体现，是对于人的尊严的自觉与保障。

---

① ［美］阿兰·S. 罗森鲍姆主编：《宪政的哲学之维》，郑戈、刘茂林译，生活·读书·新知三联书店 2001 年版，第 180 页。

三　人的尊严是现代宪制伦理的道德基础

宪制伦理指向的是宪制本身的道德意蕴，关乎宪制的正当性。在梳理宪制伦理思想资源的基础上，考量宪制的伦理之维，可从两个方面对于宪制伦理的道德基础与价值尺度做出分析：从人类作为宪制伦理的主体角度看，人的尊严是一种不言自明的道德权利；从宪制伦理的内容构成与实践运行看，人的尊严是宪制的最高价值。

（一）宪制的伦理之维

宪制的伦理之维是有关法律的道德价值问题的逻辑延伸。一般意义的法律与道德是否存在必然逻辑联系的问题自古有之。在西方的伦理学领域里一般都对此问题做肯定回答，而在法学领域里却存在着分歧。西方影响最大的自然法学和分析法学正是由于对此问题的不同回答而成为彼此对立的两种法学流派。自然法学主张道德是法律的存在依据和评价标准；分析法学坚持道德与法律的分离，否定二者的内在必然联系。但是，无论是自然法学还是分析法学都是将这一问题置于人本哲学的整体知识框架内加以探讨的。中国传统文化对这一问题的探讨与西方不同，它不是在本体层面上思考二者的关系，而是注重两者的社会功能和在社会生活中的地位。所以，在中国，德法关系的本体问题转变成"德治"与"法治"的社会功能关系问题。虽然德法之争也有诸学各派，但是自董仲舒之后，独尊儒学，基本形成了德主刑辅、明刑弼教的格局。表现于政治伦理上，以礼入法、礼法合一，违反法律规范与违反道德规范，具有实际上的一致性。

宪制是法治的最高形式，宪制是以宪法的存在为前提的，是宪法的观念化与实践化。作为观念的宪制是对宪法的意识化，作为实践的宪制是权力的规范化。德沃金指出："宪法是美国的道德之帆","我们每个人都是道德共和国的平等公民"。① 既然在理论与实践层面上法律都无法排除道德和价值的存在，那么宪制的伦理之维的追问就不仅必要而且可能。

宪制的伦理之维从实质上讲就是宪制的伦理化，即强调宪制必须以伦理为基础，应立足于特定的伦理思想、伦理价值和伦理原则，通过立宪、行宪、宪法监督等过程来建立符合宪制伦理的政治关系、政治体制、政治制度以及权力结构和权利体系。

如前所述，宪制伦理是指宪制本身的道德性及其伦理价值、伦理关系和伦理评价。它主要涉及两个方面的问题：一方面，宪制所蕴含的内在的伦理意义和价值尺度是什么？即宪制合道德性的最高价值是什么？找到了它也就自然地理解了宪制所蕴含的伦理意义和价值尺度。另一方面，如果我们确立了宪制的最高价值，那么，顺理成章的推论就是，宪制除了有其一般的法律和政治行为的规范性之外，它一定还有其特殊的道德考量与伦理规范。无疑，前一方面涉及的是对宪制本身的道德正当性的追问；后一方面则关乎人类政治法律生活与道德生活关系的把握，以及关于这两大生活领域知识系统的法学、政治学与伦理学之间的关系的理解。

宪制伦理的历史考察已经昭示出，人的尊严是理解宪制的伦理基础与价值尺度关键所在，它是宪制的伦理基础和最高价值。

（二）人的尊严是一种道德权利

人的尊严在伦理学上一般称为"人性尊严"，在心理学中就称为"人格尊严"，在社会学上称为"社会尊严"。

从伦理学的角度讲"'人的尊严'（human dignity）就是指人的尊贵和庄严；指人具有一种高于物和其他生命形式的，且令他人敬畏，独立而不可侵犯的身份或地位"②。具体而言，在这种语境中使用的"人的尊严"，多是指人在生物学意义上的尊严，即人的生命

① ［美］德沃金：《自由的法——对美国宪法的道德解读》，刘丽君译，上海人民出版社 2001 年版，第 234 页。

② 韩跃红、孙书行：《人的尊严和生命的尊严释义》，《哲学研究》2006 年第 3 期，第 63 页。

形式所享有的、区别于物和其他生命形式的一种特殊的尊贵和庄严，亦可称为"人的生命尊严"，或简称为"生命的尊严"、"生命尊严"。

有学者认为人的尊严是"公民基于自己所处的社会环境、地位、声望、工作环境、家庭关系等各种客观条件而对自己的社会价值的自我认识和评价"①。显然他还没有站在法学的立场来理解人的尊严，他所指的尊严似乎倾向于人的心理认识和感受。从心理学角度考察，学者们已经认识到"人的尊严"常指的是人的自尊意识和自尊心理。这种尊严是由于人认识到自己的主体地位和社会价值而产生的自尊心和自豪感，亦可称之为人的心理尊严。② 由于人的心理尊严的来源比较复杂，比如可以来源于自爱和自尊，也可以来源于对自己的存在和社会价值的自我肯定，或者来源于用世俗评价标准（身份、权势、金钱等）进行自我评价而引起的主观感受，还可以来源于为他人和社会做出贡献而感受到的快慰与满足。所以一般认为，心理学意义上的"人的尊严"属于人的自我意识，它因人而异。马克思认为，"尊严就是最能使人高尚起来"，"并高出于众人之上的东西"③。这仍然属于心理的范畴。

社会尊严是一个比较好的概括，但是只有个别学者做了论证。韩跃红、孙书行两位学者认为，社会学意义上的"人的尊严"是作为社会群体组成部分的个人在群体结构中形成的个人在人们心目中那种令人尊敬、敬畏的地位或身份，亦可称为人的社会尊严。他们认为人的心理尊严和社会尊严都是因人而异的，这是它们之间的相同之处，也是区别于人的生命尊严之处。但人的心理尊严和社会尊严之间的差异也是显而易见的。心理尊严是个人的自我评价和自尊心理，社会尊严则是针对个人的社会评价和社会承认；心理尊严是一种主观内在的意识或体验，社会尊严则是通过人的地位、待遇、名望等所反映出来的一种客观状况；心理尊严类似于个人的"荣誉

---

① 王利民：《改革开放中的民法疑难问题》，吉林人民出版社 1992 年版，第 68 页。
② 参见韩跃红、孙书行《人的尊严和生命的尊严释义》，《哲学研究》2006 年第 3 期，第 63 页。
③ 《马克思恩格斯全集》第 40 卷，人民出版社 1982 年版，第 6 页。

感"，社会尊严则类似于个人实际享有的"威信"或"权威"。"荣誉感"取决于自己，"威信"或"权威"则最终取决于社会，是个人不得不面对的实际。① 但是，社会尊严和心理学的自尊还是有确定联系的，即客观的社会尊严一般是主观的心理自尊的基础和来源。所以，罗尔斯确认的宪制的制度原则——正义——中的差异原则强调要平等分配的基本善不仅包括自由和机会、收入和财富，还包括自尊的基础。② 罗尔斯还指出：自尊的社会基础被视为社会基本制度的组成部分，对于公民是否能够强烈地感觉到他们自身的价值，并且是否能够带着自信来推进他们的目标，它们通常是极其重要的。③ 而德沃金视平等为宪制的首要价值基础，是因为平等捍卫了人的自尊和尊严。因为，不仅人活着需要尊严，甚至对一些人来说，"不能有尊严地死去是对生命的践踏"④。可见，人们是因为关注自尊而同时关注与自尊有关的其他方面。

追溯人的尊严理论的历史演进，可以有宗教世界观和世俗的世界观双重向度。宗教世界观向度可以以人的尊严理论缘起的基督教为代表；世俗世界观向度，可以以传统人的尊严学说的总结者康德为代表。

从基督教为代表的宗教世界观向度看，人的尊严是上帝给予人类的道德权利，而且人的尊严是人人平等的。按照基督教的教义，禁欲、苦行、忽略现世，是获得永恒幸福的唯一途径。它带给贫苦大众以人的尊严、生活的目标、公平感以及永恒幸福，当然这一切只能在天国获得。那么，人的尊严是从哪里来的呢？基督教伦理的一个核心主张就是："从道德的角度看，人有着某种特别珍贵或神圣之处。比如，有一些要求（权利）专属于人类而不属于其他动物——比如，我们不能杀人也不能把人作为食物吃掉，或者以猎取

---

① 韩跃红、孙书行：《人的尊严和生命的尊严释义》，《哲学研究》2006 年第 3 期，第 63—64 页。

② ［美］罗尔斯：《正义论》，何怀宏等译，中国社会科学出版社 1988 年版，第 62 页。

③ ［美］罗尔斯：《作为公平的正义》，上海三联书店 2002 年版，第 94—95 页。

④ ［美］罗纳德·德沃金：《至上的美德：平等的理论与实践》，冯克利译，江苏人民出版社 2007 年版，第 484 页。

人来作为一种娱乐性运动，或者不经过他们的同意将其作为医学的实验对象。简而言之，人仅仅因为自己是人就应当享有某种尊重……这种尊重是人所应得的，因为人有着特殊的道德地位。"① 人的这种特殊的道德地位完全来源于人是上帝的创造物，上帝在创造人的同时赋予人类以灵魂，这是极其宝贵的——因为其他任何动物都没有。所以在神圣的上帝安排的秩序世界里，人类当然是有尊严的，这是上帝给予人类的最高道德权利。正如涂尔干所说："基督教的思想带给教徒亢奋的精神状态，使人的心理状态发生了变化，处于一种不自觉的状态之中，似乎感到他们的自我被提升了……因此他们在世俗的生活中获得了尊严。"② 由于人人在上帝面前都是平等的，所以，在基督教的世界观里，人与人的尊严是处于同一个高度的，也就是说，人的尊严是平等的、是没有差别的。

从世俗世界观向度看，人的尊严的理念经历了漫长的历史过程。柏拉图、亚里士多德等古希腊先哲虽然奠定了西方的思想基础，然而在他们整体主义的理论思路中，个人只能依附于城邦而存在，人的尊严以萌芽的状态表现为对人作为人的德性的践行和智慧的追求。中世纪教给人们的只是这样一个道理：人并不是权利主体，而是义务主体。③ 人的尊严最终归于上帝这一渊源。康德几乎可以说是世俗世界观的杰出代表，尤其在人的尊严的问题上。按照康德的观点，宗教信仰的认识论基础是很脆弱的，将人的尊严的道德观放在宗教上是不可靠的，应当给予新的世俗的安排。所以康德认为："人的特殊之处既不在于不朽的灵魂，也不在于人在神所安排的世俗世界里的角色；人之独特性仍在于他们的理性。"④ 这说明康德还是承认人的灵魂的不朽以及在神的安排下人在世俗世界里的

---

① ［美］阿兰·S.罗森鲍姆主编：《宪政的哲学之维》，郑戈、刘茂林译，生活·读书·新知三联书店2001年版，第323—324页。

② The Theories of Society, *Foundations of Modern Sociological Theory*, The Free Press of Glencoe, Inc 1961, p. 680.

③ 参见胡玉鸿《"人的尊严"思想的法律意蕴》，《江苏行政学院学报》2005年第4期，第103—105页。

④ ［美］阿兰·S.罗森鲍姆主编：《宪政的哲学之维》，郑戈、刘茂林译，生活·读书·新知三联书店2001年版，第325页。

主导地位，正是这种地位使得人获得了尊严。的确，"理性使人独特并具有道德上的特殊性；它是使人真正自由和自治（以不同于其他动物的方式）并赋予他们以康德称之为'尊严'的特殊道德地位的属性。"① 康德在《实践理性批判》中提出："在目的国度中，人（连同每一种理性生命），就是目的本身。这就是说谁（甚至神）也不能把人仅仅用作手段而不同时把他本身当作一个目的。因为蕴含于我们本身的人性对我们自己来说一定是神圣的，这么说的理由在于人是道德法则的主体。"② 显然，在康德看来，道德的存在不属于事实领域，而是属于价值领域，自由是道德的存在基础，道德是自由的认识基础。在康德哲学中，"神、自由和永生是三个理性的理念……这些理念的重要意义是实践上的，即与道德是关联着的……理性的唯一正当行使就是用于道德目的"③。人的尊严是一种特殊的道德地位。因为，按照康德的逻辑，审美以人的主体情感为核心，构成人与世界的情感映射关系，以个体的方式表达人类普遍的自由本质，所以认识自觉、审美自由和道德自律共同构成了人的基本生活方式。也正是人的认识自觉、审美自由和道德自律从三个维度共同构建了人的主体性，从而使人类获得了尊严。"康德的这种见解无论在历史上还是在今天，都没有人再加以补充——而且也无须作任何补充。"④

康德认为理性有狭义和广义之分。狭义的理性指认识无限的、绝对的东西的能力。它位于感性与知性之上，企图完全脱离经验去思维超经验的理念（世界、灵魂、上帝），要求对自在之物有所认识。但理性在试图认识自在之物时，不可避免地陷入难以自解的矛盾即二律背反或推论谬误，这表明自在之物不可认识。广义上的

① 〔美〕阿兰·S. 罗森鲍姆主编：《宪政的哲学之维》，郑戈、刘茂林译，生活·读书·新知三联书店2001年版，第325页。

② 郑保华主编：《康德文集》，改革出版社1997年版，第284页。

③ 〔英〕罗素：《西方哲学史》下卷，何兆武、李约瑟译，商务印书馆1963年版，第253页。

④ 〔德〕乔治·恩德勒等：《经济伦理学大辞典》，王淼洋等译，上海人民出版社2001年版。转引自胡玉鸿《"人的尊严"思想的法律意蕴》，《江苏行政学院学报》2005年第4期，第103页。

"理性"包括感性、知性先天形式。① 但是问题在于，如果说理性是人的尊严的基础的话，由于就像人的认识能力是有差别的一样，人的理性是有差别的，难道基于理性的人的尊严也是有差别的吗？

基于这样的疑问，黑格尔对康德的理性观进行了批判。在黑格尔哲学中，理性指具体的、辩证的思维。他认为理性是最完全的认识能力，是认识的高级阶段，只有理性才能揭示事物的本质。他将理性区分为消极理性与积极理性。认为消极理性是认识到"正"、"反"两面互相排斥、互相矛盾的阶段，在积极理性中"正"、"反"两面才得到统一；只有到达积极理性阶段，才能全面地、具体地、深刻地把握事物。② 他否定了康德关于理性的先验性、普遍性、终极性等特点。他认为理性就是人类自我意识的一种特殊形式发展阶段。黑格尔所谓的"启蒙"不是人类的最终目标，也不是理性的结果和目的，它只不过是理性自身展开过程中的人类特定意识和有限阶段。这样，黑格尔回到了具体的、历史的个人，抛弃那些抽象的人，直接指向了具体的历史的和现实的人。他们的理性才是其获得尊严的根本所在，因为"理性——这里不考究理性对神的关系，仅这个名词就算够了——既是无限力量也是实体，它自身是一切自然生命和精神生命的无限素材与无限形式——即推动该内容的东西"③。

从上述两个向度对人的尊严的考察，均意味着人的尊严有着深刻的道德基础。人的尊严并非是由人类的思想与逻辑所证实的，它具有自身在先性，它在本质上是与人同在的一种道德权利。随着人类发展的需要和实践的发展，展示为一种基于一定的道德原则、道德理想而享有的能够使其利益得到维护的道德权利。

（三）人的尊严是宪制的最高价值

宪制体现着法律上的正义，并保障着道德上的正义的实现。夏

---

① 参见《辞海》（缩印本），上海辞书出版社 1999 年版，第 1467 页。

② 同上。

③ ［英］罗素：《西方哲学史》下卷，何兆武、李约瑟译，商务印书馆 1963 年版，第 283 页。

勇认为，"从现代宪法的历史来看，人类认识和把握并通过宪法制度表述出来的带有根本意义的法则主要有三：一是价值法则，其核心为人本和自由。人本即一切为了人，为了一切人。自由即维护人的尊严和福祉……其中，价值法则是最根本的，它是宪法的价值来源和逻辑起点，并由此完成对宪制的正当性、合法性的证成"①。宪制保障道德上的正义和法律上的正义都指向正义的主体——人，体现的是宪制的价值法则。

宪制价值法则回答的是宪制的伦理意义，体现于宪制所保障的人权状况、政治的文明程度、法律规范的真实效果。人的尊严属于道德权利的范畴，体现着道德上的正义，彰显出宪制的最高伦理价值。例如，1948 年 12 月 10 日联合国通过了《世界人权宣言》，第 1 条即以这样的句子开始："人人生而自由，在尊严和权利上一律平等。"

人权与宪制几乎构成了近代政治的全部内容，也是当代政治发展旗帜上的两个侧面。宪制的存在是以人为本体的，是"人为的"和"为人的"的有机统一，它通过保障人权来实现人的尊严。而作为伦理价值的人的尊严是人权的根源。就像布洛克所认为的："人文主义的集中点在人的身上，从人的经验开始，每个人在他或她自己身上都是有价值的，一切价值的根源和人权的根源就是对人的尊严的尊重。"② 关于人的尊严在人权思想发展史中的重要作用，当代的另一位重量级学者哈贝马斯也给予了肯定的总结："从系统的角度和概念史的角度进行考察可以看到，在人权从理性道德加上主体权利的形式出发建构起来的过程中，人的尊严概念发挥了重要的催化作用，它既是所有基本权利的内蕴都从中汲取养料的道德'源泉'，也是不同范畴的权利得以兼顾和平衡的基础。"③ 将"人是目的"作为一个显性的哲学命题提炼出来是康德的杰作，这也奠定了

---

① 夏勇：《宪法之道》，《读书》2003 年第 3 期。

② 转引自李龙主编《人本法律观研究》，中国社会科学出版社 2006 年版，第 185 页。

③ ［德］尤尔根·哈贝马斯：《人的尊严的观念和现实主义的人权乌托邦》，《哲学分析》2010 年第 3 期，第 1 页。

现代宪制所普遍确认的"人权"理念的基础。

人权是人之所以为人所享有的最基本的权利。就人权并非国家的实证法所承认才得以成立而言，人权首先是一种道德权利；就人权在现代社会必须通过实证法律的保障才能得以实现而言，人权也是一种政治权利和公民权利。对于人权的保障首先意味着应当确认人的主体地位，避免将人沦为客体或纯粹的手段，否则，人的尊严就受到了侵害；其次意味着人对于自身充分的自治和接受共治的界限，也就是说人基于自己的尊严应当享有一定的自由，进行自治，就像卢梭所言："这种人所共有的自由，乃是人性的产物。人性的首要法则，是要维护自身的存在，人性的首要关怀，是对于其自身应有的关怀；而且，一个人一旦达到有理智的年龄，可以自行判断维护自己生存的适当方法时，他就从这时候起成为自己的主人。"①自治并不是全部，为了更好地实现尊严，还需要接受公权力的制约，这就是共治，而共治的界限就是至少要保障人权不受侵害。另外，宪制意味着对人有尊严的和自由的生存状态的保障，也就是要确保在现实的社会经济条件下一定水平的有尊严的生活保障。如果一个国家的人民生活在一个没有基本保障的状态，很难说他们享有怎样的人的尊严。这种状态下往往会出现宪制危机。

为了保障人的尊严，宪制设计中必须体现以人的尊严为基础的一些自由项目，美国的宪制实践很好地诠释了这些自由。美国前总统富兰克林·罗斯福将美国对自由的追求做了极其精练的概括："我们期望一个有四项人类自由的世界的建立：第一是言论和表达思想的自由——在全世界每一个地方。第二是每个人以自己的方式表达信仰的自由——在全世界每一个地方。第三是免于匮乏的自由——从全世界的角度看，这意味着可以使每个国家保证其居民过上健康的、和平时期生活的一种经济协议——在全世界每一个地方。第四是免于恐惧的自由——从全世界的角度看，它就意味着全世界范围的裁军，并使裁军达到最彻底的程度，以至于没有哪个国

① ［法］卢梭：《社会契约论》，何兆武译，商务印书馆1980年版，第9页。

家会对别国采取有形的侵略行为——在全世界每一个地方。"① 当然这是在战争年代的宣示，随着大屠杀和种族灭绝的惨绝人寰的暴行蔓延，犹太人和华人在法西斯的蹂躏之下，人类的尊严与自由丧失殆尽。这也提出了一个关键的问题：在危急关头人类的道德底线在于维护人的尊严，否则，人类将退回到一个徒有进化心智而肆虐强暴的野蛮的疯狂状态，它与文明毫无关联。为此，以人的尊严为最高价值，宪制国家的法律规范通过具体人权的规定彰显了人类的这种理性要求。

按照马克思主义的政治学原理，"政治文明是指人们改造社会所获得的政治成果的总和，是人们在一定社会形态中关于民主、自由、平等以及人的解放的实现程度的体现，是社会文明的重要组成部分，在很大程度上反映了一个社会、国家的文明水平"②。政治的运作方式和政治过程直接影响着政治文明的实现程度。如前所述，宪制从一定意义上讲就是宪法规制下的政治。在现代社会，宪制具体表现为一种以宪法为前提，以民主政治为核心，以法治为基石，以限制国家权力、保障公民权利为目的的政治形态或政治过程。③而在公民权利的保障方面，尤其以人权保障为要紧，以维护人的尊严为最高价值取向。迄今为止，我们所熟悉的公法规范中十分强调对人的尊严与自由的尊重与保护，而这些理念还没有超越古典自由主义的基本精神，即个人尊严和个人自由的首要性，市场的自由品质以及法治对政治权威的限制。众所周知，政治文明的发展和进化过程，就是对人的价值的持续尊重、持续挖掘和不断塑造的过程，是在宪制的框架内依法对政治权力进行合法分配，对政治资源进行合理调配的过程。从政治文明的历史演进考察，并非一开始就有宪制安排，历史上的政治的确有一些宪制安排，但是宪制却是政治文明高度发展的产物。

宪制安排的重要性在哪里呢？宪制就像是在大海里航行的一条

---

① ［美］约翰·杜威等：《自由主义》，欧阳梦云等译，世界知识出版社 2007 年版，第 64 页。

② 刘世军：《政治文明的嬗变》，《社会科学报》2002 年 7 月 18 日。

③ 参见殷啸虎、王月明主编《宪法学》，中国法制出版社 2001 年版，第 50 页。

巨船，无论船上的政客们如何摇晃或怀着颠覆的企图来改变船的航向都是无济于事的；但是一旦让这些政客们操纵了方向盘，而且旁边根本没有监督他们的设施，那么危险就降临了。而政治就是这条船的外部环境的总和，尽管按照宪制的安排我们有着预定的方向，但是遇到台风和大浪的时候我们也许会选择停靠一下；但是再危难的处境也不能使谁有权做出决定将一部分人抛进大海。看来，虽然宪制与政治之间相互作用和影响，但是总体看来，还是政治控制着宪制的进程。"不是法治或宪制创造了政治上的自由社会，而是政治自由孕育了宪制和法治。'法律的苍穹'不是独立自存的，它建立在政治的柱石之上。没有政治，法律的天空随时可能坍塌"①，就像那条宪制之船离不开大海一样。

其实，国家与个人的关系主要体现为国家权力和个人的尊严的关系。"宪制理想中始终蕴涵着现实主义的美好的社会蓝图，一个有序自由的社会制度均在宪政中得以展现。"② 个人的尊严必然要求国家对公共权力的行使应当在宪制的框架内进行，从一定意义上讲，政治合法化是人的尊严的政治前提，人的尊严实现的程度是宪制文明的标志。人的尊严是不容侵害的，诚如卢梭所说："当人民被迫服从而服从时，他们做得对；但是，一旦人民可以打破自己身上的桎梏而打破它时，他们就做得更对。因为人民正是根据别人剥夺他们的自由时所根据的那种同样的权利，来恢复自己的自由的，所以人民就有理由重新获得自由；否则别人当初夺去他们的自由就是毫无理由了。"③

当政治生活贴上道德的标签以后，不管是政治家还是政客都不会再那样肆无忌惮了。当哲学家狄德罗（Didelot）向俄罗斯的叶卡捷琳娜（Empress Catherina）推荐其改革思想时，这位女皇感叹着回答道："啊，我亲爱的朋友，你在纸上写作，那表面多么光滑，

---

① ［美］莱斯利·里普森：《政治学的重大问题——政治学导论》，刘晓等译，华夏出版社 2001 年版，第 201 页。

② 刘军宁：《共和、民主、宪政》，生活·读书·新知三联书店 1998 年版，第 134 页。

③ ［法］卢梭：《社会契约论》，何兆武译，商务印书馆 1980 年版，第 83 页。

没有什么东西阻碍你的笔。但是我，一个可怜的女皇，必须在我的臣民的皮肤上写作，它是非常敏感和难以对付的。"① 可以看出，人的尊严哪怕是在专制与独裁的时代也是需要被顾及的，不可以随便冒犯。

虽然人的尊严实现的程度是政治文明的标志，但是我们必须清楚逻辑上对宪制的理解与政治上、伦理上对宪制的理解是不同的，就像逻辑推理不能取代政治的现实和道德的判断一样。所以，如果要达成和谐平衡的状态，就要努力消解自由与秩序之间的冲突，因为"如果其中的任何一个充分地发展，会摧毁另外一个。实践的考虑要求两者在有限的限度内融合……纯粹完全的平等和自由在实践中很难实现，但正是这些概念给予政策和行动以意义"②。正是这样一种现实主义和理想主义的结合，才塑造了人类在苦难面前从容与宽容的品格：我们不需要过度考虑我们尊严维持的实际水平和自由享有的真正程度，重要的是我们一直在向前走，我们既要争取尚未得到的尊严与自由，还要守护好我们已经取得的尊严与自由。

总之，宪制的正当性既不是来源于神，也不是来源于世俗社会本身，而是来源于人类个体固有的最高价值——人的尊严。人的尊严不是由国家或法律制度所创造或授予的，它所依赖的是人自身的主体性，所以，人的尊严是必须被获得的东西，它优先于国家法律所规定的所有权利。宪制国家并不能为人提供尊严，但可保障人的尊严。宪制的正当性基础即在于它是保障人有尊严地生活。人的尊严是宪制伦理的道德基础，是对宪制之道的追问及对这一追问的回答。

（四）宪法的至上性和人的尊严的统一

1. 宪法的至上性的含义

政治生活和社会生活的外在变动性与宪法和宪制框架的内在保

---

① 转引自［美］莱斯利·里普森《政治学的重大问题——政治学导论》，刘晓等译，华夏出版社 2001 年版，第 5 页。

② ［美］莱斯利·里普森：《政治学的重大问题——政治学导论》，刘晓等译，华夏出版社 2001 年版，第 19 页。

守性之间的矛盾是一种常态，关键是如何进行有效的、良好的调节，使得它们之间能够相互适应。所谓宪法的至上性是一个相对的概念，是指宪法作为国家的根本大法在国家的法律体系中具有最高地位、最高的权威和效力，任何其他法律如果与宪法相抵触则一律无效。因此，无论是一般的法律，还是行政法规和地方性法规，作为广义的法律应当维护宪法的至上性，必须处理好和宪法的关系。宪法的至上性一般都规定在各个国家的宪法文本之中，比如我国的宪法序言中规定：本宪法以法律的形式确认了中国各族人民奋斗的成果，规定了国家的根本制度与根本任务，是国家的根本法，具有最高的法律效力。其实早在 1787 年美国《宪法》第 6 条就做出规定："本宪法和依本宪法所制定的合众国法律，以及根据合众国的权力已缔结或将缔结的一切条约，都是全国的最高法律；每个州的法官都应受其约束，即使州的宪法和法律中有与之相抵触的内容。"这一条实际上确立了宪法在美国法律体系中的最高地位，明确了规范的等级体系。1993 年制定的俄罗斯《宪法》第 15 条规定："俄罗斯联邦宪法具有最高的法律效力和直接的作用，适用于俄罗斯联邦全境。在俄罗斯联邦通过的法律及其他法规不得与俄罗斯联邦宪法相抵触，国家权力机关、地方自治机关、官员、公民及其团体都必须遵守俄罗斯联邦宪法与法律。"当然，宪法的至上性不能仅仅从法律形式的角度来加以理解，宪法的至上性也在于宪法高于一切国家机关、社会组织以及个人的权威，它是理性和正义的产物，是人的尊严与自由的必然要求。宪法的至上性不是自行可以实现的，它必须通过宪法规范来实现，因此，确立宪法规范的至上性就成为宪制实践中的一个关键。

2. 形式上的统一性

除英国这个伟大的宪制传统的开拓者外，一般标榜宪制的现代国家基本上都制定颁布了成文宪法。从实质意义上讲，"无论是美国、加拿大或英国，还是纳粹德国、佛朗哥的西班牙或斯大林的苏联都有宪法，有没有宪法与它是民主还是独裁没有关系"①。在各国的宪法文本中，基本上都有对于人的尊严的表述。第二次世界大战结束以后，德国充分吸取了历史教训，决定将公民的基本权利的保障放在首位，而其核心就是保障人的尊严。

德国《基本法》规定："［1］人的尊严不可侵犯。一切国家权力均有责任去尊敬与保护之。［2］德国人民承认，不可侵犯与不可剥夺之人权，既是每个社团，也是世界和平与正义之基石。［3］下列基本权利应作为可直接实施之法律，而约束立法、执法与司法机构。"② 其实，在《基本法》的其他条款中还规定了"自由权"、"表达与信仰的自由"和"选择职业的自由"等内容。可见，人的尊严成为德国宪法的核心价值。

法国宪法中尽管没有"人的尊严"的提法，但是那里确实是"自由"的天堂，《第五共和宪法》第 1 条指出："本共和国人民及海外领地人民，基于自由抉择，共同接纳本宪法并创制国协。此一国协是建立在全体人民的平等与团结之上。"第 66 条规定："不得任意拘留任何人。司法机关作为个人自由的保护人，保障依照法律规定的条件使此项原则获得遵循。"③ 它不但继承了《人权宣言》的基本精神，而且大大拓展了自由的范围，除了传统的人身自由和表达自由以外，媒体自由、结社自由、经济活动自由和罢工自由等社会性权利也宪法化了。

日本宪法在序言中着重强调了自由、平等与安全。第 13 条对人的尊严与自由做了明确规定："全体国民都作为个人而受到尊重。对于谋求生存、自由以及幸福的国民权利，只要不违反公共福利，在立法及其它国政上都必须受到最大的尊重。"④

---

① ［美］莱斯利·里普森：《政治学的重大问题——政治学导论》，刘晓等译，华夏出版社 2001 年版，第 201 页。

② 张千帆：《西方宪政体系》（下册·欧洲宪法），中国政法大学出版社 2005 年版，第 148 页。

③ 转引自陈雄《宪法基本价值研究》，山东人民出版社 2007 年版，第 230 页。

④ 同上书，第 238 页。

我国宪法不但规定了对于人的尊严的保护，对自由的保障也有许多规定。《宪法》第 38 条规定："中华人民共和国公民的人格尊严不受侵犯。禁止用任何方法对公民进行侮辱、诽谤和诬告陷害。"第 35 条规定："中华人民共和国公民有言论、出版、集会、结社、游行、示威的自由。"第 36 条规定："中华人民共和国公民有宗教信仰自由。任何国家机关、社会团体和个人不得强制公民信仰宗教或者不信仰宗教，不得歧视信仰宗教的公民和不信仰宗教的公民。"第 37 条规定："中华人民共和国公民的人身自由不受侵犯。任何公民，非经人民检察院批准或者决定或者人民法院决定，并由公安机关执行，不受逮捕。禁止非法拘禁和以其他方法非法剥夺或者限制公民的人身自由，禁止非法搜查公民的身体。"在我国，人的尊严基本上局限于"人格尊严"，它是指与人身有密切联系的名誉、姓名、肖像权不容侵犯的权利，包括姓名权、肖像权、名誉权、荣誉权和隐私权等，基本上属于民事权利的范畴。如果发生尊严与自由被侵犯的现象，无法像德国宪法那样抽象出宪法规范加以直接适用，而是通过民法等部门法来实现司法救济。

应该说德国宪法的影响力是十分巨大的，有学者称，在德国宪法规定的影响下，"人的尊严"理念开始得到了各国法律的普遍承认并纷纷入宪。如 1975 年制定新宪法的四个西欧国家——瑞典、葡萄牙、西班牙、希腊均明确规定将"人的尊严"作为政治秩序的基础或者将"人的尊严"的保障置于宪法的首位。据国内学者的统计，目前在世界各国宪法条文中涉及"人的尊严"的共有 56 个国家，占世界国家总数的 39.14%。[①]

当前，将人的尊严作为一种普世伦理加以推广的趋势非常明显，《世界人权宣言》在序言中明确规定："对人类家庭所有成员的固有尊严及其平等的和不移的权利的承认，乃是世界自由、正义与和平的基础。"《联合国宪章》前言中有这样的表述："欲免后世再遭今代人类两度身历惨不堪言之战祸，重申基本人权、人格尊严与

---

① 参见董云虎、刘武萍主编《世界人权约法总览》，四川人民出版社 1990 年版，第 960 页。

价值，以及男女与大小各国平等权利之含义。"《世界人权宣言》的前言中也明确指出："对人类家庭所有成员固有尊严的承认及其平等的和不移的权利的承认，乃是世界自由、正义与和平的基础。"而《经济、社会、文化权利国际公约》更将这些权利的来源归诸为"人身的固有尊严"。一些第三世界国家在国际人权运动的推动下，明确规定"人性尊严"受保障；一些宗教国家如伊斯兰国家，也以神的名义宣布"人性尊严"不受侵犯；苏东剧变后，俄罗斯、波兰等国家宪法也规定了"人性尊严"，反映了人民对苏式社会主义践踏人权的反感。一些没有将"人性尊严"条款明文纳入根本大法的国家和地区，也通过宪法解释确认了"人性尊严"在宪法体系中的价值主导地位。这些国际人权法与各个国家的宪法相互配合，共同将"人的尊严"纳入根本大法的范围，从而确认了人的尊严在人权谱系中的核心价值地位。

可以说对人的尊严之最高伦理地位的确认为重新考量现存宪法规范秩序的合理性、国家目的正当性和国家权力的界限等的一般性价值基准提供了基本标准，以至于在任何时候我们不得不考虑到它的存在。

3. 实质上的统一性——宪法司法化的视角

由于"人性尊严之要件，系每个人得在其行为与决定上有自由，而且任何人都享有同等自由。因此，基本法的人性观，系指平等、自由之个人，在人格自由发展下，自由决定其生活方式、未来及行为"①。但是，这种尊严与自由并非总能够实现，它时常被破坏，人的尊严一直处于现实的危险之中。我们知道，反映在宪法文本中关于人的尊严的条款仅仅属于纸面上的宪法，还不是实践上的宪法。宪法所追求的对人的尊严的保障必须通过良好的宪制过程来实现，同时，对于任何偏离这种核心价值的违宪行为需要有司法上的公力救济措施，而宪法司法化就是一条必由之路。

自从美国首席大法官马歇尔做出"马伯里诉麦迪逊案"的判决

---

① 李震山：《人性尊严与人权保障》，台北元照出版有限公司 1999 年版，第 13—14 页。

以后，宪法司法化作为宪制运动的一种外在形式得以启动。在欧美诸国，早期还存在需要明确宪法直接适用性的条款作为指引，① 目前，这已经不是一个问题，也就是说，宪法一经制定颁布，其司法化的道路是无可争议的。宪法司法化，也称宪法的司法适用，是指宪法能够像其他法律、法规一样进入司法程序，直接作为裁判案件的法律依据，并且在裁判文书中加以援引的一种状态。

　　在德国，对人的尊严的保障是《基本法》的最高价值，人的尊严、自由以及其他基本权利是相互兼容的，共同处在总体的宪制框架之中，得到了切实的司法保障。在 1969 年的"人口调查第一案"中，宪制法院的意见中有这么一段表述："每个人都有权在社团获得社会承认与尊重。一旦国家把人仅当作工具（object）来对待，它就侵犯了人的尊严。因此，即使人口调查以匿名统计的方式进行，如果要求个人记录并登记有关个人的一切层面，那么它亦将抵触人格原则。"② 同样，在"终身监禁案"的法庭意见中，宪制法院同样将宪法的至上性和人的尊严高度统一起来。且看宪制法院第一庭发表的意见："《基本法》的宪法原则包括对人格的尊重与保护……我们永远不能忘记，人的尊严并非可有可无……从第 1 条第 1 款（指《基本法》——笔者注）的制高点和法治原则来衡量终身监禁的合宪性表明，因犯必须被给予具体和现实的机会以后重新获得自由……如果不考虑其个性发展来对待囚犯，并永远剥夺他获得自由的一切希望，那么国家就打击了人格的核心。"③ 在这份司法意见中，人的尊严的保护是彻底的，因为按照德国《刑法典》的规定，任何出于残忍或为掩盖其他罪行而杀人的被告，都必须被判处终身监禁。而宪法至上性在实践中运用的结果就是宪法法院所坚持的"不论罪行的性质如何，每个被判处终身监禁的罪犯都必须被给

---

　　① 比如德国《基本法》有规定："下列基本权利应作为可直接实施之法律，而约束立法、执法与司法机构。"显然，"作为可直接实施之法律"就规定了其直接可以作为判案的法律依据，其司法化的用意是不言自明的。

　　② 张千帆：《西方宪政体系》（下册·欧洲宪法），中国政法大学出版社 2005 年版，第 353—354 页。

　　③ 同上书，第 355—356 页。

予机会，使之能够在重新获得自由的现实希望中生存"①，尽管他也许要在监狱中度过一生的时间，但是恢复尊严的希望是永远存在的，这完全取决于他自身。

在美国，宪法虽然没有花费大量篇幅去陈述对人的尊严的维护，但是，我们有理由相信，这个国家对人的尊严和自由保护的努力是广泛和深刻的。在闻名遐迩的"洛克勒案"的法庭意见中，派克汉姆法官宣称："缔结买卖合同的权利是个人自由的一部分，处于联邦宪法第 14 条修正案的保护下……除非有其他情形排斥该权利，出卖或购买劳力是该修正案保护下的自由权利的一部分。"② 显然，自由已经不再局限于人身自由、言论自由等狭小的范围之内，它具有了更加宽阔的视野。在大量的宪法司法化的案例中，每一份判决书都是一篇优美而中用的法理学论文——不，严格地讲是一部具体的活生生的解决个案的法律。当然，所有的判决书和法律意见书都需要公开接受人民的评判，而在这个评判群体中，最活跃的当数法学家群体。他们通过对大量案例的再分析提炼出一系列的法律理论，反过来指导宪制的实践。菲力浦·博比特就是其中的一员，他指出："伦理性宪法主张所说的特定解决方案是对是错，无非就是指这种解决方式符合我们人民的特征以及我们选择解决政治和习惯性宪法问题的手段。"③ 可见，宪法司法化的过程中需要一种伦理的价值来不断矫正和修复宪法文本自身的缺陷，最好的路径选择就是朝着保障人的尊严的道路前进，并以此为基准进行宪法解释。

据统计，我国宪法中规定的公民权利共有 18 项，但具体法律中只涉及 9 项，其余 9 项则没有相应的具体法律规定。当公民权利受到侵犯，借助于具体法律无法得到救济之时，宪法就应当走到幕前，去保障人权，发挥其权利救济作用。从这个角度来讲，宪法司法化实际成了保障公民基本权利与自由最后的救济手段。这就需要

---

① 张千帆：《西方宪政体系》（下册·欧洲宪法），中国政法大学出版社 2005 年版，第 356 页。

② ［美］保罗·布莱斯特等：《宪法决策的过程：材料与案例》（上册），张千帆等译，中国政法大学出版社 2002 年版，第 329 页。

③ 同上书，第 1127 页。

把宪法请下"神坛"，步入现实生活，成为司法机关裁判案件的直接依据。因此，也可以说宪法司法化是解决我国宪法实施的关键。[①]然而，在我国实施宪法司法化尽管从理论上讲没有太大的争议，但是面临的现实障碍的确不少。有学者将它总结为三个方面：首先是来自体制上的"困惑"：最高人民法院由全国人民代表大会产生并对其和常务委员会负责，还要接受它们的监督，地方法院也由同级别的人大产生并接受相应的监督。同时，最高法院在 1955 年和 1986 年出台的两个司法解释中都有不主张直接援引宪法条文判决的规定，因此各级法院在裁决过程中避免引用宪法规定和宪制理论作为立论依据。其实，我国《宪法》第 5 条明确规定："一切违反宪法和法律的行为，必须予以追究。"根据这一规定，宪法司法化并没有被禁止，何况最高人民法院根本没有权力决定宪法是否可以直接引用到裁判中来。其次是宪法自身的缺陷。该学者认为：一是宪法中没有司法化的明确规定，而且根据宪法的规定宪法实施的监督权属于全国人大及其常务委员会；二是宪法条文缺乏可操作性，主要表现为内容庞杂、宪法规范的结构不完整，以及程序性规定较少。笔者认为这些说法是难以成立的：一方面，宪法作为一种最高效力的法律，一旦制定颁布就是为了实施，为了调整社会关系，"可适用性"是其基本的特点，如果宪法无法司法化，它就真正地成为政治的"晚礼服"了。另一方面，宪法作为国家的根本大法，内容必须涉及重大社会生活的每一个方面，宪法是为人服务的，其价值反映的是人的基本生活方式；宪法规范并非全部规定在宪法这一个文本之中，任何法律规范都是逻辑思维抽象的产物，尤其在司法裁判中法官必须根据不同的法律文本抽象出法律规范的假定条件、行为模式以及处理结果，这是一个复杂艰难的劳动过程，如果宪法文本中每一条都是一个完整的法律规范，那法官这个职业就是一种简单的劳动了；至于宪法程序性规定偏少确实是一个事实，然而一个更重要的事实是：在我国这样一个缺少程序正义的国度，宪法司法化似乎需要考虑制定宪法诉讼的程序法。笔者非常认同该学

[①]　王磊：《宪法的司法化》，中国政法大学出版社 2000 年版，第 148 页。

者的第三个方面的观点，即观念上的偏差，包括宪法工具观的盛行、过分强调宪法的政治性等。值得指出的是，在现实的生活中，人们的宪法观念和意识太淡薄了，如果人们坚信宪法与自己的生活无关，那它就是名副其实的"闲法"了。总之，宪法的至上性与人的尊严的统一性实现路径在于融入公民的日常生活。宪法权威的体现与人的尊严的保障根源于公民的生活。

第二章

宪制伦理的国家维度

宪制的要旨是国家权力的制约和公民权利的保障，分析宪制国家的伦理基础、伦理追求和核心价值是宪制伦理在国家维度的主要内容。从考察公民与国家关系的基本范式出发，研究国家维度的宪制伦理，将得出以下基本结论：现代公民是宪制国家的历史与逻辑起点，人性理论是权力规范与权利保障的伦理基础，人权与人民主权的统一是宪制国家的伦理追求，人权的保障是人的尊严在国家维度的集中体现。

一　宪制国家的伦理考量

（一）现代公民：宪制国家的历史与逻辑起点

现代国家宪法的基本内容包括规定国家机构的组成、权力和运作方式的规则以及国家机构与公民关系两个方面，而国家机构的组织原则又取决于国家与公民的具体关系。因此，具有现代权利意识的公民是宪制国家的逻辑起点，宪制的成功与否最终取决于一国公民意识的发达程度以及公民的基本素质。没有公民的产生，就不会有宪制；宪制的主要功能也是为了保护公民权利。

顾名思义，公民是能够分享特定政治共同体的政治权力以及参与该共同体政治活动的人格平等的成员。公民的产生与存在是以公域与私域的划分为前提的。人类社会自产生以来就分为公私两域，西方社会以政治社会为公域，以市民社会为私域；中国社会以皇权为公域，以家族为私域。从直接的渊源来说，现代公民概念来源于西方文化，是从中世纪后期的市民概念逐步演化而来，它的最终成型是现代民族国家的产物。从间接的历史文化渊源来说，现代公民概念也与古希腊、古罗马城邦制度的公民文化具有密切联系。在一个古希腊城邦国家，公民的主要活动就是参与政治，包括参加公民大会、陪审大会，从事立法、司法以及行政管理活动等。一个古希腊公民的主要活动空间以及生命意义都在公共领域。在他人面前自由展现和言说，显示自身的卓越，引起公众的关注，被认为是最有意义和价值的活动。因此，伯里克利认为："一个不关心政治的人，我们不说他是一个注意自己事务的人，而说他根本没有事务。"① 亚里士多德将其概括为"人是一个政治动物"。他的意思是说，离开了政治活动，人就不成其为人。而那种基于谋生的经济活动被看成是家务私域的事务［在古希腊文里"经济"（Economics）就是家务管理艺术的意思］，这些事务只能由奴隶和妇女来做。当然，构成城邦公民的只是少部分成年男性，所有奴隶、妇女、儿童和老人都不具有公民身份和资格。儿童被看成是"未来的公民"，老人被看成是"过去的公民"。公民决定一切城邦事务，但在人数上仅占少数。在雅典的鼎盛时期，城邦人口高达 40 余万，而公民人数不到 1/20，仅有 15000 余人。在斯巴达，公民人数最多的时候只有 9000 余人，最少时不足 700 人，而城邦人口曾多达二三十万人。这种公民人数与城邦总人口的比例悬殊情况在罗马城邦也如此。国王被驱逐后的罗马居民有 44 万人，成年公民仅占 1/4。罗马城邦最初是由 100 个拉丁部落组成的，随着对外征战的扩张，罗马共和国和罗马帝国的疆域极大地扩张，人口猛增，曾达数百万之多，但具有公民身份的主要限于居住在罗马城的几十万说拉丁语的罗马人。②

由此可见，古代城邦公民与现代公民是完全不同的。对于古代

①　［古希腊］修昔底德：《伯罗奔尼撒战争史》，谢德风译，商务印书馆 1997 年重印本，第 132 页。

②　关于古希腊、罗马城邦公民人数占总人口的比例，各种说法不一，而且差异较大。这里依据孟德斯鸠的说法。［法］孟德斯鸠：《罗马盛衰原因论》，婉玲译，商务印书馆 1995 年版，第 13、14 页。

城邦公民来说，参与政治事务是他的主要活动，他的生命意义即在于公共领域的交往，相对于其他非公民身份的人来说，他们具有道德上的优越性和特权。而对于现代公民而言，参与政治事务不再是他的主要事务，他的主要事务在于经济活动领域或其他市民社会领域，他的生命意义也主要不在政治领域得到实现，相反他可能更多地把政治领域看成是一个异化的领域，是一个不得不加以防范的领域。在现代社会，以参与政治作为主要事务的是少部分职业政治家以及大量的行政公务人员，而且他们的大多数可能仍然把从事政治看成是"靠"政治谋生的职业，而不是"以政治为业"的政治家。更重要的是，不管是否以参与政治作为自己的主要活动，现代公民在人格上都是平等的，没有谁在道德上具有特权和优越性。当然，城邦公民与现代公民的文化联系也是不可否认的，古希腊城邦公民内部的平等精神、公民对公共事务的热爱以及对自由的追求，城邦在制度上追求相互制约和平衡的设计，等等，在西方文艺复兴时期都再次产生了重大深远的影响，其思想资源也构成了现代公民文化的重要组成部分。

在西方中世纪封建社会，是没有公民概念的。每一个人都属于一定的领主、行会或其他团体，并以此相互区别开来。小的领主隶属于大的领主，大的领主再隶属于更大的领主，而行会或其他团体则在一定的领主保护下自成一体。不同的领主之间通过封建契约相互联系起来，上一级领主分封一部分土地给下一级领主，并为下一级领主提供秩序和安全保护，下一级领主则在需要时为主人提供军事和劳役服务。领主之间并不存在人格上的不平等。封建契约也不是随意订立和废除的，它接受习俗和流行的道德观念的约束。下级领主违背契约会遭到上级领主的惩罚，如果上级领主违背契约也会遭到舆论谴责，并有被下级领主联合起来讨伐的危险。中世纪封建社会最小的单位是贵族的庄园，一个庄园或大或小，一般都有防御性的城堡，里面住着一个或大或小的家族，在家族里只有贵族本人享有一切自由权利，农奴在人身上依附于贵族，贵族的家庭成员也是依附于一家之主的。封建社会的行会或团体也具有一定的等级依附特征，徒弟在一定时期也在人身上依附于师傅，行会或团体内部一般都有比较严格的纪律，不能随便加入或退出。因此，在中世纪封建社会，一个不属于任何领主或行会的正常人是难以理解的，他只能是一个流浪汉、乞丐。

在古代中国等东方皇权专制社会，也没有公民概念。整个社会结构是一个两极政治，一极由以皇权为中心的官僚系统构成公域，一极以家族为中心构成私域，相对应的是一个人的臣民身份和家族身份。一国之内，只有皇帝是主人，其他人都是处在不同等级里的奴仆，一部分人享有特权，另一部分人承担一切义务。"普天之下，莫非王土；率土之滨，莫非王臣。"从理论上说，只有皇帝一个人是绝对自由的，享有一切权力，公即是私，私即是公。一家（家族或家庭）之内，只有家族长辈或男性家长能决定一切，妇女、儿童都是附属于男性主人的，没有自己独立的地位，也只有家族长辈或男性家长能够决定土地、房屋等重要财产的买卖。主张个人的独立自由权利简直是无法想象的。偶尔有这样想或这样为之者，必定遭到道德舆论的一致谴责，直至身败名裂。家族与家族之间通过联姻建立起联系，在没有任何血缘关系的人之间也通过拟血缘关系建立起联系，如结拜兄弟、认义父义子、一日为师终身为父等。整个社会呈现为一个家国同构的等级结构，家即天下，天下即家。显然，这与现代公民概念是格格不入的。

现代公民直接渊源于西方中世纪后期的市民社会，现代宪法的前身就是中世纪城市共同体的特许状。在中世纪后期，由于自然灾害、瘟疫、持续战争以及商业发展等综合因素的复杂影响，从各级领主、庄园、行会等相对封闭的社会团体里流落出一大批无家可归的人，他们聚居于道路、河流、桥梁等各种交通要塞，或者聚居于某一贵族城堡附近。由于失去了封建体制的保护，他们只能从事商业谋生。他们之间天然平等，彼此之间主要通过职业或商业活动发生联系。由于商业在积聚财富方面的天然优势，他们很快发展起来，形成了一个个各具特色的城市群体。为了抵御封建贵族对他们的侵犯，他们团结起来建立起各种协商和解决问题的政治组织和管理机构，建立起裁断纠纷的司法机构。同时，他们通过重新隶属于某一领主，或者使用金钱购买，得到自主自治的特权，这种特权后来大多直接从最大的封建领主——国王那里购买。一旦得到了国王的特许状，城市就获得了自由。一个从贵族庄园逃出来的农奴，或者遭到宗教迫害的异教徒，只要他们逃到一个城市，居住达到一定时间（一般为一年）就自动获得城市居民的身份，从而获得城市的保护。当时流行的一句谚语"城市的空气充满了自由"典型地说明了城市不同于封建城堡和贵族庄园的特点。

众所周知，正是中世纪后期城市市民社会，依靠现代商业的神奇般的魔力，在中世纪宗教教会、国王、贵族的错综复杂的斗争中异军突起，最终破除了教会的最高权威，消灭了贵族，打倒了君主专制，从而建立了以宪制为基础的现代国家。宪制国家的基础，不是宗教教会，不是封建主和贵族，也不是君主，尽管它们之间的相互斗争和制约也为宪制国家的产生提供了一些思想资源。宪制国家的基础只能是在城市市民社会基础上发展起来的公民，只有公民才能建立起现代民族国家，才能建立起立宪政治。现代公民只不过是中世纪城市市民在民族国家范围内的再生而已，领主、贵族庄园、行会等各种传统共同体的瓦解为公民身份的普及提供了基础。这一点在标志着产生民族国家、民族意识以及公民观念的法国大革命时期体现得非常鲜明。法国革命时期的资产阶级思想家西哀士在其著名的《第三等级是什么》里问：第三等级是什么？他回答：第三等级就是一切！新的社会只能以第三等级的平等、自由、理性精神建立起来，一切封建贵族的等级观念，一切宗教神学的迷信，都不应该在新的社会里得到存在的合法性。在法国大革命时期，一个脱离了任何封建领主以及行会的人的尊严得到了确立，一个人，仅仅因为他是一个人，一个抽象的人，就应得到最基本的尊严，就具有人的权利。革命者或相信革命思想的人，彼此见面都以"某某公民"相称。"公民"称呼在当时的革命意义只有联系中世纪严密的等级秩序才可以理解，就像"同志"称呼在社会主义革命中的意义只有联系资本主义原始积累时期残酷的压迫剥削产生的两极分化才能理解一样。

现代公民不仅是宪制国家的历史起点，也是宪制国家的逻辑起点。在这里，逻辑与历史是高度一致的。首先，只有从现代公民的人格平等出发，宪制国家的伦理目的才是可以理解的。现代国家至少在观念上其合法性在于其成员的同意和授权，国家的目的不是为了某个人或某些人的福利，而是为了组成政治共同体的所有人的利益。社会契约论作为现代政治学的理论基石，正是表明现代国家的伦理基础只能是其成员的集体授权，尽管这一授权在历史上并没有真实性，但其价值观念上的真实性是不能怀疑的。而签订契约的行为要求其签约者具有人格上的平等，只有平等主体之间才可能通过契约解决问题。不平等的主体之间使用的是命令或者暴力。正是现代公民在人格上的平等，在政治领域的平等，才构成了社会契约论坚实的基础，才为现代宪制国家规定了伦理目的。与把政治权力视为囊中私物的传统专制社会相对应的，正是处在不同等级阶梯上的臣民和奴隶。

其次，只有从现代公民的自由追求出发，宪制国家对政治权力的限制以及对人权的保护才可以理解。现代公民从中世纪城市市民发展而来，中世纪城市区别于封建领主城堡的根本特征就是存在自由。自由追求是现代公民得以成长和存在的基本条件。由于有共同的需要，所以人们要组成国家，但是现代国家一旦产生就具有相当的独立自主性，它不可能按照人们主观设计的良好愿望运转。这时，现代国家就无异于霍布斯所说的"利维坦"怪兽，它会侵犯人们的利益，甚至轻而易举地吞噬人。因此，从保障公民的自由出发，必须对国家的权力进行限制，为它划出边界，对之进行规范。

再次，只有从现代公民与国家的关系出发，现代宪制的一系列制度设计，如宪法至上、分权制衡、政党竞争、媒体自由以及司法的独立和凸显，其功能才能得以发挥。马克思指出："政治制度本身只有在私人领域达到独立存在的地方才能发展。在商业和地产还不自由、还没有达到独立存在的地方，也就不会有政治制度。"[①] 即私人领域的独立存在和发展促进了私人等级的政治性质日益丧失，这就为市民社会与政治国家高度同一的结构的解体提供了深厚的社会基础。近代政治革命消灭了市民社会的政治性质，

① 《马克思恩格斯全集》第 1 卷，人民出版社 1956 年版，第 283—284 页。

推动政治等级向社会等级的转型，"或者说，使市民社会的等级差别完全变成了社会差别，即没有政治意义的私人生活的差别。这样就完成了政治生活同市民社会分离的过程"①。制度是人建立的，任何制度的运作都可能存在功能异化的问题，因为任何制度的运作都需要一定的制度精神文化支撑。当制度的文化精神基础消失殆尽时，制度就会成为一个空壳。现代宪制国家是由一系列非常复杂的制度设计构成的，使这些制度得以运转以及协调这些制度冲突的是现代公民文化，没有现代公民文化，宪制国家的制度设计就没有意义。

最后，只有从现代公民与国家的关系出发，才可能理解现代宪制国家的政治概念。宪制国家的政治概念全然不同于传统社会的政治概念，其最显著的特点就是现代政治对社会的弥漫性、渗透性力量受到极大限制。在古希腊城邦世界，可以说政治就是一切，任何事情只要需要就可以成为政治议题，通过政治途径解决。在西方封建社会，封建等级与市民社会就是政治社会，政治与社会是高度一体化的，或者说根本就没有独立的政治概念。国王的宫廷既是他的私人领域，也是他的政治领域。在东方专制社会，政治是属于皇帝私有的，如果皇帝需要，一切问题都可以成为政治问题，政治对社会的渗透程度仅仅受到它的能力的限制。而在现代社会，政治领域仅仅是整个社会诸系统中的一个子系统，对于公民个体来说甚至并不是最重要的系统。与之并存并相互制约影响的至少还有以货币为核心的经济系统以及以文化为核心的社会系统。这是现代公民与古典城邦公民完全不同的地方。

（二）自由主义与共和主义：公民与国家关系在西方的两种基本范式

公民概念是理解宪制的关键，也是理解公民与国家关系的关键。一般来说，存在着两种基本的公民理论范式，一是自由主义的，一是共和主义的。自由主义是现代社会的产物，也是西方主流

---

① 《马克思恩格斯全集》第 1 卷，人民出版社 1956 年版，第 344 页。

的意识形态理论。在不同的历史阶段，自由主义的表现形态及侧重点都有所不同。19 世纪以前主要是古典自由主义，其核心价值观念是强调个人权利和个人自由，偏重消极自由。该理论可以洛克、托克维尔、J. S. 密尔、麦迪逊、斯宾塞等为代表。19 世纪末，特别是 20 世纪以来，西方出现了新自由主义的发展以及自由至上主义。新自由主义在继承个人自由价值的基础上，根据社会发展需要吸收了一些限制个人自由的社会价值，在一定程度上承认国家干预的必要性，以为福利国家提供合法性论证。该理论可以凯恩斯、格林、霍布豪斯、罗尔斯等人为代表。新自由主义出现后，老牌自由主义即获得了保守主义的称号。自由至上主义主要是在批判新自由主义基础上形成的，它的核心价值是强调个人自由的至高无上性，拒绝任何社会利益对个人自由的优先性，可以诺齐克、哈耶克等人的学说为代表。共和主义则产生于古希腊、罗马城邦时代的政治实践，它强调公共利益和共同善的存在和优先性，强调对最高权力的分享和参与，强调公民的美德对于政治活动的意义（共和主义"common wealth or common weal"一词的本义就是共同利益的意思）。19 世纪前的共和主义可称为古典的共和主义，以卢梭、孟德斯鸠、哈林顿、康德等人为代表。20 世纪以后新共和主义兴起，新共和主义的核心无疑是对"美德"概念和"公共利益"的关注和复兴，是对古典城邦政治的向往和赞美。其理论可以阿伦特的学说为代表。显然，无论是自由主义还是共和主义，其理论学说都不是单一的，其流派阵营也多有变化调整，二者之间也多相互影响渗透。这里作为分析工具的主要是一种理想型的范式，对它们内部的分歧不做分析。根据哈贝马斯的概括，自由主义与共和主义在理解现代宪制方面存在着四个方面的基本差异。①

第一，二者对公民身份概念的理解不同。自由主义的公民概念主要是消极的，针对国家和其他公民的消极权利而定义；后者的公民概念是积极的，主要通过政治参与权利和政治交往权力来定义。

① ［德］哈贝马斯：《在事实与规范之间——关于法律和民主法治国的商谈理论》，童世骏译，生活·读书·新知三联书店 2003 年版，第 332—327 页。

在自由主义看来，先有个人的存在，才有由个人组成的国家。人们组成了国家，并不意味着国家领域内的政治生活将是人们活动的主要内容。相反，人们的活动范围及其内容并不由国家定义，人们的公民身份仅仅是诸多身份中的一种。国家的存在意义是消极的，只是一种"必要的恶"，人们不可能在政治生活中谋得意义和价值。一个人只要不干预他人的自由就享有完全的自由，合理的国家只能是诺齐克意义上的"最小国家"或"守夜人"国家。在共和主义看来，一个人的公民身份只能在政治参与中获得，因而只能由政治共同体定义。先有政治共同体，才有所谓公民的存在，脱离任何共同体的公民是无法理解的。公民身份不完全是一个人诸多身份中的一种，而是最根本的一种，它决定着一个人其他身份的获得、存在及其可能的意义。一个人只有充分意识到自己在共同体中的地位，参与共同体的生活，才能分享共同体的意义和价值。离开特定共同体的意义和价值是不存在的。

第二，二者对法律概念的理解不同。从公民概念出发，根据自由主义，法律秩序的意义在于它允许在具体情况下确定哪些个人拥有哪些权利，法律就是个人主观权利的制度化表达。因而，个人主观权利先于实证法律，国家的实证法必须接受个人主观权利的限制。有些权利永远是以超政治的理性或启示的"高层法"作为基础的，它提供了必要的先验结构和权力约束。根据共和主义的公民概念，个人的主观权利源于共同体的客观的法律秩序，共同体的目标、共同善，从实质上说就在于它成功地从政治上界定、确立、实现和维持一系列最适合于该共同体条件和风俗的权利。因而法律不可能是从个人的主观权利出发人为制定的，法律源于共同体的风俗习惯等规范，这些规范的根本目的是维护共同善，法律是"发现"的，而不是"制定"的。

第三，二者对政治过程的本质的理解不同。在自由主义看来，政治本质上是一场争夺人们可借以控制行政权力的职位的斗争，公民通过选票表达偏好就与市场交易行为一样。国家就像一个市场，人们怀着不同的目的和动机彼此进行着交易、斗争，宪制国家与其他类型的国家的不同之处仅仅在于，宪制国家提供一个维持秩序的机构，制定一些交易规则，在产生纠纷时作为第三者就争议的问题做出仲裁并保证其得到执行。国家不能够也不需要改变公民的偏好，就像市场始终尊重交易双方的偏好一样。正是在这种对利益的争夺和交易中，政治过程达到一种均衡，宪制就是促使均衡产生的条件。而共和主义则把政治想象成是关于价值的问题而不是仅仅关于偏好的问题。它把政治设想成一个理性的过程而不是一个意志的过程，一个说服的过程而不是一个权力的过程。其目标是用一种好的、正义的、不管怎么样是可以接受的方式来管理生活中那些包含着人们的社会关系和社会本性的东西。就是说，政治过程是为了追求共同善，它应该从理性出发去改变人们的既有偏好，而不是从人们的既有偏好出发；它应该激发公民对公共领域和共同善的关注，并且在公共领域的活动中提升自己、完善自己。共和主义者认为每个人都从自己的利益出发去投票不可能产生一个合乎共同利益的政治决定，而只会引发不停的冲突。现实中的选举之所以能够达成最后的决定，并不是人们从自身利益出发的结果，而是参与投票的人们分享着一些共同的信念和价值。如果缺乏任何对共同善的关注，仅仅从个人利益出发，甚至这种投票行为本身都是不可理解的，毕竟每一张选票对于个人来说其意义是甚微的。

第四，二者关于程序条件的看法不同。在自由主义看来，现代社会是一个多元化的社会，这种多元化本质上是不可调和的。在此情况下，政治失去了同理性的伦理运用和道德运用的规范核心的任何联系，政治本质上是非道德的，它不需要也不依赖于人们的理性和美德。它甚至拒绝任何实质性道德观念对政治领域的介入，因为在一个不可调和的多元化社会，这种道德介入可能成为某种特殊利益或价值观念得以偷运进来的渠道。作为一个公民不需要任何特殊的美德，只要对自己的利益具有清晰的认识就可以了。同自由主义对理性的怀疑态度相比，共和主义对政治商谈力量的信任形成了鲜明对照。商谈的条件鼓励每个人采纳其他成员的视角，甚至采纳所有其他人的视角。在这样的条件下，以理性为动力而改变人们最初的立场是可能的。为了合理地参与政治，一种特定的政治教育是不可或缺的，只要具有对美德和理性的基本信任，公民完全可能在政治参与中培养自己的美德。

显然，宪制国家关于公民与国家的关系既不是单一的自由主义理论，也不是单一的共和主义理论。宪制的理论渊源是综合的、多元的，自由主义与共和主义对于宪制的发展都做出过贡献。就自由主义而言，关于国家与社会分离互动的思想，个人权利的先定约束思想，人的尊严及其意义是国家最终目的的思想，法治的思想，权力是一种必要的恶的思想，等等，都成了宪制的主要思想资源。但宪制国家所包含的内容比自由主义更丰富，它是以自由主义为基础不断吸收其他理论尤其是共和主义理论思想资源的产物。就共和主义而言，关于公共利益与共同善的思想，关于混合政体与分权制衡的思想，关于政治精英主义与保守主义的思想，关于公民品德的思想，等等，也是现代宪制不可或缺的思想基础。当然，共和主义观念下的权力分享，代表的是一种上层社会集团和社会各阶级之间共有和协作的政治模式。这种积极分享里面洋溢着一种对整体和共同体的膜拜和信仰，它必须再进一步加上人格平等的因素才构成现代民主制度的基础。而宪制观念下的权力分享，暗示的则是对权力和政治国家作为"必不可少的恶"在整体上的警惕和怀疑，并预设了个人自由先于国家的价值序列。立宪主义在处理公民与国家的关系问题上，其精髓也许正在于充分吸收自由主义与共和主义的合理因素，对二者进行调和折中。任何把宪制国家的理论基础归结于单一理论的想法都忽视了宪制思想资源的综合性、复杂性，也就很难理解宪制国家的伦理追求。

（三）人权与人民主权的统一：宪制国家的伦理追求

自现代宪制国家产生以来，人权与主权就存在差异、冲突的一面。洛克以降的自由主义从 19 世纪以来一直援引暴虐多数的危险，将人权置于比人民主权优先的位置上，而上溯到亚里士多德的共和主义则赋予政治参与的"古人自由"以高于非政治的"今人自由"的地位。人权主要是自由主义关注的核心价值，而人民主权则主要是共和主义者热衷的话题。"自由主义把人权理解为道德性自我决定的表达，共和主义把人民主权理解为伦理性自我实现的表达。"①
二者又存在互动和相互促进的一面。宪制国家的伦理追求就是人权
与主权的统一或一致。

人权是人之所以为人所享有的最基本的权利。就人权并非国家
的实证法所承认才得以成立而言，人权首先是一种道德权利；②就
人权在现代社会必须通过实证法律的保障才能得以实现而言，人权
也是一种政治权力和公民权利。人权与民族国家意识作为法国大革
命的双生子也充分说明了二者的密切联系与差异。主权概念则首先
是一个中世纪神学概念，它企图说明的是世俗君主谋求摆脱教会的
控制而获得独立自主的愿望，后来它希望说明的则是一个政治共同
体的最高权力所在，以及一个政治共同体相对于其他政治共同体或
组织所具有的自足自立性。主权概念的发展基本上经历了布丹、霍
布斯等人的君主主权，洛克等人的议会主权以及卢梭、康德等人的
人民主权三个阶段。现在一般意义上的主权指的是人民主权。

人权与主权都是现代政治理论的基本核心概念，也是宪制国家
的核心概念。但人权与主权的诉求显然有些差异。首先，人权的诉
求具有普遍性，它针对的是人之所以为人的基本条件，而不论人与
人的政治、民族以及社会、文化等差异的存在，人权概念之所以具
有革命性意义，正是针对这种关于人的特殊性的。无论是法国大革
命破除一切封建贵族等级观念，还是现代国际社会对特定国家范围
内人权的关注，都是立足于人之所以为人的道德权利的。《世界人
权宣言》第 2 条明确规定，存在某些无论被承认与否都在一切时间
和场合属于全体人类的权利。人们仅凭其作为人就享有这些权利，
而不论其在国籍、宗教、性别、社会身份、职业、财富或其他任何
种族、文化或社会特性方面的差异。而主权的诉求则更具有特殊
性，主权的范围不可能是漫无边际的，只有限制在一定范围内才可
能存在主权。主权与主权之间必定是相互排斥、互不相容的。用卢

---

①　［德］哈贝马斯：《在事实与规范之间——关于法律和民主法治国的商谈理论》，
童世骏译，生活·读书·新知三联书店 2003 年版，第 123 页。

②　关于"道德权利"的提法和使用受到余涌《道德权利研究》一书的启发，该书
由中央编译出版社 2001 年出版。

梭的话说就是，主权是绝对的，不可分割的。不可能设想一个合法的得到国际社会承认的国家有两个以上的主权。这样，人权与主权必然在一定条件下产生冲突，要么是人权限制主权，要么是主权限制人权。

其次，人权作为一种道德权利具有一定的先验性，人权对国家的约束是逻辑在先的，而主权本质上产生于一种意志，主权对国家的规定是经验的，在逻辑上是在后的。不存在人们仅凭自己是人就享有的政治权利，不存在在一切时间和场合都属于人们的政治权利。任何一项人权只有在特定场合下的解释对它提出要求时，才能成为一项政治权利。这样，先验与经验之间、先定约束与意志之间也存在着冲突。人权立足于人之所以为人的尊严和意义，这种尊严和意义不可能是主权者赋予和规定的，无论是君主还是议会，无论是少数人还是多数人，都不能通过立法随心所欲地限制人权，尽管这样的立法在程序上是完全合法的。原因很简单，任何意志（除了上帝的全能意志）都不可能具有对先验的道德权利具有优先性。因而人权与主权在一定情况下是存在冲突的。正因为如此，不少立宪主义者都竭力批判主权概念，认为这是一个多余的概念。他们主张人权的先定约束对于宪制是至关重要的。如拉斯基认为："现代的主权理论……事实上的正确性是可疑的；而且它至少可能会有危险的道德后果。……如果放弃整个主权概念，这对政治学将会有长远的好处。"法国神学政治家马里坦甚至提出："主权和绝对主义这两个概念是在同一块铁砧上煅烧出来的。它们必须同时被废弃。"①

总之，人权具有一种特殊的道德视角，而主权本质上是一个纯粹的政治概念，在现代社会，道德与政治之间是必然存在张力的。但是，如果由此得出结论说，人权仅仅是一种道德权利，人权与主权无关，那就错了。实际上，无论从历史还是从逻辑上看，人权与主权都是相互影响、相互促进的，二者相离则两败俱伤，相合则相得益彰。一方面，现代主权的确立是离不开人权的张扬的。现代民

①　［美］斯科特·戈登：《控制国家——西方宪政的历史》，应奇等译，江苏人民出版社 2001 年版，第 58—61 页。

族国家是在打破各种传统的封建等级共同体，使一个人从丧失尊严的等级秩序中解放出来成为独立自主的公民的基础上建立起来的。法国大革命正是通过义务兵役制赋予所有人一律平等的政治地位之后，才激发了法国人空前的民族意识的。就现代国家而言，如果基本人权得不到保障，人的尊严时时受到威胁、伤害，国家的主权也是很难得到认可的。另一方面，现代人权的实现也是离不开主权的。就法国大革命而言，人权也是人民主权的产物，没有人们从等级秩序中解放出来积极地参与革命政治活动，实现自身最基本的政治权利，人人平等的人权概念是难以凸显的。对人之所以为人的尊严而言，政治上的压迫是最大的威胁；对人与人之间人格平等的确立而言，政治上的解放无疑是最为重要的。现代政治本质上是民族国家的政治，人权的实现的主要保障和途径也是民族国家所颁布的法律。人权要成为现实，就必须要从一种道德权利转变为一种法律权利。

现代宪制国家的伦理追求是人权与人民主权的统一。尽管人权与人民主权都产生于法国大革命，但是法国大革命中过度的恐怖暴力活动还是使二者产生了尖锐的冲突，这种冲突也表明了宪制与革命的悖论。正如柏克在评价法国大革命时所说的："要建立一个政府并不需要有什么很多的审慎。安排好权力的座位，教导人民服从，工作便完成了。给人以自由就更加容易，这无须指导，只要放开缰绳就行了。但是要形成一个自由的政府，也就是要把自由和限制这两种相反的因素调和到一个融贯的作品中去，则需要深思熟虑和一颗睿智、坚强而兼容并包的心灵。"[1] 频繁发生革命的法国在确立宪制的道路上经历了诸多曲折，而英国光荣革命的妥协却顺利地走上了立宪政治的道路。在这里，宪制成为革命的替代物。革命行动废除或中止了宪法，因而就不可能拥有任何法律上的权威。革命政府要成为合法的并获得法律权威，就必须制定宪法并培养遵守法律的习惯。相对而言，宪法的制定比较容易，要养成自我遵守宪法的惯例就比较难了。当然，宪制本身也是革命的产物。英国的光荣

---

① ［英］柏克：《法国革命论》，何兆武译，商务印书馆 1998 年版，第 315 页。

革命毕竟也是革命，而向现代政治贡献了宪制概念的美国也经历了独立战争的革命。更加重要的是，英、法、美等主要西方国家在确立现代立宪政治的过程中，都是相互影响、相互吸收思想资源的。法国大革命暴露出立宪与暴力革命的尖锐冲突之后，经历了政局频繁动荡的法国人非常注意从英国人那里吸收一些保守主义的经验，注意到尊重传统和习俗对保障人权的重要性，注意到不受约束的绝对的人民主权观念所带来的破坏性灾难。大革命之前法国人对英国制度的崇拜在大革命之后迅即在欧洲大陆成为一种潮流。孟德斯鸠的学说再次引起人们广泛的关注。而英国立宪政治的最终确立也离不开对法国人民主权思想的吸收。19世纪的英国，从法国更多的是引进"公意"的概念，确立人民主权（更普遍的选举权）、普及人权以及用理性主义精神改造现有的法律制度。事实上，根据英国著名法学家詹宁斯的说法，英国最重要的几项立宪制度都是民主发展的产物，是与人民主权思想的普及分不开的。那种过分强调宪制与民主矛盾的观点是缺乏历史依据的。现代宪制的典型和标本是美国人贡献的。尽管美国革命发生在法国大革命之前，但是美国革命明显受到了法国启蒙思想家的影响。因而可以说，美国革命综合了英、法两国革命的优点，对人权和人民主权的关系做出了比较完美的制度设计。一方面，美国人天然平等的观念非常有利于人民主权观念的普及，美国开国领袖们的讲话经常是以"我们，美国人民"开头，美国人民一起创立美国这个民族国家的观念是一种不言而喻的说法。他们提出："美利坚帝国的建筑物应该奠立在人民的同意的牢固基础上。国家权力的河流应该直接来自一切合法权力的洁净的原始的泉源。"① 另一方面，美国人大多是盎格鲁—萨克逊人，他们从母国那里继承了对传统和习俗的尊重，继承了自主自治的基本价值观念。这些传统和基本价值观在他们看来，是不能由任何意志加以改变的，它们对人民主权构成了一种先定约束。

　　人权与人民主权是怎样统一的呢？先定约束与经验意志怎么能

① ［美］汉密尔顿等：《联邦党人文集》，程逢如等译，商务印书馆1980年版，第113—114页。

达到一致呢?① 既然人权是先定约束,就不可能通过人权定义的改变来达到,而只能通过规定与改变经验意志来达到一致。所以问题的关键在于对人民主权的规定和理解。哈贝马斯认为,破解这一难题的关键是把人民主权从实体性权力转变为程序性权力,通过一个道德性的程序设置把人民的权利转变为政治权力。就是说,人民主权不是实体性的,它不是某些人的具体在场,也不是某个具体的组织,而是一种人与人的交往网络。哈贝马斯认为,人权与人民主权的尖锐冲突主要就是错误的人民主权观念带来的。卢梭已经提出了这个问题。"在卢梭那里,政治自主的行使不再处于天赋权利的限制之下,人权的规范性内容毋宁说已经进入了人民主权之实施模式中。卢梭把通过社会契约来构成人民主权想象为一种生存方式性质的结社行动,通过这种行动,个体化的、取向于成功而行动的个人转变为一个伦理共同体的取向于共同福利的公民。"② 他提出,自由是人生而具有的、不可让渡的,但是每个人都必须服从公意以及代表公意的国家,如果有人不服从,国家就要强迫他服从。强迫服从显然是一个悖论,而且在实践中已经产生了严重侵犯人权的灾难。但是卢梭的逻辑是没有错误的,国家的成立是公意的产物,公意是得到了每一个人同意了的,服从国家就是服从自己。因此,为了国家确实能够代表公意,就必须不时对国家进行监督检查,如果国家腐败了就进行革命推翻它。这就是卢梭由人民主权论得出的"不断革命论"。哈贝马斯认为,卢梭之所以没有摆脱这种"不断革命论"的困境,就是因为卢梭没有找到统一人权与人民主权的现实途径。国家是应该代表公意,但是国家是如何代表公意的呢?人民主权应该是人权的产物,但是人民主权如何体现人权呢?在这个关键问题上卢梭语焉不详,闪烁其词。

康德继承了卢梭的人民主权论,也发现了卢梭"不断革命论"

---

① 关于先定约束与民主的悖论可参见史蒂芬·霍姆斯法官的精彩论述《先定约束与民主的悖论》,[美]埃尔斯特、[挪]斯莱格斯塔德编:《宪政与民主——理性与社会变迁研究》,潘勤等译,生活·读书·新知三联书店 1997 年版,第 223—278 页。

② [德]哈贝马斯:《在事实与规范之间——关于法律和民主法治国的商谈理论》,童世骏译,生活·读书·新知三联书店 2003 年版,第 125 页。

的困境。康德在思想上是激进的，但在政治上是保守的，他绝不愿意从人民主权论得出"不断革命论"的结论。他的解决办法是通过自我立法的观念打通人权与人民主权的通道。康德提出，人永远是目的，不是手段，因而人是先验地自由的，自由是人之所以为人的生存状态，人的一切尊严就在于人是自由的。但是每个人都是自由的，一个人的自由必然与其他人的自由相互冲突，怎么办呢？康德提出，人之所以不同于他物在于人是自我立法的，为了每个人的自由相互并存协调，人类必须进行自我立法使每个人的自由与他人的自由相互并存，人的权利就是使每个人的自由得以并存的条件。显然人类自我立法是人权与人民主权相统一的关键，也是人权转化为人民主权的途径。哈贝马斯认为，康德在卢梭的基础上提出了法律问题是一个非常大的进步，但是康德的问题在于，人类的自我立法与民族国家的立法如何统一呢？前者主要是一种道德立法，后者主要是一种政治立法，无论从历史事实还是从逻辑上，二者的统一都存在困难。因此，康德最后只能提出，为了保障人的自由，必须建立一个世界政府，由于建立世界政府在逻辑上本身也是矛盾的，因而对人的自由的保障最终只能在彼岸世界实现了。

如果说康德的法律观念倾向于用道德立法来统摄政治立法的话，那么黑格尔的法律观念则倾向于用国家立法取代道德立法。黑格尔认为，现代法律是人的主观权利的表达，法律是人的自由的定在。但是如何解决每个人的自由与其他人的自由的冲突呢？黑格尔提出，处于市民社会的人的主观权利本质上是不真实的，只有国家才是伦理的现实，因而只有体现绝对精神的国家才能赋予人以真实的权利，只有国家的立法才能解决人的主观权利与主权的矛盾。显然，黑格尔的解决方案的有效性完全取决于绝对精神的有效性，绝对精神是否真实存在以及如果真实存在，人们如何才能认识到它，始终是一个悬而未决的问题。在实践中，黑格尔的解决方案很难避免成为普鲁士专制统治的帮凶。

哈贝马斯认为，在一个不可调和的多元论的现代社会，宪制伦理只能是一种罗尔斯《正义论》意义上的后形而上学的弱的伦理，即现代法律与政治不可能谋求实质化的道德取向。因为在一个多元化社会，任何实质化的道德取向都必须证明自己的合法性，而道德的合法性用道德来证明，这是自相矛盾的。即特殊的道德观念不可能证明自己是普遍性的道德价值。韦伯正是因为看到了一个诸神竞争的时代，诸神之间是不可能调和的，所以才提出人民主权论是一个虚幻的理论。因为不存在作为实体存在的人民，所以任何以人民说话的人都可能是在偷运某种特殊的道德观念，法律的非形式化为实质性的、因而是有争议的、本质上非理性的价值取向的涌入敞开了大门。最后韦伯认为，现代政治本质上就是权力政治，它与道德是不相关的，任何想在政治这条路上寻找安身立命的人都只能是政治上的稚童。哈贝马斯认为，韦伯的提醒是有道理的，但是韦伯犯了一个理论上的错误，他没有区分道德偏好与法律形式本身的伦理价值，或者说否认形式道德本身也是一种道德。在一个多元化的社会，政治公共领域谋求一种实质性的道德的确很难，但是这不等于说政治公共领域就不能谋求任何道德，不能说政治就与道德中断了任何联系。如果政治真与道德中断了任何联系，那么人们就不可能在各种政治形态之间、在不同国家之间，进行区别和选择，这种区别和选择也失去了任何意义。但是，人们并没有放弃选择，这种选择之所以还有意义，只能说明政治仍然与道德有着深刻联系，不同政治形态之间仍然有着良莠之别。在哈贝马斯看来，宪制或者民主政治就是一种能够在道德上得到合理论证的好的政治，只不过其道德性主要体现在形式和程序方面，而不是在具体的公民偏好方面。

哈贝马斯的这一看法实际上也体现了现代法哲学发展的一般趋势。比如，富勒的新自然法学的最大贡献就是运用新的论证方式证明了法律和道德不可分。他认为，法律与道德的关系是人类社会所面临的永恒主题，实在法必须服从某种道德准则。法律之中包含有外在道德和内在道德。外在道德即传统的公平、正义等实体自然法，内在道德是程序自然法，是真正的法律制度本身应该遵循的某些原则，包括法的普遍、平等适用；明文公布；不追溯既往；规则明确；法律条文无逻辑矛盾；法律规定必须是人之力所能及；稳定性；官方行为要与法律一致；等等。"法的内在道德"是富勒的核心概念，这一概念实际上与哈贝马斯的程序道德所要表述的意思是异曲同工的。从注重"实体自然法"到提倡"程序自然法"的转变，实际上表明人类关于法律与道德关系的认识的深化。作为现代西方三大法学之一的新自然法学，渐次地向分析实证法学、社会法学提供合理的理论因素，引导着西方法律科学走向完善。在此之前，"自然法"与"实在法"之间二元对立的矛盾冲突长期困扰着西方法学，人权与主权的对立正是这一矛盾的表现之一。

哈贝马斯认为，形式道德或程序道德是可能的，其本质就是建立一个公民互动的交往网络，通过这一交往网络，公民彼此能够进行话语交谈，并能够把相关话语上升为政治议题，最后通过政治途径得到解决。"人权与人民主权统一的中介是商谈性的立法过程：权利体系既不能被归结为对于人权的道德诠释，也不能归结为对于人民主权的伦理理解。……私人自主与公共自主的同源性，只有在用商谈论来澄清自我立法这个意象之含义的时候才得到澄清。根据这个意象，法律的承受者同时也是这些法律的创制者。一方面，人民主权在商谈性意见形成和意志形成过程中获得法律形式；另一方面，人权的实质就在于这种过程得以法律建制化的形式条件之中。"[1] 人权在这里就体现为交往对话的可能性条件，人民主权在这里体现为程序性的人民主权，即公共领域的交往商谈本身。这种程序性主权不能掌握行政权力，因为它一旦变成行政性权力就消解了。正如阿伦特所区分的，行政权力与交往权力是不同的，后者直接存在于交往之中。在哈贝马斯看来，程序性的人民主权产生作用的途径是通过建立一个文化公共领域，对国家的行政权力构成一个包围圈，成为国家与公民生活世界之间的必不可少的中介。通过与公民生活世界的联系，文化公共领域可以获得源源不断的养料与活力；通过与国家权力的联系，文化公共领域可以把有关问题上升为政治议题，从而实现人民的主权。国家必须通过文化公共领域获得自身的合法性以及各种议题，因此一个宪制国家必须保障文化公共领域的独立自主性，只有保障了文化公共领域的独立自主性，公民

---

① ［德］哈贝马斯：《在事实与规范之间——关于法律和民主法治国的商谈理论》，童世骏译，生活·读书·新知三联书店 2003 年版，第 128 页。

的人权和人民主权才能得到统一。在一个宪制国家，政治妥协只能是制度性的，而不能是具体实质性的。这种妥协是为了建立交往的基本条件。因此，一个宪制国家就是一个自我限制的人民主权国家。这种自我限制也表明宪制国家可以突破民族国家的疆域，越来越建立在人权的基础上，达到人权与公民权的统一。

比如，人权的区域性及全球性保护机制的发展就体现了这一趋势。除了《世界人权公约》以及联合国的各种人权组织外，各种区域性人权保护也在快速发展。欧盟不仅颁布了地区性的人权条约《欧洲人权公约》，而且建立了欧洲人权委员会和欧洲人权法院双重人权保障体制。一个欧盟公民的权利越来越接近于一个人之所以为人的权利。《美洲人权公约》以及美洲人权委员会和美洲人权法院，《非洲人权公约》以及非洲人权委员会等的发展表明，当前人权与主权尽管存在着比较尖锐的冲突，但是一个追求宪制的自我限制的人民主权国家应当把人权与主权的统一作为自己的伦理追求。如果说国内司法保护是为了实现不同历史、文化和政治经济及宗教背景下的人权，那么人权的区域性司法保护和全球性司法保护则是人的"类本质"对人权实施全面保护的必然要求。当然，全球以及区域性的人权司法保护机制的出现也构成了对传统的人权保障机制的挑战。传统的人权主要是国内法意义上的，主要指公民的政治权利、财产权利和自由。而权利本身实际上是一个动态的体系，人权应该取得全球范围内的一体化保护正在逐渐地取得共识，即人之所以为人的那些权利都应当受到法律的保护。但实践中，人权保护的内容还是受到了各国特殊的政治、经济和文化等因素的影响和制约，体现了人权与主权的张力。协调这一矛盾，寻求国内人权法与国际人权法结合的具体司法适用机制，使二者真正统一起来，应该成为宪制国家的伦理追求。

二　权力规范与权利保障的伦理基础

（一）宪制国家的权力观

宪制国家的权力观主要包含两个基本要点：其一，政治权力是公权力而不是私权利，这是最根本的；其二，宪制国家对政治权力的使用持一种审慎的不信任态度。

宪制国家是建立在公民基础上的国家，国家的一切政治权力本质上都来源于公民集体的授权，立足于公民的同意。这种授权和同意，或采取明示的，如选举国家领袖、进行公民投票表决重大议题，选举代表进行立法或监督活动，等等；或采取默示的，如在一个国家自愿居住达到一定时间，在法律许可的情况下没有进行相关政治活动明确表示否定态度，等等。授权与同意表明的都是，统治者手中的权力仅仅是一种代理性质的，统治者并非权力的拥有者，权力的拥有者永远属于公民集体。就是说，宪制国家的权力本质上是一种公权力，而不是私权利。宪制国家的目的是为了全体公民的福利和幸福，而不是为了某个人或某些人的私利。私权利与公权力最大的区别在于，私权利的存在及运用都是与某些特定的人分不开的，如酋长、封建君主、贵族、专制皇帝手中的权力。因为权力属于他们所有，他们就可以自由转让权力，让自己的子孙或兄弟继承自己的权力。或者他们手中的权力被更强有力的人抢去，变成别人的囊中之物。权力既然抢得来，也可以夺得去，因此争夺权力就成为权力私有社会的惯常政治现象。而宪制国家的公权力，已经从特定主体身上分离开来，寄托在抽象的公民或人民身上，任何权力的使用者都不能永远拥有该权力，而仅仅是该权力的执行者。既然权力成为一种抽象的存在，那么它就只能寄身于法律和制度之中，而不能依附于特定的人身上。一个人、少数人不能成为权力的最终拥有者，多数人也不能成为这样的拥有者，因为无论是一个人、少数人，或多数人拥有权力，权力本质上都是私有的，而不是公有的。对宪制国家来说，取代"一切权力归人民"这一流行口号的宪制口号是"一切权力不归任何人"。

如上所述，人民主权在民族国家的范围内不再可能是一种实体性的存在，而只能体现于一系列制度设计之中。在古代城邦国家，公民对最高权力的分享可以通过公民大会得到实现，在现代民族国家这种主权只能通过代议制得以体现。如果不实行代议制，现代民族国家就只能建立在等级制模式的基础上。对一种立宪的政治秩序的发展来说，代议制是生死攸关的设置。代议制最初产生于中世纪的宗教会议，后来为国王借用来做筹集战争经费的手段，这种手段反过来为贵族和市民阶级所用，成为表达贵族与市民阶级愿望的工具，也成为制约国王权力的基本手段，并在市民等级足够强大以后完全成为市民阶级掌握国家权力的基本制度形式。代议制在初期尚有一定的真实代表性，不同等级选出的代表所代表的利益也都是本等级的。在等级制度完全消失以后，代议制的代表性功能逐渐萎缩，而立法和监督成为其主要功能所在。卢梭正是在这个意义上说，英国人自以为他们是主人，实际上在他们选出代表以后他们就变成了奴隶。从代议制本身的原始意义上说卢梭是对的。但是卢梭对代议制的看法总体上是错误的，他没有看到在一个宪制国家，最高权力不再属于任何一个人，也不属于任何特定群体，代议制功能的演变也是与权力本身性质的演变相对应的。在一个宪制国家，议会不再是最高权力的拥有者，它仅仅成为相互制约、相互协调的制度体系中的一部分，它只能履行自己特有的功能。在一个成熟的宪制国家，议员基本上是由职业政治家担任的，而不再像代议制产生初期那样，由农场主、牧场主、农民、工人、贵族、市民、传教士等业余的"政治家"担任。

人民主权的公有及其抽象化使得权力的传承不能再像传统社会那样，由一个人传给另一个人，而是通过一种制度调整权力的使用者和执行者。由于人性的复杂性以及权力斗争的险恶，传统社会最高权力的传承总是充满了风险和危机，几乎每一次传承都会使社会付出较大的代价，专制君主的宫廷斗争总是腥风血雨，充满了暴力。这种最高权力传承的代价几乎是每一个传统的政治共同体都必须面对的重大问题，为了减少代价，人们发明了各种制度以确立权力继承的顺序，尽力克服权力传承给社会带来的强烈震荡。这些制度设计包括长子继承制、兄弟继承制、部落会议选举制、君主指认制、选拔制等。但是几乎没有一种制度能够比较彻底地解决最高权力传承给社会带来的风险。原因很简单，不管是什么制度，只要最高权力在本质上是私有的，就会成为人们争抢的对象，就会有人采取暴力或者阴谋夺取权力。宪制国家的权力传承之所以不能使用暴力争夺，是因为如阿伦特所说的，权力只能存在于一定的制度中，一旦出现暴力，权力就终止了。因此在一个宪制国家，掌握武装暴力的军队是不能介入国家政治权力的交接的。宪制国家对于人类政治文明的一个非常大的贡献就是发明了政党制度，克服了传统社会最高权力交接给社会带来的巨大风险和灾难，通过政党之间的合法竞争完成权力代理人的调整。政党本质上是国家与社会之间互动的一种中介，政党制度的运作体现的正是宪制国家权力的公有观。在现代西方宪政国家，政党的竞争表明的是，没有一个政党可以宣称自己是国家最高权力的最终所有者，国家的最高权力永远属于人民，而不属于任何人。

从宪制国家的公有权力观出发，为什么要保护少数人的权利就能够得到合理解释。宪制国家对少数人权利的保护，并不仅仅是因为，在一个多元化的民主国家，每个人都可能随着联盟的重新组合轮流成为多数派或少数派，因此多数派为了考虑自己未来的处境必须保护少数派。如果是这样，那么有些人无论政治联盟怎样重新组合都不可能成为多数派，而永远是边缘化的。如老人、儿童、少数民族、残疾人、流浪汉等，他们的存在可能永远都与政治联盟的组合没有关系，而被排除在外。为什么他们的权利必须要加以保护呢？这也不能仅仅用同情心加以说明，尽管同情心在这里确实产生了影响。如我们保障乞丐的权益并非我们每个人都有可能成为乞丐（尽管这是真实的），而是因为生活在乞丐状态中的人的尊严受到极大的威胁。但是同情心不能说明宪制国家为什么必须保障少数人的权利，因为同情心在任何政治形态中都会存在。这只能用权力公有来说明。多数人没有权利剥夺少数人的权利，不管它采取什么方式，因为权力是用来保护每一个公民的，而不仅仅是用来保护多数人的。阿克顿有一句名言："我们据以测验一个国家是否真正自由的最可靠的标准，便是看其中少数派所享有的安全程度多寡如何。"① 詹宁斯也提出了类似的说法，他提出："对自由国家的检验

① 转引自白钢、林广华《宪政通论》，社会科学文献出版社 2005 年版，第 349 页。

就是考察这个国家内国王陛下的反对派之类的组织所处的地位。"①

从宪制国家的公有权力观出发，人们享有言论自由是不言而喻的。言论自由并不仅仅是同其他权利并列的一种权利，而是一种涉及宪制国家本质的根本性权利。用哈贝马斯的话说，人民主权本质上是一种交往权利，人们之间的自由交谈是公民分享政治权力的基本方式和途径。文化公共领域的独立自主及其与人们生活世界的联系，是交往权利得以存在的主要场所。限制人们的言论自由，就是限制公民对主权的分享。在现代社会，人们的言论自由可以采取口头表达、文字表达、网络表达等诸多形式。当然，言论自由不同于自由言论，前者是一种根本权利，后者则表现为一种行为。行为的适当与否永远不能说明权利的合法与否，不能因为具体的言论行为可能产生的后果质疑言论自由权利的存在。可以说，没有言论自由，就没有宪制国家的存在。

宪制国家权力观的第二个重要方面就是对权力的使用持一种审慎的态度。宪制国家对权力的审慎态度，是以权力公有的观念以及对人性的悲观假定为前提的。表面看来，这似乎与权力公有有些矛盾，其实不然。为什么要对权力的使用持一种审慎的态度呢？如果权力私有，权力的使用是私人的事情，不存在别人对权力的使用持一种什么态度的问题；正因为权力公有，人们才会关心权力的使用、关注权力的使用是否得当、是否合法，权力的掌控者是否合格，等等。因为权力属于公民所有，统治者仅仅是代理人，公民就必须关心代理人是否按照被代理人的意愿行事，被代理者的利益是否得到了关注。由于在现代民族国家，政治领域的代理机制不可能彻底废除，因此在代理人违背了被代理人利益的情况下，被代理人就必须采取一定手段制约它、改变它。宪制国家对权力代理人的制约基本上有三个不同层次的手段，一是法治，二是分权制衡，三是公民的不服从。

法治与宪法至上是宪制国家最显著的特征。麦基文提出："在

---

①　[英]詹宁斯：《法与宪法》，龚祥瑞等译，生活·读书·新知三联书店1997年版，第43页。

所有相互承继的历史阶段，宪政有着固定不变的核心本质：它是对政府的法律限制。……真正的宪政，其最古老、最坚固、最持久的本质，仍然跟最初一样，是法律对政府的限制。"① 宪制国家的法治不同于一般意义上的"法治国"（德国人提出的以实证法为基础的国家）的地方，在于宪制国家的宪法和法律是至上的，它高于任何人的意志，具有一定的超验性。宪法和法律不完全等同于国家颁布的实证法。在立宪主义者看来，宪法与法律继承的是整个传统社会的规范系统，包括宗教法与惯例，并不仅仅限于实证法，因为实证法仅仅是整个规范系统的一部分。实证法的本质在于人的意志，而意志是不能随意改变宪法和法律的。这种宪法和法律的超验性来源于中世纪复杂的法律系统。在中世纪，法律系统基本上由三大部分组成，包括宗教法、君主颁布的法律、传统惯例。随着教会权威的崩溃以及传统共同体的瓦解，宗教法与惯例的存在逐渐式微直至丧失了合法性，以君主颁布的法律为基础的实证法迅速发展起来，成为民族国家法律规范的主要形式。但是在立宪主义者看来，实证法虽然取代了宗教法和惯例的地位，但并不能取代宗教法和惯例的功能和作用。因此，实证法本身始终存在一个合法性问题，这个合法性是不可能通过意志得到解决的，它只能从人们先验存在的道德权利中获得。"一种实在法体系要成为实在，就只有在道德已然是人们实际关注的东西的地方。即在这样一个社会共同体中，这里的绝大多数社会成员承认它们具有道德义务，而且大部分成员能够也愿意履行这些义务。假如没有服从法律的道德义务，那就不会有什么堪称法律义务的东西。所能有的只是以暴力为依托的法律要求。进而言之，维持一种实在法体系，有赖于那些对它的管理和执行负有责任的人，如法官、警察和法律界人士的诚笃。如果他们到了腐败的地步，那么法律的作用就会遭到削弱。人们就无法得到法律的平等保护。"② 因此，宪法作为保障公民权利的文献不可能仅仅是政治文献，因为宪法并非实证法。成文宪法以惯例性规则尤其是以必须

① ［美］麦基文：《宪政古今》，翟小波译，贵州人民出版社 2004 年版，第 16 页。
② ［英］A. J. M. 米尔恩：《人的权利与人的多样性——人权哲学》，夏勇、张志铭译，中国大百科全书出版社 1995 年版，第 35 页。

信守协议的道德规则的存在为先决条件。否则，宪法就无法获得通过并付诸实施。正如潘恩所说："宪法是一样先于政府的东西，而政府只是宪法的产物。"① 如果宪法过度政治化，变成了统治者可以随意修改的对象，这样的宪法就不可能再具有至高无上的地位和权威，宪制也将不复存在。在立宪主义者看来，法律本身的制定过程也是"发现"法律的过程，"发现"就意味着这样的法律具有一定的先验性，不完全是意志的产物。只有这样来理解宪法和法律，才能有效制约权力的使用者。当然，实在法对于制约权力、保障权利也是必不可少的，至少有两个理由使得实在法具有比惯例和道德原则更方便的地方：第一，人身和财产的安全通过实在法比留给"私人筹划"能更好地获得保障；第二，实在法能够组织和管理共同体事务。

其次是分权制衡。《人权宣言》第 16 条明确规定，分权未确立的社会就没有宪制体制。现代宪制国家的权力分立与制衡在思想资源上与古代混合政体理论和中世纪的封建体制都具有比较密切的联系。混合政体理论是在君主、贵族与平民之间的权力分享与制衡，这种权力分享也表明权力的最终归属是多元的，与权力私有的观念具有明显差异。中世纪欧洲的很多地域在政治上受到三重权威的统治，即地方统治者、帝国皇帝以及教皇，因此这些地方的政治组织本质上是多元主义的。从历史上说，现代分权制度起源于英国光荣革命前后，是现代阶级社会分化的产物。从理论上说，现代分权制度是由洛克提出，由孟德斯鸠第一次完整阐述，最后由美国联邦党人加以完善的。现代分权制衡制度与古代混合政体理论的根本区别就是摆脱了权力分立与等级社会的联系，由阶级分权发展到阶级内部的分工。权力分立制衡既是寻求制约国家权力的基本手段，同时又是政府职能不断抽象和归类的结果，因而具有相当的必然性。宪制国家的分权制衡主要体现在三个层次上：第一个层次是把人民的权利与政府的权力分开，坚持政府的权力由人民赋予，本质上是有限的；第二个层次是分别以国家的职能、机构、人员为基础，形成

---

① 《潘恩选集》，马清槐等译，商务印书馆 1981 年版，第 146 页。

相对独立、相互制约的多个权力中心；第三个层次是国家结构的分权，指中央与地方、地方与地方的关系建立在法律的基础上，各自拥有自身固有的权限。一般意义上的分权制衡制度主要是指第二个层次，通常称为三权分立。但实际上三个层次是相互联系的，没有第一个层次的分权思想，根本就不可能产生第二个层次的分权，而缺乏第三个层次的分权，第二层次的分权也是脆弱的。

值得一提的是，司法权的崛起对于立宪主义是至关重要的。这也是检验分权制衡真实性的一个重要标尺。其理由在于：其一，立法权与行政权都是一种支配性权力，富于进攻性和主动性，更需要制约；其二，立法权和行政权在民主制下都具有直接的民意基础，这个基础赋予它以说服力和合法性，但也因此加剧了统治者自负的危险，司法权的制约实际上也是"理性"对"意志"的制约；其三，立法权与行政权之间的混合趋势在现代政治中越来越明显，由于部门利益的驱使，大量行政性立法的出现很容易侵犯公民的正当权利，对此只有司法权的权威才能有效遏制其权力扩张。法官的裁判高于立法者的意志，不是因为法官本人高于立法者的意志，而是一个当事人的合理预期高于任何人的立法；其四，司法权之所以是人权保护最有效、最重要的手段和途径，最根本的原因是司法的专业性、技术性、程序性和中立性，使得司法手段能公正有效地维护和保障权利的实现。司法保障是法律权利转化为实实在在的现实权力的最重要机制。正是在这个意义上，维尔认为，司法权凸显的价值关怀不是效率，也不是民主，而是效率和民主所带来的问题。由于人们认为这里要考虑的问题对有关个人是如此重要，因此必须以一种特别的方式、通过一种专门的程序来对之做出决定。①

最后一个层次是公民的不服从理论及其传统对国家权力的制约。所谓公民不服从传统，用柯亨和阿拉托的话说，公民的不服从包含一些不合法律的行动，通常是集体行动者方面的不合法律行动，这些行动是公开的、基于原则的、具有象征性质的，主要是一

---

① ［英］M. J. C. 维尔：《宪政与分权》，苏力译，生活·读书·新知三联书店1997年版，第312—314页。

些非暴力的抗议手段，并诉诸民众的理性能力和正义感。公民不服从的目的是说服市民社会和政治社会中的公共舆论相信某条规定的法律或政策是不合法的，做出一种改变是有正当理由的。公民不服从一般是在市民社会对政治社会施加影响的合乎法律努力已经失败，其他途径已经穷尽的情况下的一种重新确认市民社会和政治社会之间纽带的手段。① 不服从理论体现了宪制的开放性特征，本质上是对权力私有的拒斥，它认为权力本质上具有某种超验性质，并非统治者随心所欲的产物。因此，正当的权力是与正义相联系的，统治者违背了正义，公民就可以不服从，甚至可以使用暴力推翻统治者。中世纪经院神学家奥古斯丁指出："一个国家若缺失源于永恒法的正义，就不过是有组织的盗贼。"② 托马斯·阿奎那认为，世俗的权力源于上帝，一旦统治者因背叛教义而被开除教籍，他的臣民依据这一事实便可不受他的统治，并解除约束他们的效忠宣誓。洛克认为，公民的生命权、自由权与财产权永远保留在公民自己手里，如果国家权力侵犯这些权利，就违背了原定的契约，公民可以不服从国家的决定。比较激进的卢梭、杰斐逊甚至提出，人民永远具有革命的权利。卢梭提出，统治者背离公意，人民就可以随时更换统治者。杰斐逊甚至认为，人民的自由之树必须经常用暴君的鲜血来浇灌。统治者的权力腐败就像九头蛇，砍掉一颗又长出更多。

但是，仅有这种不服从传统并不能构成宪制国家，宪制国家的独特之处在于它把这种公民的不服从惯例转变成了一种制度设计。这种制度设计最典型的就是现代政党的竞争制度和"忠诚的反对派"的合法地位的确立。现代党争制度与公民不服从传统具有某种历史性联系。美国政党制度的起源就是关于宪法提案的争论，即联邦党人与反联邦党人的争论。这一全国范围内的争论所产生的重大影响就是党争制度的合法化。正如麦迪逊所说："自由于党争，如

---

① ［德］哈贝马斯：《在事实与规范之间——关于法律和民主法治国的商谈理论》，童世骏译，生活·读书·新知三联书店 2003 年版，第 473 页。

② ［爱尔兰］J. M. 凯莉：《西方法律思想简史》，王笑红译，法律出版社 2002 年版，第 86 页。

同空气于火。"① 而在 18 世纪末，人们都极少宽容公开反对政府的行为。美国的三位总统华盛顿、亚当斯和杰斐逊都曾反对政党的存在。在美国独立战争时期，英国已经实行政党政治。1688 年光荣革命以前，这种现象反映在君主主义者和议会主义者在宪法基本原则上的意见分歧中。光荣革命后，这成为日常政治生活的固定特征。"女王或国王陛下的忠诚的反对党"不仅用来指称一些有可能继承统治者的人，而且还包括对统治政权提出批评的议员，这样做在他们看来是公民应尽的义务，与叛国风马牛不相及。议会里"忠诚的反对派"得到接受，已经成为宪制国家的惯例。英国议会还指定反对派议员，由国库发津贴，其任务就是反对议会里的任何提案。按惯例，在政府一方发言后必须继而由反对党发言。实际上，"陛下反对党"的整个概念就是惯例的产物。

（二）　宪制国家的人性理论

宪制国家的权力规范与权力保障既与其权力观具有紧密联系，又与其人性论不可分，人性论也是宪制伦理的基础内容之一。宪制国家的人性论的基本观点主要有两个：一是对人性持一种悲观的估计或假定，二是认为人的理性是有限的。

宪制与民主（狭义的）的一个比较重大的差别就是对人性的基本估计不同。由此，宪制主义不同于民主主义的两个精髓，一是对一种支配性公共权力（行政和立法）在整体上的质疑和制衡，二是对司法权捍卫原则、理性、宪法权威等的宪制功能的张扬。民主对人性持一种相对乐观的态度，寄希望于公民的政治参与，也寄希望于未来的政治改善。而宪制对人性持一种相对悲观的估计，对人的任何意志行为都抱一种审慎态度，对未来政治也不寄予太乐观的期望。宪制的制度设计的出发点是尽量"节约美德"，就像休谟的无赖假定②，也像

---

① ［美］汉密尔顿等：《联邦党人文集》，程逢如等译，商务印书馆 1980 年版，第 46 页。

② 政治作家们已经确立了这样一条准则，即在设计任何政府制度和确定几种宪法的制约和控制时，应把每个人都视为无赖——在他的全部行动中，除了谋求一己的私利外，别无其他目的。

康德所说，就算是一群魔鬼，也可以建立一个良好的国家。联邦党人麦迪逊认为："用这种方法来控制政府的弊病，可能是对人性的一种耻辱。但是政府本身若不是对人性的最大耻辱，又是什么呢？如果人都是天使，就不需要任何政府了。如果是天使统治人，就不需要对政府有任何外来的或内在的控制了。"① 这里并不单单是对政府权力，而且是对任何人间权力的不信任，对人性的不信任。

正因为抱着对人性的这种审慎态度，所以立宪主义者才认为，现代国家绝不简单的是人间契约的产物，在人与人订立契约之前，首先是人与上帝立约。没有人与上帝的立约，任何人间的契约都不可能成立。道理很简单，既然可以通过契约创造一切，就可以通过契约毁灭一切，契约本身并不能保证契约得到遵守和执行，订立一个执行契约的契约是毫无意义的，这会在逻辑上导致一种无穷倒退。如果缺乏起码的美德，任何人间的契约都好比是汪洋大海中的几片孤岛，随时可能被人性变幻无穷的任意巨浪所淹没。一个政治共同体要得以牢固确立，就必须摆脱这种仅仅建立于人的意志之上的社会契约论。正如柏克所说："国家不是为了一些诸如胡椒或咖啡、布匹或烟草而缔结的协定。国家是活着的人、死去的人、来世的人之间的合伙关系。"② 国家不是我们可以通过意志建立的。圣约的意义在于，通过上帝与人之间不平等的立约，限制人的意志的僭越，同时保证人能够履行自己的承诺。在一个上帝已经死亡的时代，就只有人的美德可以提供这种保障了，尽管这种保障是不稳定的，也不是时时可靠的。在这里，美德是维护人的尊严的根本保证，没有这种美德，就没有任何承诺可以得到遵守，人的尊严就将不复存在。

为什么宪制国家要对人性持一种审慎的悲观态度呢？要彻底理解这个问题，就必须把政治哲学上的人性恶假定与现实人性的善恶区分开来。很显然，从事实上说，人天生并无善恶，现实中人性有善有恶，也可善可恶。这种人性状况并不因为人们进入了政治领域

---

① ［美］汉密尔顿等：《联邦党人文集》，程逢如等译，商务印书馆1980年版，第264页。

② ［英］柏克：《法国革命论》，何兆武译，商务印书馆1998年版，第129页。

就完全改变了。用康德的语言来说，问题不在于人性本身是否善恶，这是一个也许永远也不会有绝对答案的彼岸世界问题，问题在于我们假定人性善或者恶会在实践中导致一种什么结果。从逻辑上说，正如康德提出的，抱怨人性恶似乎是一种自古以来就流行的观念，但是这个观念在逻辑上是矛盾的。因为说人性恶本身就是说人们知道什么是恶，而如果不存在人性的善，人们根本不可能知道什么是恶。可见人性恶命题本身就包含了人性善的命题。

人性恶的观念成为现代政治哲学的基础之一，本身是有一定必然性的。这种必然性存在于现代政治的特殊性之中。人性恶的观念并非一开始就在政治哲学中占据主导地位，无论在古希腊的柏拉图设计的哲学王国里，还是在东方孔孟圣人设计的大同世界里，人性尤其是统治者的人性都被假定为是善的。人性恶与其说是一种普遍的政治哲学观念，还不如说是一种现代社会所特有的政治哲学观念。因此，人性恶作为一种政治哲学，其谜底一定存在于现代政治的特殊性之中。这个特殊性首先在于，随着近代国家与市民社会的分离以及人民主权论的确立，现代国家的合法性只能来源于人民。就此而言，人民主权论意味着人民在人性上是善的，是可以信任的。但是人民毕竟是一种比较抽象的存在，人民的主权必须通过其代理人来实现。代理存在风险，需要监督。统治者作为权力的具体执行者和掌控者，同时又是被监督者。监督就意味着一种不信任，这种不信任实际上是主要针对统治者的。因而，严格来说，人性恶的观念作为政治哲学的基本理论，其适用范围是有限的，它仅仅针对统治者。在这里，统治者作为一个人其人性事实上的善恶是无关紧要的，关键是现代政治的运作机制需要这个假定。因而，人性恶的理论主要不是一种事实范畴，而是一个规范性范畴。

现代政治的这个特殊性在于，现代政治由于深深地受制于市民社会，因而不再是决定一切的主宰力量，相反它变成了一种被决定的"上层建筑"，这个上层建筑的一切深深打着市民社会经济理性的烙印，没有市民社会输入的资源和力量，它就寸步难行。正如美国一位议员安尔曾经说过的一句名言："金钱是现代政治的母乳。"经济理性在传统的价值观念看来，本质上是恶的，因此受经济理性制约的政治领域的一切也很容易被评价为恶的。

现代政治的这个特殊性还在于，现代经济行为本质上是一种理性行为，它需要计算成本，需要时时对未来的变化做出预测。因此，现代市民社会最忌讳的是统治者的任意专断，它需要把统治者的行为规范约束在一定范围内，从而为自己提供一个稳定的预期。在这里，统治者的人性是被假定为善变的，靠不住的，即本质上是恶的。

宪制国家人性观的另一个重要观点是关于人的有限理性的观点。在立宪主义者看来，人的理性永远是有限的，不仅个人的理性是有限的，而且无论多少人的理性之和仍然是有限的。但是由于人有理性是人区别于他物而具有至高尊严的重要特征，所以人总是有一种哈耶克所说的"致命的自负"。宪制正是为了限制这种"致命的自负"而做出的一种有效的制度安排。在立宪主义者看来，制定一部很难修订的宪法，就是为了医治人类很难避免的短视疾病。对于医治人的短视疾病来说，时间本身往往是必不可少的良药。这就是一部先人制定的宪法为什么能约束我们后人的合法性所在，是死人签订的契约为什么能约束活人权利的合法性所在。因而，立宪主义者高度重视传统的价值，尊重历史发展的连续性，不相信宪制国家仅仅依靠革命就能建立起来。从宪制国家的实践来看，尊重历史的经验主义文化往往能够建立起比较成熟的宪制，而直接诉诸革命的理性主义文化在建立宪制国家的道路上往往颇多曲折。这不仅能从英、法两国的立宪道路上看出来，而且也屡屡为后发国家立宪道路的艰难曲折所验证。

基于对有限理性的审慎而对人的行为施加的限制，为人的合理的行为提供了一种可能性条件。好的宪法就如语法规则，语法规则的功能不是为了限制人说话，而是为了使说话成为可能，使对话成为可能。宪法的约束，是为理性的政治行为提供条件，为良好的政治创造条件。在宪制约束人的有限理性方面，不少学者都不约而同地想到了婚姻对于个体行为的约束的意义。为什么一个政治机构要放弃它原则上拥有的完整的统治权并对自己未来的行动设定限制呢？这一问题的答案与为什么两个人会想要组成合法婚姻而不是简单地同居的答案一样。就婚姻而言，他们能从对其未来行动的限制并使其分手变得更为困难中得到可能的更大的好处。他们想要保护自己，避免在被激情冲昏头脑时轻率行事的倾向。通过提高离婚的成本和强加于法律上的迟延，婚姻能延长预期的存续期。合法婚姻还能激励双方生儿育女，投资建房和其他长远打算，这些长远打算反过来又在配偶之间构成约束并巩固其婚姻。哈耶克认为，不受宪法限制的民主就像不受婚约制约的同居一样，将倾向于自毁。一般来说，普通公民缺乏远见，他们自制力有限，总倾向于牺牲永久性原则以获得短期的快乐和利益。宪制就是治疗这种慢性短视疾病的制度化的药方。

对于这种自我约束的积极意义，提倡绝对君主主权的霍布斯和布丹也认识到了。他们认为，君主的统治不是个人意志的统治，而是通过法律的统治。由于接受了对自己的任性的限制，君主就增加了实现自己目的的能力。在这里，自我约束成为自由的策略。麦迪逊则从劳动分工的观点提出，如果我们能认可某些过去所确定的程序和制度，那么我们就可以更有效地实现现在的目标，而不必经常地应付那种反复出现的为政治生活确立基本框架的需要。霍姆斯法官提出，宪法修改程序烦琐的必要性基础之一就在于防范人的有限理性可能带来的不良后果。因为，其一，如果基本规范不易修改，那么愤愤不平的人就会节约使用他们的资源，公民们避免了对抽象规则的争执，就会赢得比修宪更多的实际目标；其二，在一定条件下修宪的不可能性会鼓励谈判和相互学习的民主程序，强制性迟延同样会提高成功的修正案的质量，因为烦琐的程序给所有人留下思考的空间；其三，简单终止或废除宪法，忽视了令人头疼的政权空白期的心理，不仅会影响、扭曲人们的偏好，而且会造成资源的浪费，造成人们非理性行为的盛行。普遍的不稳定会阻遏稳定的工商业根据现行法律的批准而实施的所有有益的努力，而且，更为严重的是，这种不稳定会为那些诡谲而又寡廉鲜耻到足以利用社会混乱获取政治好处的人带来不劳而获的、不民主的利益。①

宪法程序就是政治问题法律化的转化机制，通过确立宪政体制，人们把那些复杂而又重大的政治问题的解决变成一系列法律程序的运作。通过这种转化，人的有限理性在政治领域造成的灾难就可能得到最大限度的限制。例如，欧洲从经济一体化向政治的一体化方向发展，就是通过法律程序机制将许多政治家们很难解决的政治问题变成表明中性的法律问题，潜移默化地完成了政治创建所要达成的目标。宪法程序能够缩减社会的复杂性，使社会问题及其冲突转化为程序要件中的技术问题，避免了社会冲突上升为政治冲突，从而在宪法秩序的框架内实现了社会的平稳过渡，有效地规避了有限理性所可能带来的风险。法国思想家贡斯当认为："遵守程序能够遏制专横权力。程序是社会的保护神。只有程序才能保护无辜，它们是使人们融洽相处的唯一手段。其他的一切都是含糊不清的：如果把一切都交给独往独来的良心和摇摆不定的舆论的话。看来只有程序是完全显而易见的，被压迫者所能求助的也只有程序。"②

需要说明的是，宪制主义并不轻视德性，它只是反对道德理想与政治权威的结合。把道德目标驱逐出公共权力运作的范围，是宪制对共和主义传统的重要改造。这里恰恰包含着宪制主义对宗教和道德价值的珍惜，暗中承认道德价值具有比世俗权力更尊贵的来源，世俗权力对此缺乏处理能力。追求宪制本身是一种充满理想主义情怀的政治抱负。从宪制主义历史看，让国家权力摆脱暴力原则带来的专横和偶然，接受制度、法治和理性的控制和驯服，这是何其艰难的历程，何其漫长的折磨。批评一种泛道德化的政治乌托邦，不意味着理想主义的终结，而是理想主义的一个转身。宪制主义者把理想的手段放在制度对理性的吸纳上，把理想的制高点放在对个人自由价值毫不迟疑的保守上，并把高贵的美德和人类精神生

---

① ［美］埃尔斯特、［挪］斯莱格斯塔德主编：《宪政与民主——理性与社会变迁研究》，潘勤等译，生活·读书·新知三联书店1997年版，第241—246页。

② ［法］贡斯当：《古代人的自由与现代人的自由》，阎克文等译，上海人民出版社2003年版，第236页。

活的可能性，留给一个尊重信仰和言论自由的、不会随意侵犯和打扰的"私人之间的社会"。①

（三）　保障个体权利是宪制国家规范权力的精髓

人权与宪制是近代政治的全部内容，也是当代政治发展的两面鲜明的旗帜。宪制国家规范权力的根本目的是为了保障人权，实现公民的权利。在立宪主义者看来，人权本质上是一种个体权利，或者说主要是一种个体权利，保障个体权利是宪制国家规范权力的精髓。英国著名法学家戴雪有一句名言："我们已有的宪法性法律，不是个人权利的来源，而是其结果。"②

有人类就有人的个体，但并非有人类就有人的个体权利。人的个体权利的产生是人类社会发展到一定阶段的产物，是人从自在存在演进到自为存在的体现。在古代城邦社会，无所谓个体权利，每个人都在城邦整体中分享着一定的角色，每个人的价值和尊严也存在于这种角色之中。个体和整体是无法分开的。正如恩格斯所说，对于古代社会来说，谈论个人的权利是毫无意义的，就像问一个人吃饭、睡觉是权利还是义务一样，没有意义。因此，在立宪主义者看来，古代城邦制度下，存在宪制的思想资源，但是绝不可能存在宪制。因为，古代城邦社会没有人权，抽象的人的尊严的观念还没有出现。在亚里士多德看来，奴隶根本就不是人，因为他们不是公民。罗马法规定，奴隶是会说话的工具。在东方专制社会，社会结构本质上是家国同构，社会最基本的单位不是个体，而是家庭或家族。一个家庭只有男性主人才具有某些权利，而且他们的权利往往都是不完整的、残缺的，他们在多数情况下决定不了自己的房屋和土地可以卖给谁，决定不了自己的女儿可以嫁给谁、自己的儿子可以娶谁为妻。因为在这样做时，经常要先征求家族权威的意见。而所有的家族权威最后不得不屈服于官府，以及所有官府不得不屈服于一个唯一的专制意志——皇帝。因为"普天之下，莫非王土；率

---

① 王怡：《宪政主义：观念与制度的转捩》，山东人民出版社 2006 年版，第 55 页。
② ［英］戴雪：《宪法性法律研究导言》，转引自王怡《宪政主义：观念与制度的转捩》，山东人民出版社 2006 年版，第 3 页。

土之滨，莫非王臣"。

人类个体权利的出现是现代西方社会的产物，它是伴随着人的尊严观念的出现一起发展起来的。在文艺复兴时期，从批判宗教神学的神本主义出发，一大批启蒙思想家提出"人的尊严问题"，其中有两篇堪称经典。一是马尼蒂于1454年撰写的《论人的美德与尊严》，二是皮科在1484年撰写的《有关人的尊严的演讲》。这两篇文献都立足于《圣经》中的思想资源，以古典文化的夸张的修辞学风格来阐发这样的思想：上帝赋予了人以伟大的力量和自由的本性，也为人的生活创造了宇宙。因此，人是"万物之灵长"，既有主宰世界的自主权利，也有选择其中人生路向的自由权利。人文主义者借助于上帝这个法力无边、神圣至尊的神灵，来歌颂人在宇宙中的主宰地位，阐扬人的自由、伟大与尊严，由此而冲破了中世纪教会蒙昧主义"神本"观的禁锢，实现了"人的发现与世界的发现"。人的尊严问题的提出极大地解放了人，为人的个体权利的觉醒提供了基石。但是，文艺复兴时期的人的尊严，主要还不是作为个体的人，而是作为类的人，是相对于神的人，是世俗的人。人类个体意识的觉醒还有待于古希伯来的基督教传统的改革与古罗马的私法传统相遇后，才有机会完全确立。触及人的灵魂深处的宗教改革的来临对于个体权利意识的觉醒是至关重要的。宗教改革对于个体权利的发展的重要意义就在于，它为人的个体的心灵独立提供了可能，只有灵魂独立了，个体意识才能真正确立起来。不过，宗教改革虽然为个体意识的出现提供了可能，但它并没有彻底解放人，它仍然穿着宗教的外衣。正如马克思所评论的，它把身外的上帝（教会）驱除出去了，但是又把身内的上帝（上帝在灵魂内）请回来了；它解除了肉体上的枷锁，又套上了心灵的枷锁。

人类个体权利意识的成熟是现代市民社会的产物，是人的生存方式本身发生了革命性变革的产物。它的理论表现形式就是对罗马法的全面复兴，罗马法关于公法与私法的划分是形成个体权利意识的一个里程碑。在古希腊的集体主义价值观下，这是不可想象的。可以说罗马法的精神就是市民社会的商业精神，这一精神只有在现代商品经济高度发达的情况下才得到完全呈现。现代市民社会的基本生存方式是建立在商品交换基础上的。"商品是天生的平等派"，商品自由交换的实质是两个自由、独立的意志的交换，是对每个人作为个体的独立人格的承认。从逻辑上说，没有独立自由的个体的存在，商品交换是不可能进行的，而商品交换的普遍发展，直至出现现代市场经济体系，没有个体权利的普遍觉醒也是不可能的。可以说，个体主义与普遍的商品交换是同胞姊妹，它们相互促进，互为前提。事实上，尽管个体意识的觉醒早在文艺复兴时期就已经开始出现，但是个体主义作为一种影响广泛的理论学说，却是在商品经济得到极大发展的 19 世纪才开始成熟。

为什么权利本质上是个体的呢？人除了个体的存在方式外，还有家庭的、集体的、民族的等社会的存在方式，为什么社会权利不能成为一种理论学说呢？回答这个问题的关键在于，个体权利并非仅仅是个人的权利，尤其并非是特定个人的权利。保障个体人权，也并非仅仅保障个人权利，而置社会权利于不顾。一句话，个体主义绝非自私自利的个人主义，尽管二者并非完全没有联系。个体权利并不排除社会的、集体的权利，而仅仅是社会权利、集体权利等的表现方式，或者说是在一种特殊领域内的表现方式。具体言之，在一个宪制国家，权利本质上是个体的，其理据在于：

其一，权利保障主要是针对弱者的，谈论强者的权利往往没有意义。我们经常谈论老人、妇女、儿童、残疾人、少数民族等的权利，并非因为只有这些人有权利，青壮年、男性、体格健壮的人、主体民族等就不享有权利，而是因为只有前者的权利才需要国家的特殊保护。当然每一个人在特定的场合都可能成为这样的弱者，都需要国家特殊的保护。宪制国家之所以把人权理解为本质上是个体的，正是因为在一个立宪主义者看来，个体相对于集体、国家是弱者。随着现代国家承载的功能越来越复杂，它也就越来越成为一个时刻威胁着个体权利的"利维坦"。实际上，大多数社会政策都是为了社会整体的利益，也应该为了社会整体的利益。而权利的存在旨在提供一个限制，以防止集体利益过于优先于个人利益，个人利益不会也不可能完全取消社会整体利益的优先权。"权利理论强调保护个人权利，因为需要特殊保护的是个人而不是社会。"①

　　其二，个体权利是一种根本目的，而集体性的社会权利往往只能是一种目标。社会目标与个体权利之间的关系是错综复杂的。目标的实现有可能促进个体权利的实现，但它往往并不能同时促进所有个体权利的实现，相反它往往是以部分人的个体权利作为代价取得的。二者之间的冲突在特殊时期往往还是非常尖锐的。正是这种社会目标与个体权利的尖锐冲突提出了个体权利的保障问题。正如 J. S. 密尔所说的，社会本身可能是专制的，它为了自身的某个目标，往往以牺牲个体作为代价。为了预防极端的社会专制的出现，就必须确立个体权利，这些个体权利构成了社会实现特定目标的不可逾越的界限。如果逾越了这些个体权利的界限，社会目标的实现本身就是没有价值的。除非牺牲某些东西，否则夸耀我们尊重个人权利是毫无意义的。密尔提出："国家的价值，从长远看来，归根结底还在组成它的全体个人的价值。"② 诺齐克则认为，一个人之所以不能为了较大的社会利益而受到侵犯，其原因在于个人是一个具有独立生命的生物体，社会则不是这样一种存在。他们关于个体权利与集体目标关系的看法的深刻性往往能够为后发国家的立宪主义者所理解，因为在一个后发国家，为了在竞争激烈的国际社会生存下去，同时由于传统文化中比较缺乏个体意识的发育，个体权利问题往往被一系列接踵而至的复杂的社会问题的巨浪所淹没。

　　其三，现代人权的核心内容是生命、自由与财产权，这些权利的主体主要是个体。生命权完全是个体的，保障人的生命安全是维护人的尊严的最基本要求，没有人的生命就没有人的一切。自由权也是个体的，除非是在比喻和象征的意义上，谈论集体的自由是没有意义的。集体无所谓自由不自由的问题，只有能力大小的问题。财产权是现代人权的基本保障，也是现代人权的主要内容。因为在现代社会，人的其他一切权利的实现都有赖于财产权利的实现。在一个市场经济的社会，金钱与货币几乎构成了一切活动必不可少的

---

　　① ［美］罗纳德·德沃金：《认真对待权利》，信春鹰等译，中国大百科全书出版社 1998 年版，第 15 页。
　　② ［英］J. S. 密尔：《论自由》，程崇华译，商务印书馆 1959 年版，第 125 页。

中间环节。所以，保障财产权是一项最重要的基本人权。从历史来看，财产权的提出首先就是市民社会针对君主专制的产物，是市民社会为了保障自己的财产不被君主横征暴敛而进行斗争的产物，因此谈论君主和国家的财产权是没有意义的。而市民社会的典型特征就是独立个体相互联系的网络，市民社会的财产权本质就是私有财产神圣不可侵犯。

这里尤其需要注意的是，权利和利益是不同的概念。权利作为对在法律上和道德上所认可的正当利益的要求，是以个人利益和社会利益相协调为基础的。因此，可以存在非法或不当的利益，但绝不可能存在非法的法律权利和不正当的道德权利。因而集体权利与个人权利的关系不能完全等同于集体利益或社会利益与个人利益的关系。即使说个人利益服从集体利益是一个不错的原则，能否因此而得出个人权利应服从集体权利的结论仍是大可怀疑的。在很多情况下，个人权利并不只是代表个人特殊的利益要求，而是处于某种权利义务关系中任何以个体形式存在的权利主体都可提出的要求。以个人权利的形式表现出来的权利实质上已不是"个别人"的权利，而是"每个人"的权利。对"个别人"的权利的蔑视意味着可能对"每个人"的同样权利的蔑视。① 关于个体权利经常是社会利益的表现形式，密尔曾指出："人类若彼此容忍各照自己所认为好的样子去生活，所获是要较多的。""人类要成为思考中高贵而美丽的对象，不能靠着把自身中一切个人性的东西都磨成一律，而要靠在人的权利和利益所许可的限度内把它培养起来和发展起来。""要想给每人本性任何公平的发展机会，最主要的事是容许不同的人过不同的生活。"②

就类比的意义而言，集体权利或集体人权也是存在的。当一个民族或国家抗击另一个民族或国家的入侵时，它是在保护自己生存的权利和维护自己民族的尊严。无疑，这种权利的伸张具有道德上

---

① 参见余涌《道德权利研究》，中央编译出版社 2001 年版，第 90—94 页相关讨论。

② ［英］J. S. 密尔：《论自由》，程崇华译，商务印书馆 1959 年版，第 13、67、68 页。

的正当性与震撼力。相对于民族危亡而言，个体权利似乎是渺小的，不值得一提。但是这种权利的合理性仅仅在道德意义上成立，它并没有法律上的保障。集体权利与其说是一种权利，还不如说是一种能力，一种维持自身生存的能力。它与个体权利并不是在同一意义上说的。即集体人权只有相对于其他集体而言才是有意义的，国家的权利只有相对于其他国家而言才成立。而宪制关注的核心问题是个体与国家的关系，在这种关系里面，是不存在集体人权或国家权利的。因此，保障个体权利是宪制国家规范权力的精髓。

三　人权观念的历史演进与人的尊严的凸显

（一）人权观念的历史演进

自从法国大革命提出人权概念以来，人权观念日益得到普及，其影响也越来越深远，人权概念的含义和范围也经历了一个历史的演进过程。这种历史演进首先表现在公民权利范围的扩大。英国著名政治思想家马歇尔曾提出关于人权观念历史演进的三个阶段，即市民权利（civil rights）[①]、政治权利以及社会权利的逐步演进和相互影响。他认为，自 18 世纪以来，英国人权观念的发展经历了这三个阶段。首先是市民社会要求相对独立，从而限制君主以及国家权力对市民社会的侵犯。市民权利的主要内容是产权，即私人财产神圣不可侵犯的权利。接着是 19 世纪民主价值得到普遍确立，并开始逐步制度化，广大公民开始逐步享有参与政治的权利。政治权利的确立和发展反过来又促进和保障了市民社会的财产权利。从 19 世纪末 20 世纪初开始，在广泛的政治参与条件下，民主价值越来越神圣化，市民社会中的贫富分化以及其他阶级矛盾凸显，各种社会问题日益涌现，公民的社会权利逐步走上政治舞台。国家的职能

---

① 中文一般译为"公民权利"，但在中国语境里这一译法容易引起误解，因为国人一般把公民权利理解为作为公民所具有的所有权利，包括政治权利和社会权利等。马歇尔所指的恰恰是区别于政治权利和社会权利的市民社会所具有的权利，因而译为"市民权利"对于把握其含义较好一些。

开始扩张，原来局限于消极职能"守夜人"的国家，已经开始演变为积极着手解决社会问题的国家。公民社会权利的保障和实现，正是政治权利得到充分实现的体现，以及实现政治权利的目的。马歇尔关于市民权利、政治权利和社会权利逐步演进的理论影响非常深远，成为讨论公民权利和人权问题的基础性范式。

其次，人权的历史演进体现在不断从先验的道德权利向公民的政治权利和法律权利转变。人权最初表现为人的自然权利，自然权利是人与生俱来的，也是人权最核心的内容，在西方它最初表现为一种宗教信仰的自由权利，后来表现为思想和言论自由的权利。这种权利是最能体现人的本质存在和生存方式的权利，它构成了其他一切权利的基础和前提。如果去除其宗教神学的外衣，自然权利本质上就是一种道德权利，即基于人之为人的生存方式本身所需要的基本条件，它先于一切国家和政府的法律而存在。"在 19 世纪的发展进程中，人们逐渐认识到这些权利并非是绝对的，一成不变的。随着以往的理性主义者的信仰获得了历史的视界，权利也被认为是由宪法创立和捍卫的，权利不仅仅是一种认可的行为，而同时也是制定和确立的行为。这样，自然权利逐渐被转换成'公民的自由权'。"① 洛克对政治哲学的重大贡献之一就是使超验的自然权利和正义观念从道德哲学中脱离出来，成为一种实证法意义上的权利。在 20 世纪，包括自决权在内的公民自由权不仅要与更古老的个人权利相竞争，而且还受到新的自由的挑战，它们是具有经济和社会性质的权利，其特点包含了集体的尤其是政府的新的职能所保障的权利。包括：社会安全的权利、工作的权利、休息和闲暇的权利、受教育的权利、达到合理的生活水准的权利、参与文化生活的权利，甚至包括诉诸一种保证这些权利的国际秩序的权利。美国政治学家弗里德里希将这个转变过程用英语的三个词加以表示：权利（right）、自由权（liberty）、自由（freedom）。第一个词 right，实际上指的是自然权利，可以宗教信仰自由为代表。第二个词 liberty，

_____

① ［美］卡尔·J. 弗里德里希：《超验正义——宪政的宗教之维》，周勇等译，生活·读书·新知三联书店 1997 年版，第 91—92 页。

是一个可数名词，指的是制定的、法定的权利，本质上是一种公民权利，可以投票权利为代表。第三个词 freedom，是一个不可数名词，指的是人的一种自由状态，实际上包含了与人的生活有关的一切权利，但其主要内容是经济和社会权利，可以工作权利为代表。弗里德里希的这个划分在内容上与马歇尔几乎是一致的，但考察的角度则完全不同。马歇尔着重于考察人权范围的扩大，弗里德里希则侧重于考察人权的历史演进的合法性根据的变化。

再次，随着人权范围的扩大以及其合法性根据的变化，一些重要的人权的内容也在发生变化。最典型的例子是契约与财产权的变化。最初作为市民社会权利的契约自由与公民的社会权利发生了矛盾，其自由的绝对性受到了限制。在某种意义上说，正是因为资本市场的绝对的契约自由导致了社会的两极分化及其他诸多社会问题，社会权利才得到人们的承认，市民社会领域的契约自由的合理性才开始受到人们的质疑。为了解决社会问题，契约自由受到了诸多限制，如现代合同法对契约自由的若干限制：对重要供给品提供者施加签约义务；对某些合同提供公信力保障；重视意思表示的真实性对契约有效性的影响；关于积极违约的规定；对某些合同内容与缔结的监督；政府为人们签订契约提供信息、咨询服务；等等。还有财产权的变化。财产保障向具备财富价值的主观权利的发展，出现了财产的"公众代理人"，从而财产私有的观念受到挑战。如养老金、公积金、住房补贴、医疗保险等福利，就是由国家或某些中介组织代管的，其财产的使用也受到比较严格的程序限制。同时，私人财产的社会约束性规定越来越多，财产所有权的排他性受到了限制，所有权与用益权出现了普遍的分离等。

最后，随着人权范围的扩大以及其合法性根据的变化，公民与政府的关系也发生了根本性变化。在革命激情平息之初，立宪主义者所关注的是对抗政府的权利，所谓生命、自由与财产权利，都是反对政府对市民社会的侵犯，其核心是私有财产神圣不可侵犯。这是一种政府之"外"的权利。而随着 19 世纪社会趋向民主，重心又落在了政府之"中"的权利。公民权利的大部分内容都必须依靠政府的积极努力和干预才能实现，虽然限制和防范政府权力的干预仍然是宪制关心的核心内容，但是政府干预也获得了越来越多的合法性支持。伯纳德·施瓦茨认为："美国法律的历史经历了一个从强调财产权到强调人权的逐渐转变的过程。"① 他所说的人权显然是广泛意义上的，其含义比生命、自由和财产权宽泛得多。新宪制论的核心观点就是力图改变传统立宪主义者对政府的消极观点，以一种积极的眼光重新评价公民权利与政府的关系。

（二）人权是人的尊严在国家维度的集中体现

人权观念经历了一种历史性演变，表明人权的具体内容及其内涵并非一成不变的。但是，人权之所以是人权，也表明人权观念具有某种不变的核心价值和基本内容的稳定性。这种稳定性体现人权不同于其他权利的特点。对于一个立宪主义者来说，宪制不但是一套技术，更是一套价值。宪制的最终目的是由人权出发建构一种人的尊严和价值得以实现的政治生活，如阿马蒂亚·森所概括的："事实上，这些关于人权的公共宣言，往往是一些新的立法动议的先声。"② 因此，人权是人的尊严在国家维度的集中体现，维护人的尊严始终是宪制国家的核心价值。人权演变的历史线索不仅没有偏离人的尊严这个核心价值，而且是围绕着人的尊严而发生变化的。

在英国著名法学家米尔恩看来，人权的存在和维护是社会生活之必需，没有人权就没有起码的社会生活。这可以通过考察财产制度和承诺的重要性得知。财产制度的某种形式为社会生活所必需，没有它，社会成员就无法占有、分配、使用和维护团体和个人的生存所必需的物质资料。承诺是必要的，没有它，社会成员就不能签订并执行协议，就不能从事制度化合作，而这种合作正是社会生活的要素之一。这些做法和制度均由规则来构成，规则必然要授予权利。此外，权利概念还是社会成员资格概念的一部分。作为社会团体的成员，不论是共同体、联合体还是家庭，都意味着某些东西应

---

① ［美］伯纳德·施瓦茨：《美国法律史》，王军等译，中国政法大学出版社1990年版，第23页。

② ［印］阿马蒂亚·森：《正义的理念》，王磊、李航译，中国人民大学出版社2012年版，第334页。

该由你的伙伴成员给予你，同时又由你给予他们。在生活的早期，他们就认识到某些行为方式是"应该的"，某些行为方式是错误的。这种"应该"就是建立在权利基础上的。米尔恩提出了九项为社会生活所必需的道德原则，即行善、尊重人的生命、公正、伙伴关系、社会责任、不受专横干涉、诚实的行为、礼貌和儿童福利。①

　　尽管人权的某种形式是社会生活所必需的，是维护人的尊严的基础，但是人权作为人的尊严在国家维度的集中体现，还是20世纪社会权利和经济权利的出现，人权的全部意义才变得昭然若揭。在弗里德里希看来，社会与经济领域的自主与自由，与古代以来就有的参与政治的自由不同，它本质上是一种"创造的自由"，它们将人从阻碍其作为人全面发展的限制和约束中解脱出来。为了所有人都成其为人，要求这些自由是完全正当的。以这些权利不如早期的那些权利更为基本为由而漠然处之，或者由于其实现的困难而对它提出质疑，这些都已不再被允许。近300年来三套权利之间的共同之处在于，其价值核心都是维护人的尊严及其价值。"如果一个人获得这样三种权利：宗教信仰自由、选举权和工作权——体现自主的自由、参与的自由以及创造、发明和革新的自由的三种权利，他会发现，就像相应的自由一样，这些权利都旨在使人成为一个完整的自我，一个得以充分发展的人。不让人信其所信，不让人参与对其统治者的挑选和定期更换，不让人在其能够生产和创新的领域内积极主动地发挥作用，等等，这里的任何一种剥夺都会被视为非人道的举措，就像致人以残废和妨碍其成为一个完整意义上的人。这样的权利可能很难实现，即使是在它们被正式颁布之后也是如此，但这并不能使之归于无效，正如不去要求一项权利并不能使这项权利消失一样。……权利具有一种客观存在，它们发自于人的真实本性，就像与之相应的自由也出自人类本性一样。因为这些自由是人类力量的展现，是他们运用这些自由的能力的展现。"②

---

　　① ［英］A. J. M. 米尔恩：《人的权利与人的多样性——人权哲学》，夏勇、张志铭译，中国大百科全书出版社1995年版，第65页。

　　② ［美］卡尔·J. 弗里德里希：《超验正义——宪政的宗教之维》，周勇等译，生活·读书·新知三联书店1997年版，第97页。

针对那种把人权扩展到社会、经济领域是受社会主义或共产主义影响的观点，弗里德里希更注重从人的尊严和人性出发进行解释。他认为："这些权力不是'共产主义的'，而是体现了被技术创新等事物挫伤了的人类对一种新的不同情况的反应。"①就是说，人权扩展到社会、经济领域，是现代社会、经济领域的技术创新对人的尊严提出了挑战，这种挑战与传统的政治权力对人的尊严的挑战有所不同，解决的方式也不一样。传统的解决方式是革命和限制政府权力，现在的解决方式是国家充分有效地运用权力，合理组织、协调以应付这些技术创新产生的风险。

因此，人权不仅是政治的，更是人性的。在权利的维护和实现依赖于政治秩序这种意义上，所有的权利都是政治的。然而，权利是政治的这一论点的更深一层的意义，是它们依赖于其秩序所服务的该政治社会的价值观和信仰。许多新权利显然是近年来发展的结果，于是，只是在工业化造成了大规模的失业时，工作的权利才能得到普遍认可。然而，因此而认定这种权利只是因为这一点才产生则是错误的。毋宁说，对这一权利的主张根植于这样一种信念，即工作是人的本性的一部分，因此，剥夺其实现这一自然倾向的任何情形都应该加以纠正。由此可以说，权利与人性中正受到禁止或挫折的方面有关。业已成为常规的现行权利通常因司空见惯而隐而不彰，直到某种戏剧性问题发生，它们才被置于众目睽睽之下。可见，权利的凸显，是因为人性中某些方面的扭曲或遭到压抑所产生的反弹。

在弗里德里希看来，"人权从自然权利经由公民自由权向社会自由的发展带来了十分显著的结果和这些权利的扩展。它们被广泛地视为一个健全的政治秩序中的主要组成部分。……其具体而详细的阐述会因社会的不同而有区别。但是，这些阐述包含了一个共同的内核：承认人自身拥有其固有的尊严，并因此有权获得实现其生命潜能的机会。人权的着重点可以从自我保存转向自我表现进而至

---

①　［美］卡尔·J. 弗里德里希：《超验正义——宪政的宗教之维》，周勇等译，生活·读书·新知三联书店 1997 年版，第 96 页。

于个人自我发展的各种形式"①。正是因为人权是人的尊严在国家维度的集中体现，具有高度的道德合理性，所以，尽管践行对人权的承诺是所有国家都不能完全做到的，但是，人权却越来越得到更加普遍的承认，甚至是被那些看起来最不情愿实施它们的人所承认，并且这一事实成为我们时代突出的特征之一。以此为基础，人权自然成为立法的主要根据之一，如赫伯特·哈特在1955年发表的论文《真的存在自然权利吗?》中指出：人们"在将道德权利纳入法律时，就会谈到它们"②。

　　由于人权是人的尊严在国家维度的体现，而不是或不仅仅是某些特殊的物品，所以它往往也不能通过国家组织的重新分配得到彻底解决。福利国家对人类尊严的保障也威胁着人类尊严。这种提供照顾、分配生活机会的福利国家，通过有关劳动、安全、健康、住宅、最低收入、教育、闲暇和自然生活基础的法律，确保每一个人都具有符合人类尊严的生活的物质条件。但福利国家显然造成了这样的危险：通过提供这种无微不至的关怀而影响个人的自主性，而它所需要推进的，恰恰就是这种自主性。福利国家一方面促进和保障人权，使人成为人，使人们得到自主和自由；但是另一方面，福利国家在维护人的尊严的同时也很容易侵犯人的尊严，因为它维护人的尊严的方式——国家干预——本身就是对人的自主和独立的潜在威胁。故权利不是分配物品，尽管它经常涉及分配问题，但权利本身是不能分配的，人的自尊也是不能分配的。这是一个真正的立宪主义者与一个福利国家的鼓吹者有所不同的地方。

　　著名法学家德沃金认为，人的尊严实际上就是人的平等，这种平等是人之为人的原始道德权利，是罗尔斯意义上的"原初状态"的人。人的尊严是普遍的、抽象层面上的平等，并不是利益分配中的平等。他提出，要真正维护人的尊严，就必须区分这两种平等。

---

① ［美］卡尔·J. 弗里德里希：《超验正义——宪政的宗教之维》，周勇等译，生活·读书·新知三联书店1997年版，第111页。

② H. L. A. Hart，"Are There Any Natural Rights?"，*The Philosophical Review*，Vol. 64，April 1955，reprinted in Jeremy Waldron（ed.），*Theories of Rights*，Oxford：Oxford University Press，1984，p. 79.

"自由主义平等概念支配下的每一位公民都有一种受到平等关心和尊重的权利。这一抽象的权利可以包括两种不同的权利。第一种权利是受到平等对待的权利，就是说，像其他人所享有的或被给予的一样，同样分享利益和机会。……第二种权利是作为平等的人受到对待的权利。这不是一种平等分配利益和机会的权利，而是在有关这些利益和机会应当如何分配的政治决定中受到平等地关心和尊重的权利。……我提议，作为平等的人受到对待的权利必须被当作是自由主义平等概念的根本要素。"因此，"政府必须关心它统治下的人民，就是说，把他们当作有能力经受痛苦和挫折的人；政府必须尊重它统治下的人民，就是说，把他们当作根据他们应当如何生活的理性概念有能力组织起来并采取行动的人。政府必须不仅仅关心和尊重人民，而且必须平等地关心和尊重人民"①。因此，"如果政府不认真地对待权利，那么它也就不能够认真地对待法律"②。现代女权主义运动表明，人权作为人的尊严在国家维度的集中体现，并不仅仅是一个利益分配问题。女权主义者所要追求的目标是女性与男性作为平等的人受到对待的权利，而不仅仅是受到平等对待的权利。"男女平等对待的问题使人们意识到这样一点：所追求的正义不应该仅仅理解为公正社会份额意义上的福利受益。女性主义者坚持法律平等对待的解放意义，因为它所指向的是福利国家'分配性范式'所掩盖的依附性结构：构成统治的是这样一些建制条件，它们阻止或妨碍人们参与决定他们自己行动或这种行动的条件。具体地说，福利资本主义社会创造了一些新的统治形式。"③因此，女权主义运动充分体现了人权的核心价值是作为尊严的平等。

（三）新宪制论对传统人权观的批评与发展

新宪制论作为一种理论学说，强调权力控制与权利保障相结

① ［美］罗纳德·德沃金：《认真对待权利》，信春鹰等译，中国大百科全书出版社 1998 年版，第 357—358 页。

② 同上书，第 270 页。

③ ［德］哈贝马斯：《在事实与规范之间——关于法律和民主法治国的商谈理论》，童世骏译，生活·读书·新知三联书店 2003 年版，第 520 页。

合，它是"为美好的社会设计政治制度"的理论。其代表人物是美国学者斯蒂芬·L.埃尔金、卡罗尔·爱德华·索乌坦等人。此处的新宪制论既指作为一种流派的理论观点，又包含那些批评古典宪制论的其他著名观点。新宪制论是在对古典宪制论的继承和发展基础上产生的，最初它并非一种完整的理论学说和观念，而是首先体现为一种民主政治的实践探索。一般认为，新宪制论受到社会主义革命及其实践的影响。它与古典宪制论的明显差异是突出宪制国家的社会职能，维护正义在宪制国家价值观中的核心地位。它关注古典宪制产生的风险，并对传统比较狭隘的人权观念的意义持一种审慎的态度。它明确提出人的尊严是宪制的核心价值，其他人权都是人的尊严的具体体现。

一般认为，相对于古典宪制的现代宪制是在20世纪初出现的，其主要标志是1919年魏玛宪法中确立的立宪主义原理的一系列变化。主要表现在：其一，国家与自由关系的变化，即自由的保障需要国家的合理干预；其二，人权呈现出相对化趋势，确立和保障以社会权为核心的宪制；其三，议会作用得到了普遍重视，强调社会的人权和议会原理的价值，注重宪法的运用过程；其四，在福利国家理念的指导下，宪制原理中体现了国际主义、和平主义思想，把反对战争、维护和平作为建立和发展宪制的基本出发点。现代宪法所确立的主要原则是民主、人权与社会利益的统一。①

新宪制论者首先批评古典宪制论分割国家与社会的绝对立场。他们认为，国家与社会的分离和互动的确是宪制得以成立的前提性条件，但是随着现代国家职能的发展，公共领域与私人领域的界限已经非常模糊。一方面，国家在不少公共领域中引入市场机制，采用承包合同的方式把不少传统政治权力解决的问题交给了私人来处理。这使得这些领域的公私界限开始模糊，很难用国家与社会二元对立的范式加以解释。另一方面，随着现代社会交往体系的发达，社会本身越来越复杂，现代社会的很多风险都需要政府权力的干预

---

① 参见白钢、林广华《宪政通论》，社会科学文献出版社2005年版，第34—39页。

才能解决，其结果就是传统的私人领域的纯粹私人性质开始受到程度不同的限制。如劳动力的自由流动与交换，在古典宪制论看来完全是私人的事情，但是在新宪制论看来，由于劳动力的使用涉及人的尊严这个根本问题，所以必须受到国家权力的限制。就连家庭这个最具私人性质的领域，也由于女权运动的兴起，使得过去纯粹属于家庭内部事务的问题具有了政治意义，引起了国家权力的干预，其公私界限也开始模糊起来。公私界限的模糊必然带来人权观念的变化，因为传统的人权范畴主要是私人领域的权利。在公私领域趋于模糊以后，不少人权的合理性开始受到挑战，而另外一些不具有人权意义的问题开始成为一种人们普遍关注的人权。当然，新宪制论关于公私界限开始模糊的观点，并没有发展到否认国家与社会分离对于宪制国家的意义。他们认为，尽管这一界限是模糊的，但维持这一界限对人权的保障仍然是有意义的。

　　新宪制论批评古典宪制论对国家权力的看法是片面的。古典宪制论认为，宪制的内容就是限制国家的权力，保障市民社会的生命、自由和财产权利。诺齐克的最小意义上的国家，以及哈耶克的自由扩展秩序，比较典型地反映了古典宪制论的这一追求。而新宪制论则提出，古典自由主义人权论悖论的根源在于没有区分人民主权与垄断暴力的国家，对此加以区分就会发现，个人对于垄断暴力的国家机构的抵抗权决不是原初性的，而是出现于国家的自我分化与异化过程之中。因此，宪制的目的并不仅仅是为了限制国家，而也是为了使国家权力的行使更具有效率。他们认为，古典宪制论片面强调对国家权力的限制，有可能使国家权力在相互牵制中陷入瘫痪，从而根本不能及时对现实中的人权问题做出合理反应。在新宪制论的主要代表埃尔金看来，宪制国家必须面对和注意三个问题：第一，对于通过行使政府权力以促进社会福利的这种功利主义和民主的关注，如何能与对于在行使这种权力时减少专制的那种长期的关注结合起来？第二，政治制度本质上是实践的工具，政治本身就与人的能动性密不可分，因而宪制不仅是限制权力，而是应该有一个教育的向度，应该回答政治制度应该培养什么样的个性的问题。第三，新宪制论面对赋予它特殊形式的一大批政治和社会制度，要回答哪些原则将指导各种制度结合成一个可行的宪制整体？为此，他提出宪制国家政治制度的三项用途：限制政府权力的滥用、能够很好地解决社会问题、有助于形成公民们的性格。① 而古典宪制论基本上仅仅关注第一项用途，这对于真正解决人权问题的意义是很有限的。新宪制论为我们描绘了现代社会人类核心价值的演变历程，提出现代社会人们对核心价值的认识经历了重视效率、推崇民主、弘扬正义三个阶段。与之相适应，国家各部门的地位也经历了变化，从行政权扩张发展到"议会的世纪"，再到司法权的提升和凸显。

新宪制论批评古典宪制论对人权的狭隘理解，明确提出人的尊严是人权的核心价值，因而凡是维护人的尊严的东西都是值得肯定的，而那些在实践中导致了人的尊严严重丧失的抽象的人权观念是应该加以质疑的。1959 年在印度召开的国际法学家会议，通过了《德里宣言》，阐明了现代法治国家的三项原则：第一，根据法治原则，立法机关的职能就在于创设和维护得以使每个人保持"人类尊严"的各种条件。法治原则不仅确立个人的公民权利和政治权利，而且要求建立得以使人格充分发展的社会、经济、教育和文化条件。第二，法治原则不仅要对制止行政权的滥用提供法律保障，而且要使政府有效地维护法律秩序，借以保证人们具有充分的社会和经济生活条件。第三，司法独立和律师业自由是实施法治原则的必不可少的条件。② 《德里宣言》被国际法学界普遍看成是对古典自由主义法治观的发展，也是现代宪制国家所应该遵循的基本原则。《德里宣言》对"人的尊严"的提法由于是国际法学家在广泛深入讨论的基础上达成的共识，因而具有相当的权威性。它表明，其一，人的尊严是现代宪制和法治国家的根本原则，在其与人类其他权利相区别的意义上，其价值排序是第一位的；其二，人类尊严是宪制和法治的总的价值原则，也是人权的根本原则和核心，其他权

---

① ［美］斯蒂芬·L. 埃尔金、卡罗尔·爱德华·索乌坦主编：《新宪政论——为美好的社会设计政治制度》，周叶谦译，生活·读书·新知三联书店 1997 年版，第 38—40、152 页。

② 转引自白钢、林广华《宪政通论》，社会科学文献出版社 2005 年版，第 86 页。

利都是作为维护人的尊严的条件而获得合理性，因而具有某种条件性和暂时性。这两个特点在《德里宣言》与《人权宣言》、《联邦德国宪法》等人权文献对"人的尊严"的提法的比较中体现得很鲜明。在其他人权文献中，"人的尊严"虽然是排在第一位的，但后面往往加上"以及人类其他权利"作为补充，并没有凸显人的尊严作为整个人权的核心价值的意义。以人的尊严为核心就能够把作为一项特定社会生活的具体权利与在根本上反映人的生存方式的权利区别开来，有利于人权概念的普及和达成共识。如"自由"作为现代西方国家一项特定的生活方式和价值观，与每个成员应该自由地处理自己的事情的权利，是有明显差异的。作为现代西方生活方式的自由价值，未必具有普遍意义，但作为体现人的自主性的尊严的自由则无疑具有一般性意义。

新宪制论在理解民主与人权的关系上明显不同于古典宪制论。古典宪制论坚持宪制与民主没有必然的逻辑联系，因为在西方，民主政治出现以前就已经出现了宪制实践，而且认为现代民主实践在很大程度上构成了对人权的威胁。新宪制论认为，人权恰恰是民主政治的产物，没有民主就不会有人权。这不仅是逻辑的必然，也是历史的事实。从逻辑上说，只有确立了民主价值观念，人与人平等的观念才能成立，只有出现了人人平等的前提，作为抽象的人的权利才会出现。民主不仅构成了宪制的价值核心之一，同时也是宪制发展的动力所在。从历史上说，民主与人权是法国大革命的双生子，二者的结合不是偶然的。就是从英国来看，人权的逐步普及也是民主政治逐步扩大的产物。英国著名法学家詹宁斯指出，1867年以后，工人阶级的一部分取得了投票权，这使得享有选举权的公民人数空前扩大。随之出现的就是，提供服务变成了国家政策的组成部分，中产阶级颇为崇奉的个人主义原则也日渐式微。20世纪以来，西方各国逐步实现了普选制，随之而来的就是国家职能的迅速扩张与公民权利的扩大。一方面，政府大大扩展了原有的服务对象范围；另一方面，如养老金、保险和广播等新的服务也发展起来了，而且原来由私人企业提供的一些服务已由国家接管。詹宁斯指出："我们不应认为权力分立本身就是自由的基础，不应认为只要权力分立，专制统治就不能存在。……相反，自由的获得在于起初许多人（包括陪审团成员）的拒绝服从法律，以及后来大众普选权的扩大。是民主而不仅仅是分权维护了英国的自由。"①

最后，新宪制论提出人权概念本身的意义也是有限的，超负荷的人权概念不仅不能起到维护人的尊严的作用，反而使各个民族和国家在探索维护人权的道路上经历不必要的曲折，付出不必要的代价。在他们看来，人权概念要能够发挥作用，就必须是最低限度的，是各个民族和国家都能接受的，如果人权概念提出的标准从根本上超越了这些国家的能力，甚至与这些国家改善人权的努力背道而驰，那么这样的人权概念就应该修改。在米尔恩看来，包括《世界人权宣言》在内的很多人权文献，都仅仅反映了西方世界发展到某一阶段的某些特殊价值观念，根本就不具有普遍性意义。在所谓"第三世界国家"，这种理想的标准不可避免地成为乌托邦。② 用这样的人权概念来制定宪制国家的制度，必然是要失败的，这是一种超负荷人权概念。既然人权概念应该是最低限度的，那么对人的尊严的具体条件也应该具体理解，在一些国家是维护人的尊严的制度，在另一些国家则可能是严重侵犯人的尊严的。如对宗教信仰的态度、对文化价值的评价等目前就是这样。因此，合理的人权概念必须考虑到"人的多样性"，考虑到不同文化背景与社会发展的不同阶段的差异。现实的人不可能是社会和文化的中立者。他总是某种社会和文化环境的产物。不同的文化和文明传统是不同的人类生活方式。这样一来，那种在一切时间和场合都属于全体人类的权利就是人类作为"无社会"和"无文化"的存在物，那么，就不可能有这样的权利。总之，人权本身的意义，像任何人类珍视的价值一样，都是相对的。米尔恩认为："祈灵于人权，不可能解决严重的社会和政治争端，因为人权在特定场合下的解释是以消弭这种争端为前提条件的。……如果人权概念要对一个国家的生活作出有重大

---

① ［英］詹宁斯：《法与宪法》，龚祥瑞等译，生活·读书·新知三联书店1997年版，第18页。

② ［英］A. J. M. 米尔恩：《人的权利与人的多样性——人权哲学》，夏勇、张志铭译，中国大百科全书出版社1995年版，第3页。

意义的贡献，就必须具备两个条件。第一，在共同体内，依法生活的传统必须健全。第二，不存在严重的社会的和政治的冲突。"①"人权观念不可能为化解那些困扰 20 世纪末人类政治问题提供妙方，但它有助于我们理解那些问题，并在试图解决它们的过程中明智地行动。我们不该对人权观念冀求过多，也不该低估它的意义。"② 这是一个成熟的立宪主义者应该具有的态度。

---

① ［英］A. J. M. 米尔恩：《人的权利与人的多样性——人权哲学》，夏勇、张志铭译，中国大百科全书出版社 1995 年版，第 203 页。
② 同上书，中文版序。

第三章

宪制伦理的社会维度

人的尊严作为宪制伦理的道德基础是把不同的人具有平等价值作为一个预设和起点，实际上是强调衡量宪制是否合法、正当须看它在多大程度上对每个人的尊严加以承认和保障。从社会维度考量宪制伦理，主要涉及作为宪制伦理保障的人的尊严的社会基础建构以及作为对人的尊严的保障的宪制伦理的社会意蕴探究。市民社会内涵的历史演进与人的尊严的凸显具有一致性，市民社会是实现宪制伦理的世俗基础，人的解放是社会维度宪制伦理的价值诉求。

一　市民社会与人的尊严内涵演进的统一

市民社会的历史演进离不开其与国家的复合与分离。市民社会与政治国家从复合到分离是一个历史过程，从某种意义上可以说，没有市民社会的产生，也就不会有人的尊严观念的真正确立。人的尊严不断凸显的进程在一定程度上就是市民社会不断发育并逐渐摆脱政治国家支配与控制的过程，而市民社会的内涵也是在这个过程中逐渐清晰的。

（一）市民社会和城邦国家的复合与人的尊严的萌芽

市民社会（civil society）一词来自西方，其理论形态经历了古代、近现代和当代三个阶段，因此，市民社会是一个含义丰富的范畴。但是，无论是古希腊城邦时期的亚里士多德、近代的洛克等启蒙思想家，还是哈贝马斯等当代思想家，他们对市民社会的探究，都不过是为了通过对社会与国家关系的分析，找出权利与权力之间的合理界分，其最终目的是为了实现社会关系主体人的解放及人类的整体和谐。通过对市民社会内涵的历史追踪，可以发现，人的尊严的显现是与市民社会的不断发展同一个过程的两方面表现。

市民社会是西方社会政治哲学的一个核心范畴，它由英文词 civil society 翻译而来。《布莱克维尔政治学百科全书》指出："市民社会一词约在 14 世纪开始为欧洲人采用，其含义则是西塞罗于公元前 1 世纪便提出的。它不仅指单个国家，而且也指业已发达到出现城市的文明政治共同体的生活状况。"[1] 但从词源上看，市民社会最早可上溯至亚里士多德。在《政治学》中，亚里士多德最早使用的"市民社会"概念等同于政治社会或政治共同体的概念，它指的是区别于家庭私人生活的公共政治生活，因此，它与政治国家是同一的。在古希腊的各城邦中，虽然在不同时期都大致经历过王政、贵族政治、僭主政治和民主政治等多种政体形式（斯巴达是个特例，其政体形式相对比较稳定），但是不管何种政体形式，所有的城邦大体都具备自给、自治、主权在民、直接民主等共同特点，因此，城邦在本质上是自由公民的自治团体。[2] 在古希腊，所有的城邦都建立了公众集会广场，在那里全体公民都参与讨论大家共同关心的问题，由此形成了一个开放性的政治和社会领域。在这个领域，知识、政策和思想都将接受公众的批评和探讨，因此，在古希腊人看来，家庭私人生活领域与公共政治生活领域具有完全不同的意义。对这个问题，阿伦特有精辟的概括。在她看来，首先，古希腊人认为政治领域是自由的领域，而家庭则是一切活动都受自然必然性制约的领域。必然性主要是一种前政治现象，因此，在家庭领域，强力和暴力被视为正当。其次，城邦政治领域仅仅是由一些"平等的人"组成的，古希腊的平等不同于现代的平等，那时成为

---

① ［英］戴维·米勒等：《布莱克维尔政治学百科全书》，邓正来等译，中国政法大学出版社 1992 年版，第 125 页。

② 参见马长山《国家、市民社会与法治》，商务印书馆 2003 年版，第 17 页。

少数平等者中的一员意味着被允许生活在地位相等的人中间。因此，在这个领域里，既不意味着统治也不意味着被统治，这些平等的人可以自由地展示其个性；家庭则是最严格的不平等的中心，他们将专制独裁统治视为家庭的组织手段。因此在家庭领域，自由是根本不存在的。最后，进入城邦政治公共领域则意味着实现人的生存的最高可能性，那里是一个人证明自己的真实和不可替代价值的唯一场所；私人领域则具有一种被剥夺的性质，而且是一种被剥夺了人的最高和最能显示人类特点的能力的状态。过一种彻底的私人生活意味着被剥夺了来自于他人的可视性，被剥夺了与他人的"客观"关系，剥夺了经由他人而获得保障的现实性，被剥夺了达到比生命本身更加永恒境界的可能性。质言之，被剥夺了对真正的人的生活具有本质意义的东西。因此，一个人如果仅仅去过一种私人生活，或者如果像奴隶一样不被允许进入公共领域，那么他就不能算是一个完完全全的人。私人生活之所以具有一种被剥夺的性质，原因在于他人的缺席。他人的缺席使得人的卓越难以显现，而是作为动物种类的一个标本（作为种的人类）存在于私人领域。卓越在古希腊被称为 arete，在古罗马被称为 virtus。卓越总是存在于公共领域之中。人为了达到卓越，为了获得自我肯定，就需要其他人的在场，而这种在场所要求的是与自己地位相等的公众遵循正规的程序所形成的，而不能是与自己地位相等或比自己地位低下的人的偶然的、习以为常的在场。① 缘此，古希腊的亚里士多德说过，人是城邦（政治）的动物。

然而古希腊人并没有因此完全否定私人领域存在的意义。古希腊人认为，一定的私人财富是一个人进入公共领域，具备充分的公民资格的主要条件。"任何仅仅服务于谋生目的的活动，任何仅仅维持生命过程的活动都不允许进入政治领域。"② 因此，无产者是不能参与政治生活的，因为他们会首先把政治事务作为谋生的手段，而政治一旦成为谋生的手段就必然产生腐败。

---

① 参见［美］汉娜·阿伦特《公共领域和私人领域》，载汪晖、陈燕谷主编《文化与公共性》，生活·读书·新知三联书店 2005 年版，第 63—95 页。

② 同上书，第 68 页。

可见，在古希腊，市民社会和政治社会没有明确的区分。市民社会就等同于城邦、国家或政治社会。在那时，市民社会和国家是复合的。正如查尔斯·泰勒所言："城邦也是根据政治而予以界定的。而我们所用的这两个术语表明，它们是同义反复。对事物的这种看法不容许对市民社会和国家做出界分，因为对希腊人或罗马人而言，这种界分是难以理解的。"① 但是，在严格意义上，希腊城邦时代的市民社会日常生活，包括自由人和奴隶的日常生活还是有一定的独立性和存在空间的，尽管这种独立性和空间是极为有限的，并最终屈从于政治共同体化的城邦制度，不过，其市民社会毕竟不与国家完全等同。但是，在古希腊，自由人与奴隶不是城邦国家的主人，而且城邦的政治、经济和文化生活都由公民团体来左右，也只有公民才会被看作是有德性的、完整的人，他们天生就是政治动物，其私人生活与政治生活是一致的，并融于普遍性的共同生活之中。正是在这个意义上，可以说，古希腊的市民社会与国家是复合的。②

在古希腊还没有严格意义上的人的尊严的观念，但是，在当时希腊人眼里，人是高于其他物种的有理性的动物，如苏格拉底就曾极力主张，人要对自己的灵魂操心，并不断地追求智慧，探索真理，成为具有德性的人。其名言"美德即知识"将求真与求善统一，表明人既要追求真理，又要道德完善。亚里士多德更把人看作是其所生活的世界里最高贵的物种。在他看来，自然界的每一个事物都有自己的目的，这个目的也构成了评价它的活动和发展的标准。如橡实的目的是要长成橡树，这个目的也是评价它活动和发展的标准：它应该长成橡树，否则它一定是有缺陷的。人作为自然界的一个物种，按其本性也有其目的，这个目的也提供了评价人的活动和发展的标准。这个目的就是至善。因此，人应该过好的生活，而对好生活的保障要有一个好的政治制度，制度是为人的好生活服务的。所以，在古希腊，每个公民都要参与城邦

① ［加拿大］查尔斯·泰勒：《市民社会的模式》，载邓正来等编译《国家与市民社会》，中央编译出版社 2005 年版。第 16 页。

② 参见马长山《国家、市民社会与法治》，商务印书馆 2003 年版，第 19 页。

的政治，要掌握自己的命运。正是在这种意义上可以说，古希腊人是依附于城邦的，人只有在城邦的公共生活中才能体现自身的价值。但是，在个人与城邦的关系问题上，思想家们不是论证城邦的普遍道德准则的重要性，而是试图论证个人的道德完善对城邦兴衰的重要性。因此，人作为一种比动物高贵的物种，他不仅必须践行德性，而且还要对自己的行为负有道德责任。可见，虽然这时没有一个妥当的词汇来表达人的尊严，但已经有人的尊严观念的萌芽。古希腊人的尊严表现为一种对卓越的追求、智慧的探索及对德性的拥有。

希腊化历史进程始于亚历山大对希腊和东方的征服及其统一帝国的形成，因此，从希腊化时期开始，西方社会就开始了由城邦时代迈向帝国时代的进程，其最主要的标志是古希腊城邦的解体。城邦的解体使得人被抛入了一个陌生的世界，个人与国家发生了疏离。正如塔恩在《希腊文明》中所言："作为政治动物，作为城邦国家或自治国家一分子的人已经与亚里士多德一道完结了：作为一个个人的人则是同亚历山大一道开始的。"[1] 人们不得不重新寻找安身立命之所，不得不学会以一种新的社会联合体的形式生活在一起。

随着古罗马对古希腊和东方的征服，商业获得了发展，罗马文明也得到了传播，从而出现了城市化运动。因此，与古希腊相比，古罗马不仅拥有强大的帝国，而且市民社会在国家的支持下获得了一定程度的发育。然而，正是因为有国家的"监护"，市民社会并未获得充分发展。到帝国后期，市民社会则被国家吞并，帝国也随即被蛮族摧毁。相应地，古罗马时期的人的尊严的观念也发生了一些变化。这时的尊严不是人区别于其他物种所具有的理性及对德性和智慧的追求，而是被解释为人的一种外在的社会地位，并且这种观念在当时的公共领域中备受推崇。因此，在古罗马，尊严是个人权威、大度、庄严等德性的显示。

---

① 转引自徐大同《西方政治思想史》，天津教育出版社 2000 年版，第 48 页。

（二）政治生活和社会生活的同一与人的尊严的奠基

众所周知，中世纪的降临开始了教俗封建主的野蛮统治。按马克思的话来说，它不仅确立了浓重的人身依附关系，而且实现了国家政治生活和社会生活的同一，即政治国家完全吞噬了市民社会。但是，中世纪西欧的"无国家"状态，导致它存在着教会、国王封建贵族等多种权力，形成一种多元权力景观。尤其是公元 10 世纪以后，随着西欧商业的复兴和城市的兴起，在西欧中世纪的后期出现了独立于封建人身依附关系之外的特殊阶层与社会，即市民阶层与市民社会。因此，实际上中世纪经历了两个时期：第一个时期是公元 6 世纪到 11 世纪，这是中世纪最蒙昧的时期，史学家所说的黑暗时代大多是指这一时期。第二个时期是公元 11 世纪到 15 世纪，这是中世纪城市文明逐渐发展的时期。

中世纪城市复兴运动的主要特征就是新兴的城市自治。新兴城市既有复活的旧城，也有新建的城镇，其居民为商人、工匠以及律师等。公元 11 世纪后，西欧大多数城市开始通过武装斗争或金钱赎买等方式迫使国王和封建领主做出让步和妥协，使得他们以颁布特许状的形式，不仅免除了许多封建劳役和赋税，明确了市民人身与工商经营活动等基本权利和义务，而且确认了城市在立法、司法和行政管理上获得了不同程度的自治主权和经商特权。[①] 因而，自治的城市打破了封建等级的枷锁，确立起了自由个人的法律地位，甚至规定逃出庄园的农奴如果在自治城市里住满 101 天就可获得自由。这就使得中世纪在"打仗的贵族"、"祈祷的教士"和"工作的农夫"之外又添了一个新的阶级。[②] 这一阶级不仅协助王权战胜了教会和封建贵族，而且以特有的智慧、斗志和信念，使中世纪城市成为欧洲封建社会的异质存在，并使市民阶级作为一支独立的政治力量登上了历史舞台，成为后来的"第三等级"，构成了近代市

---

① 参见何平立《法治理念：中世纪城市与市民社会发展的推动力》，《江淮论坛》2006 年第 6 期，第 72 页。

② 参见［美］威尔·杜兰《世界文明史——信仰的时代》（中），幼狮文化公司译，东方出版社 1999 年版，第 896 页。

民社会的主体。

在中世纪的黑暗时期，神权居于统治地位，人性受到压抑，人成为上帝的奴仆，似乎没有什么尊严可言。但是，这并不意味着中世纪没有人的尊严的观念。其实，尊严一词最初就具有浓厚的宗教因素，据统计，尊严一词在《圣经》中出现200多次，在希伯来著作中则出现过数万次；其中心含义是"尊敬"，用于人、圣日及相关的事物；犹太法典《塔木德经》把人身体看成是代表神性的肉体；基督教神学中，人的尊严体现在上帝的三位一体中。① 而且，基督教所宣扬的上帝面前人人平等的思想，把人的自然平等上升到了生命创造意义上的平等，这意味着作为个体的人天生都应当受到尊重，任何一个个体自身都无权去剥夺他者的权利。这无疑应是对每个人固有尊严的肯定。只是，当时神权思想强调上帝在世界中居于最高位格，因此，人的尊严最终归于上帝这一外在渊源。但是，公元11世纪后，随着城市文明的逐渐发展，商业、自由、手工业行会等也得到不同程度的发展，这一切要求当时的思想主流恢复尘世生活的声誉，使信仰能够与理性和平共处。其中最典型的代表托马斯·阿奎那就试图将以实现现世幸福为旨归的亚里士多德思想与以追随上帝而完成人生救赎的基督教道德理想融合为一个体系，尝试着让信仰之光与自然理性之光交相辉映。他认为，人区别于其他所有动物的根本特征是具有理性，理性可以使人独立地自我规范、自我发展。人所拥有的这种动物所无法比拟的自治能力就是人的尊严所在。虽然在终极的意义上，他仍然认为信仰高于理性、神学高于哲学，但是他突出了人与动物相比的杰出地位，因为人被自然赋予了理性和语言，他可以通过推理和交流获得知识，获得发展，而且神恩的赐予只针对那些努力实现自己自然禀性的人。因此，从某种意义上可以说，此时人的尊严已带有自然的意味，这在一定程度上为尊严回归人本身奠定了基础。

---

① 朱孔武：《以人为本与宪政中国》，《理论导刊》2005年第3期，第33页。

（三）市民社会和政治国家的分离与人的尊严的保障

到了近代，自由主义思想家们更加广泛地使用"市民社会"一词，但其含义却发生了一定的变化。如前所述，古典时期的市民社会等同于城邦国家或政治社会，而到了中世纪，即使出现了自治城市，但那时人们所重新使用的市民社会一词也是从亚里士多德的市民社会思想中寻找理论依据以反对教会对国家的控制。他们认为，政治共同体或国家乃是一种自给自足的社会，它既能满足人们的物质需要又能满足人们的伦理需要，它的权力不需要教会批准，它的正当性在于其在道德上的利益。可见，14 世纪的人们所重新使用的市民社会一词，主要是指政治社会或城邦国家，其内容并没有超出亚里士多德以及西赛罗赋予此词的含义。①

近代思想家们使用的市民社会一词虽然和政治社会仍是同义词，但它是指与自然状态相对应的文明状态，而且是外在于国家的社会组织。他们所谓的自然状态实际上是一种前国家的野蛮状态。虽然有人（洛克）将自然状态描述为和平和睦的状态，但也承认，这样的自然状态仍然具有自身不可克服的缺陷：其一，缺少一种确定的、规定了的、众所周知的法律；其二，缺少一个有权依照既定法律来裁判一切争端的公允的裁判者；其三，缺少权力来支持正确的判决，使之得到应有的执行。② 因此，自然状态必然要过渡到市民社会或政治社会，过渡的环节是订立契约。洛克认为，为了克服自然状态的缺陷所导致的不安全感与不正义，于是人们相互订立契约，自愿将个人的一部分自然权力让渡出来赋予国家，以获得国家的保护。同时，由于国家的权力是人们赋予的，如果国家统治者违背人们意志，损害人们的基本权利，人们则有权推翻统治者，收回其权力。可见，在洛克那里，市民社会尽管仍然等同于政治社会，但已经与古典社会不同，虽然他没有明确提出国家与市民社会的分

---

① 参见何增科《市民社会概念的历史演变》，《中国社会科学》1994 年第 5 期，第 69 页。

② 参见［英］洛克《政府论》（下篇），叶启芳等译，商务印书馆 1964 年版，第 77—78 页。

离，但他的市民社会已经是外在于国家的社会组织。

市民社会和国家的分离是近代欧洲的产物。在中世纪晚期，随着工商业的发展，封建君主专制向制度化政体转变，城市共同体获得了独立，这种自治城市不仅是近代市民社会的发源地，同时也是工商业特别是商业发展的产物，经济在这里发挥了关键作用。因此，18 世纪的重农主义者，尤其是亚当·斯密，把社会的同一性归结为一种受"看不见的手"支配的经济的发展。而伴随工商业发展的政治制度的转变又为私人领域的独立存在和工商业活动的自由发展提供了法律上和制度上的保障，同时市场经济作为一种自在领域也是制约国家权力最强大的力量。无疑，所有的一切都极大地促进了市民社会和政治国家的分离。

明确地坚持市民社会与国家的分离，强调市民社会系由非政治性社会组成的是黑格尔。但在他之前，已有不少理论家提出了一些颇有价值的观点。柯亨和阿拉托在《市民社会与政治理论》一书中对此做了概括。他们指出，洛克之后的法国伟大的启蒙思想家孟德斯鸠和伏尔泰明确地区分了政府和社会，强调社会乃是形式上平等、自由的个人权利的唯一源泉。随后的潘恩以及《独立宣言》和《人权与公民权宣言》的起草者主张天赋人权不可剥夺，它包括自由、财产、安全、追求幸福及反抗压迫等多种权利，政府成立的目的就是为了保障这些权利的实现，当政府的行为损害了这些基本人权时，人们就有权起来变更政府。英国学者弗格森、休谟、斯密虽然仍在文明社会意义上使用市民社会的概念，但他们将物质的文明化引入市民社会的概念中，使市民社会的概念具有了经济内容。德国的康德，特别是费希特则将国家和市民社会明确区分开来，并将社会理解为个人主义的和普遍性的术语。这些思想家显然是现代市民社会概念的理论先驱。① 尤其是潘恩，他明确区分了市民社会和国家，并指出了二者的对立。他认为，市民社会和国家是两个性质截然相反的东西，既有着不同的起源，又具有不一样的目的。正如

---

① 何增科：《市民社会概念的历史演变》，《中国社会科学》1994 年第 5 期，第71 页。

他在《常识》中所言："有些作者把社会和政府混为一谈，弄得它们彼此没有区别，甚或完全没有区别；而实际上它们不但不是一回事，而且有不同的起源。社会是由我们的欲望所产生的，政府是由我们的邪恶所产生的；前者使我们一体同心，从而积极地增进我们的幸福，后者制止我们的恶行，从而消极地增进我们的幸福。一个是鼓励交往，另一个是制造差别。前面的一个是奖励者，后面的一个是惩罚者。"① 可见，潘恩主要是从限制政府（国家）的权力出发对二者做出区分的。

黑格尔在吸收上述思想家的理论成果基础上，尤其是承继了康德、费希特以来德国哲学思辨传统和伦理国家思想，比较完整地、系统地提出了现代意义上的市民社会概念。黑格尔在《法哲学原理》中将市民社会定位于一种由私人社会领域及其外部保障构成的伦理实体，它的特点是每个人都以自身为目的，其他一切在他看来都是虚无。但是，如果他不同别人发生关系，他就不能达到他的全部目的，因此，其他人便成为特殊的人达到目的的手段。但是特殊目的通过同他人的关系就取得了普遍性的形式。由于特殊性必然以普遍性为其条件，所以整个市民社会是中介的基地。这个中介的载体就是制度。因此，在黑格尔这里，市民社会是提高到了普遍形态的精神实体，其中包括三个层次：劳动和需要的体系、司法、警察和同业公会。

首先，劳动和需要的体系。黑格尔认为，市民社会是一种精神的实体，但这种精神实体是有其物质基础的，这个基础就在于劳动和需要。黑格尔将需要分为自然需要、精神需要和把二者联系起来的社会需要。满足前两种需要的手段是劳动。对人来说，劳动既是一种实践活动，又是一种教育。在劳动中，劳动者适应了物质的性质，熟练地掌握技术控制自然物。更重要的是，劳动者同时适应别人的任性，在劳动中与他人相互协作，学会了解他人的需要。而且，黑格尔看到了劳动的分工使得劳动的成果既形成了社会的财富，又导致了等级的差别。黑格尔指出市民社会被分化成三个等

———————

① 《潘恩选集》，马清槐等译，商务印书馆1981年版，第3页。

级。第一个等级是农业等级，即领主和农民。这一等级的需要以防患于未然为目的。农业是自然的产业，这造成一系列的结果，即在这一等级那里，自然界所提供的是主要的，而本身的勤劳反而是次要的。这使得这一等级的特点是依靠自然的恩赐，具有逆来顺受的依赖心理。第二个等级是产业等级，即工业、商业资产阶级，包括当时的工人阶级。这一等级的特点是自己依靠自己，不依靠自然界。因此，这一等级最能代表市民社会。他们利己、逐利，但体现出主体性和自由。第三个等级是普遍等级，即官僚等级。他们以社会状态的普遍利益为其职业，因此，他们的活动除了普遍利益，不应该有任何特殊利益追求，他们的利益只能在服务于公共利益中得到满足。官僚机构的经济实体化是普遍等级的异化。在黑格尔看来，个人在等级中才能被联系起来，他们的思维活动、功绩和尊严只有在等级中才能发展起来，从而满足其社会需要。

其次，司法。黑格尔认为，市民社会是出于利己的目的而从事活动的，这种利己的活动如果没有节制，任其发展，势必导致道德沦丧，使社会处于瘫痪状态，因此，出于这些活动本身的需要就必须有一个自上而下的司法的调节。但是，黑格尔又认为，现代的司法是现实经济关系的产物，是在市民社会这样一个需要的体系基础上自下而上产生出来的。黑格尔把司法置于市民社会而不是国家，正是考虑到司法在经济关系、需要的体系中自有它深刻的基础。但在市民社会中，司法仍然只是一种抽象的普遍性，对这种法律来说，个人的福利仅仅是外在的，司法关心的并不是个人的福利，而是普遍形式上的正义，是对所有权和人身的侵害予以消除。但是，因为个人是完全交织在特殊性中的，他有权要求他的福利应该在这种普遍联系中得到增进。这就过渡到了黑格尔市民社会的第三个层次。

最后，警察和同业公会。在市民社会中，生产者与消费者、个人利益与普遍利益会产生冲突，二者的正确关系自然会在理性的狡黠机制中建立起来。但是为了平衡起见，需要进行一种凌驾于双方之上的、有意识的调整工作。公众权利不应受到欺骗，公共事务必须有人照料，公共工程必须有人兴建，等等。为此就需要警察和同业公会。警察的监督和照料，目的在于成为个人与普遍可能性之间的中介。警察必须负责照顾路灯、搭桥、监管日常必需品的价格和卫生保健等。可见，黑格尔的警察概念范围很宽泛，几乎涵盖了现代国家所有的社会公共事业。马克思曾经批评黑格尔把警察这个上层建筑错误地放置到市民社会中去，而黑格尔的良苦用心是借用这一环节，把市民社会与国家联结起来。

同业公会是将个人与国家、私人利益与普遍利益联结起来的中介。它在公共权力的监督下享有下列权利：照顾它本身的内部利益；接纳会员，但以他们的技能和政治等客观的特质为根据；关心所属成员，以防止其特殊偶然性，并负责给予教育培养。在黑格尔看来，如果说国家代表着普遍的利益，个人追求的是私人利益，那么同业公会维护的则是特殊的公共利益。而人作为同业公会的成员才能获得自己的尊严，因此，除家庭之外，同业公会是构成国家的基于市民社会的第二个伦理根源，它是培养伦理精神的环节，它不同于行会，而是合作社、新集体。但是，黑格尔认为，同业公会的伦理是有限的，警察也是如此，所以市民社会必须由国家来监管。黑格尔指出："同业公会必须处在国家这种上级监督之下，否则它会僵化，固步自封而衰退为可怜的行会制度。但是，自在自为的同业公会决不是封门的行会，它毋宁是孤立工商业人伦理化，这种工商业被提升到这样一个领域，在其中它获得了力量和尊严。"① 这样，市民社会的领域经由同业公会的环节过渡到了国家。

作为系统地提出现代市民社会理论的第一人，黑格尔基本上阐明了现代市民社会的主要特征。但是，由于黑格尔脱离了现实的土壤，直接从伦理精神的角度来考察市民社会，因此，他不可避免地把个人与社会、普遍利益与特殊利益统一于伦理性的国家理念之中。

马克思对黑格尔市民社会理论进行了批判的吸收。他认为市民社会是特殊的私人利益关系的总和，它包括了处在政治国家之外的

---

① 参见〔德〕黑格尔《法哲学原理》，范扬等译，商务印书馆1961年版，第251页。

社会生活的一切领域。他赞同黑格尔将国家与市民社会相分离并赋予市民社会以经济内涵，但与黑格尔不同的是，马克思通过对"需要的体系"的分析，指出个人的物质利益和需要居于首要的地位，其他利益和需要都是以它的满足为前提的，并在此基础上得出了市民社会决定国家的结论。但是，总的说来，在黑格尔、马克思那里，市民社会理论是指向商品、经济活动领域的。随后的学者也基本上沿袭了黑格尔和马克思关于市民社会概念的用法。

随着近代市民社会的逐渐独立，人的尊严开始从神向人自身回归，这可追溯至文艺复兴时期人性对神性的替代、理性对信仰的颠覆。这一时期，人本身获得了前所未有的关注，人的尊严、价值具体说来都是根源于人性的内在特征。如马尼蒂在《关于人的尊严与卓越》一文中，虽然仍然认为人是上帝创造的，但是人的尊严却要通过人在尘世的卓越的劳动成就及对待文明生活的严肃态度来体现。① 皮科·米朗多拉在其《论人的尊严》的演说中的重要观点是：任何动物的活动都受到它本性的限制，狗只能像狗那样生活，狮子也只能像狮子那样生活。可是人却相反，人没有强制自己应该如何生活的本性，人没有使自身受限制的本质，人只有从事活动时才成其为人，人是自己的主人。人类生存的条件就是消除限制他的条件，成为自身行为的结果。② 可见，皮科将人的尊严赋予了人所具有的不确定性的潜能。这种思想的深刻在于要从存在中寻找本质，从人的本性中寻找人的尊严的根基，从而得出人的尊严源于人所固有本性的结论。这种将人的尊严还给人本身的思想通过启蒙运动得到了加强，人的尊严观念的内在特征也得到了进一步展示。

到了启蒙时期，随着市民社会与国家的分离，人的尊严的思想渐渐与人的权利连接起来。洛克在建构他的政治理论时谈到人天生就具有平等的包括生命权、自由权和财产权在内的自然权利，这种自然权利是不可转让、不可剥夺的。这里赋予了人的尊严以人权规范的意蕴。之后的康德，以人类都是道德的造物，都能够成为自己

----

① 参见［意大利］加林《意大利人文主义》，李玉成译，生活·读书·新知三联书店1998年版，第58—59页。

② 同上书，第102页。

的道德立法者为出发点，将人的尊严建立在个人的自律、自主与自治的基础上，这预设了人类原则上具有足够的自由去制定法则，并且有足够的理性让他们知道，他们不能自己想要什么法则就制定什么法则。自由和理性的个人将明白，其他个人就像他们自己一样，因此，人绝对不能把自己或他人仅仅当作手段，而始终应该当作自由的理性的造物，当作目的。明乎此，个体的人在理解自己的行为时会自觉意识到好的行动是那些不损害自己的道德自主和他人的道德自主的行动。这样，在康德那里，尊严不仅仅是一种道德成就，而且是一种被保护的权利。这为人的尊严从近代的理念转变为现代的对人的权利的保障埋下了伏笔。在黑格尔那里，人的尊严只有在市民社会中的同业公会里才能体现出来并获得保障本身说明，现代意义上人的尊严观念已经确立，并且是以市民社会独立于国家为前提的。表现在实践中，作为对理论的回应，虽然德国近代史上第一次因市民革命而产生的宪法最终没有生效，但 1849 年 3 月通过的《德意志宪法》（也称作《圣保罗教堂宪法》）已将人的尊严提到了应有的高度。其中写道："一个自由的民族自身在对待罪犯时，也必须尊重人的尊严。"①

二　市民社会是实现宪制伦理的世俗基础

如前所述，宪制伦理的最高价值在于人的尊严的保障。然而人的尊严的实现不能在抽象的理论中，而是在现实的宪制展开的时空之中。在宪制伦理的国家维度，人权及人民主权的统一及其基础的形成是以国家的存在为前提的。在社会维度的考察中，可以把市民社会看作实现宪制伦理的现实基础。因为，没有一个拥有公民自决权的私人活动领域和非官方的公共领域，没有一个制约政府的社会权利以及多元化的利益表达，公民的各种人权就不可能获得保障，

---

① ［德］尤尔根·哈贝马斯：《人的尊严的观念和现实主义的人权乌托邦》，《哲学分析》2010 年第 3 期，第 2 页。

更不用说保障人的尊严。

（一）传统市民社会对实现宪制伦理的基础保障

市民社会与国家的分离，是人的尊严得以确立的基础。这不仅是因为市民社会的产生是作为宪制伦理价值追求的人的尊严保障的历史起点，也是其逻辑起点。市民社会作为宪制伦理的世俗基础，历史和逻辑是高度统一的。通过历史沿革的考察可以看到人的尊严的观念是在近代市民社会充分发展的基础上凸显并发展起来的。

宪制国家的基础是在城市市民社会基础上发展起来的公民，那么，宪制伦理的基础，即人的尊严获得保障应依赖于两个方面：一方面就是国家的宪法制度，表现为公民人权的保障；另一方面是市民社会对国家的制约。宪制是以宪法为基础的政治，它要求政府在行使任何权力的过程中都必须以宪法为依据并受宪法的制约，其最终目的是建构一种人的尊严和价值得以实现的政治生活，即人的尊严是宪制是否具有正当性的价值判断基点，由此可以说，人的尊严的主张是针对国家而言的，它要求国家的行为必须建立在此基础之上，否则它将丧失存在的正当性与合法性。所以，人的尊严作为宪制伦理的道德基础，其目的是要约束国家权力的恣意与专横，而保障个人的基本权利。在德国宪法中人的尊严更倾向于属于"基本权利体系之出发点"，或是"最上位之宪法原则"，被看作是最主要的基本权利，是基本权利整体的基准点，是规范中的规范、基本权利中的基本权利。因为大多数基本权利实现的目的，就在于使人的尊严获得保护与尊重。[①] 宪制国家通过宪法对人权的保护的终极目标是实现人的尊严的保障。

1. 人的尊严的观念是在市民社会与政治国家逻辑互动的基础上建构起来的

人的尊严强调的是个体的尊严，任何组织和个人都不能以人类整体的尊严剥夺个人的尊严，因此，人的尊严的理念是以个人为基

---

① 参见强治斌、董保城《宪法新论》，台湾元照出版有限公司 2004 年版，第56 页。

础，并确信个人的价值高于国家的价值，每个人都应该保留不受国家支配的独立的私人领域，以此作为理性的个人自主性原则。可见，人的尊严的主体基础是个体本位。历史证明，市民社会的发育成长及其与国家的分立，奠定了西方社会人的尊严观念的深层基础。进一步深入分析可以看到，人的尊严是在市民社会与政治国家逻辑互动的基础上建立起来的，是在"市民社会决定国家"的基础上的市民社会与国家的"复合"与"分离"的逻辑互动，使得处于基础地位的市民社会始终构成现代意义上的人的尊严观念的前提与逻辑起点。市民社会与政治国家的不同关系决定着人的尊严观念的不同。在古希腊，市民社会基本上等同于城邦政治国家，这决定了那时的人的尊严主要限于能参加城邦政治生活的公民，而不包括自由人与奴隶。所以，古希腊的人的尊严是不完全的。在漫长的中世纪社会里，市民社会长期湮没在政治国家之中，而且，神权居于统治地位，人成了上帝的奴仆，"个人"这个词在那时是不存在的。虽然，基督教所宣扬的在上帝面前人人平等思想赋予了人的尊严以个体性，但那时的人的尊严是被归于上帝这一外在渊源的。随着近代以来市民社会的逐步强大，以及渐渐与国家分离，现代意义上人的尊严的观念才建立起来。因为人的尊严的主体基础，即"个体本位"取向是伴随着市场经济而不断壮大起来的市民阶级的成熟而形成的。市民阶级随着市场经济的发展逐步摆脱了封建主义的人身依附而获得了自由，并在政治参与、沟通与政治诉求的实践过程中，逐渐打破了传统的国家本位或社会本位取向，构成了个体本位取向。由此可见，只有市民社会从国家中独立出来，人的尊严的观念才能真正建立。

2. 保障人的尊严的宪制伦理理念根植于市民社会的人格平等观念

资本主义的经济发展使个人的独立性成长起来。在前资本主义时期没有人的独立性，因为私人领域大都湮没在国家之中，表现为政治属性。随着市民阶层的崛起和资本主义经济的发展，人身依附关系开始松动，个人渐渐具有了独立性。随着市民社会与国家的分离，个人具有与他人平等的人格观念得到了确立。早期资本主义自由经济强调个人绝对所有权、经济个人主义和市场契约，这些是市民社会成员从事一切活动的必备条件和前提，而这些前提和条件既是以市民社会各个成员具有平等人格为预设，又实际地促成了成员的人格平等。正如马克思所说的那样，市民阶级在它进一步的发展中，注定成为现代平等要求的代表者，它们要求推翻那些使人成为受屈辱、被奴役、被遗弃和被蔑视的东西的一切关系，要求把人变成自由和平等的人。平等观念已经成为现代市民社会的本质。保障人的尊严强调的是保障每个人的尊严，即人的尊严面前，人人绝对平等。每个人生来都是平等的，不分种族、性别、容貌和智商等，必须受平等的尊敬与对待。这是宪法的价值追求，也是宪制的伦理理念所蕴含的核心要素，它是伴随着人的生命的诞生而存在的，是人类固有价值、本质和人之为人的根本。正是市民社会中个人人格的平等，构成了平等地保障每一个人的尊严的基础，才为现代的宪法制度提供了合法性。

3. 市民社会的自由理念是人的尊严内蕴的人乃自决自主的主体人的原动力

现代市民社会是从中世纪后期的自治城市发展而来，中世纪自治城市区别于封建领主城堡的根本特征就是存在自由，这时的自由虽是经济的自由，但是随着城市的普遍兴起及充分的发展，人们对自由的要求自然由经济领域转到政治和文化等观念领域，转到人本身。因此，资本主义自由理念的实质是人自身的自由。自由主义理念是现代资本主义市民社会得以成长和存在的基本条件。市民社会是外在于国家的具有相对自治性质的领域，现代市民社会中的人首先是一个具有个性自由的个人。人的尊严中最核心的内容是意志自主。人的意志是人的本质的一个重要方面，而意志的本质即是自由。意志自主是指人的精神和思想的自由，是自己决定自己，是人相对于万物而言的优越与尊严所在。在康德看来，人乃理性自决的主体，不可加以物化和客体化。如果人丧失了自决自主性，必将被物化或客体化，自然也将会失去尊严。因此，人的尊严的首要意涵在于承认每一个人均为自决自主的独立个体，任何人均享有同等自由决定其生活方式、未来与行为的权利。这与西方市民社会的自由主义理念是相符的。可见，正是市民社会中自由主义的理念构成了人作为自决自主的主体的原动力。

（二） 当代市民社会理论对实现宪制伦理的条件支撑

本来国家宪制的合法性就在于对人尊严的保障，然而，制度是人建立的，任何制度的运作都可能出现功能异化的问题，使得国家在保障公民权利的同时也会侵犯人的利益。当代市民社会作为社会文化领域，在制度上依赖于宪法对公民权利的保护，在形成机构上又依赖于公民日常的以理解、沟通和价值获得为目标的自主交往活动。这使得市民社会与国家始终保持着一种张力。正是这种张力才能促使宪制做到限制权力、保障权利，从而保障人的尊严。因此，现代意义上市民社会的形成及其与国家的分离，才奠定了人的尊严获得保障的社会基础，市民社会是保障人的尊严的载体。

然而，如前所述，随着人权范围的扩大及其合法性根据的变化，市民与政府的关系也发生了根本性变化。宪制初创时期，立宪主义者的重心在于如何限制政府的权力，防止其对市民社会的侵犯。随着19世纪社会趋向民主，重心又落在了政府之"中"的权利，市民权利的大部分内容都必须依靠政府的积极努力和干预才能实现。虽然宪制的目的仍然是限制和防范政府权力，但是政府干预获得了越来越多的合法性支持，这形成了哈贝马斯所说的晚期资本主义社会的"国家社会化"和"社会国家化"的过程，表现为垄断在经济领域中大规模地形成及国家福利政策的全方位推行，这使得过去的私人事务变成了现在的国家事务以及过去的国家事务也变成了现在的私人事务，其结果是国家和社会的界限模糊，国家极力对市民社会中各种自治团体和文化团体施加影响和统合，使之纳入国家的政治观念框架中。这样，国家与社会就由分离走向了融合，市民社会遭到破坏。由此，引起的当代市民社会的复兴成为现代社会关注的课题。

当代市民社会理论开始于葛兰西从文化意义上对市民社会的思考，他的理论学说开始呈现出市民社会与政治国家的统合趋势。葛兰西在《狱中札记》中指出，资本主义国家是市民社会和政治社会的统一体。如他所说："我们往往把国家和政府等同起来，而这种等同恰好是经济——团体形式的表现，也就是混淆市民社会和政治社会的新的表现，因为应该指出的是，国家的一般概念中有应该属于市民社会概念的某些成分（在这个意义上可以说：国家＝政治社会＋市民社会，换句话说，国家是披上了强制的甲胄的领导权）。"①在葛兰西那里，政治社会与市民社会以不同的权力形式行使国家的统治职能，前者实施的是直接的强制性权力，后者实施的是基于民众同意之上的意识形态和文化的领导权。这两部分构成了上层建筑的两大领域："目前我们所能做的是确定上层建筑的两个主要的层面：一个可以称作'市民社会'，即通常被称作'民间的'社会组织的集合体；另一个可称作'政治社会'或'国家'。一方面，这两个层面在统治集团通过社会而执行'领导权'职能时是一致的；另一方面，统治集团的'直接统治'或命令是通过国家和'司法的'政府来执行的。"②显然，葛兰西的用语不是很规范和统一，这里的国家是狭义的国家，它只是上层建筑的一个组成部分；而前一段论述中的国家是广义的国家，它等同于上层建筑。无论怎样，可以肯定的是，葛兰西的市民社会不再单纯代表传统的经济活动领域，而主要是伦理文化和意识形态领域，它既包括政党、工会、学校、教会等民间社会组织所代表的社会舆论领域，也包括报纸、杂志、新闻媒介、学术团体等所代表的意识形态领域。

当然，葛兰西的市民社会概念不是凭空而来的，他显然受到黑格尔的影响。黑格尔的市民社会领域包括同业公会，而产业等级中依据特殊技能而形成的团体只有通过同业公会才能实现特殊性与普遍性的具体统一。这样，黑格尔就通过同业公会将伦理和精神的因素赋予了市民社会体系。葛兰西将市民社会界定为以精神生活、文化生活为主的各种民间组织显然是受到了黑格尔市民社会概念特别是同业公会概念的影响。同时葛兰西批判和纠正了马克思之后的两种错误观点：一种是将市民社会完全等同于经济领域，导致经济决

①　［意大利］葛兰西：《狱中札记》，曹雷雨等译，人民出版社 1983 年版，第222 页。

②　同上书，第 12 页。

定论；另一种是将国家等同于强制性暴力机关，导致"暴力国家"论。葛兰西在反对上述两种观点的基础上指出，作为政治社会和市民社会统一体的国家具有两重本质：强力+同意，即西方的现代国家一方面保持着政治强权，另一方面又组织着社会同意的文化领导权。

葛兰西的市民社会思想在20世纪30年代没有产生很大的影响，但是历史的随后发展证明了葛兰西的预言，并且后继的思想家沿着葛兰西开创的文化批判路径，使当代的市民社会的理论研究达到了新的高度。

当代的市民社会研究针对的是晚期资本主义，面对晚期资本主义的矛盾，人们将探索的目光转回到葛兰西市民社会理论，并沿着他的思路做了进一步的研究。法兰克福学派的霍克海默与阿多诺以"文化工业论"对资本主义社会的文化和意识形态进行了批判；帕森斯通过对资本主义从自由向垄断过渡的过程中，市民社会的性质和职能以及它与国家的关系所发生的变化的分析，研究了市民社会中的社会子系统和文化子系统的运行机制和功能；柯亨和阿拉托等人干脆提出用国家—经济—市民社会三分法来代替国家—市民社会的二分法，认为经济领域应该从市民社会中分离出去，而市民社会主要应该由社会和文化领域构成，其功能也主要应该是社会整合功能以及文化传播与再生产功能。哈贝马斯博采众长，成为当代对市民社会理论贡献最大的人。

哈贝马斯对市民社会的探讨大致分为两个阶段。第一个阶段主要是从历史与逻辑的角度分析市民社会特别是公共领域的发展演变过程及其后果。第二个阶段主要是从"交往行为"入手，将市民社会奠基在"理想生活世界"的建构之上。

哈贝马斯第一阶段的市民社会概念是建立在国家与市民社会相分离的基础之上，并通过资产阶级公共领域的形成、结构以及功能问题而展开讨论的。哈贝马斯将整个社会结构分为两大部分，一部分是以国家的身份而存在的公共权力领域，另一部分是私人自治领域，即独立于国家的市民社会，它包括经济领域和公共领域。其中，经济领域是指由市场对生产过程加以调节的经济子系统；公共领域则是由各种非官方的组织或机构构成的一个社会文化体系。"这样的组织包括教会、文化团体和学会，还包括了独立的传媒、运动和娱乐协会、辩论俱乐部、市民论坛和市民协会，此外还包括职业团体、政治党派、工会和其他组织等。"① 可见，在哈贝马斯那里，公共领域是社会成员以公民身份介入政治生活的场所和民主的公共论坛，在这里，理智的辩论占据主导地位。哈贝马斯认为，公共领域是十七八世纪随着市场的扩张和个人从封建桎梏下解放带来的资产阶级政治意识的觉醒而形成的，具有连接国家与市民社会的功能的公众性领域。"资产阶级公共领域首先可以理解为一个由私人集合而成的公众的领域；但私人随即就要求这一受上层控制的公共领域反对公共权力机关自身，以便就基本上已经属于私人，但仍然具有公共性质的商品交换和社会劳动领域中的一般交换规则等问题同公共权力机关展开讨论。这种政治讨论手段，即公开批判（das oeffentliche raesonnement）的确是史无前例，前所未有。"② 从这段论述中可以看出，公共领域是市民社会中与政治国家发生关系的部分，亦即公共参与的部分，它在一定程度上进入国家公共权力机关，从而得以与之展开讨论、辩论乃至批判，因此公共领域成了市民社会派出的"全权代表"。而且，这不仅丝毫不减损它的私人属性和批判力度，而且是对此的维护。③

随着资本主义的发展，哈贝马斯的市民社会概念也发生了变化。他第二阶段的市民社会则指有别于经济和国家系统的特定社会领域。因为，在晚期资本主义中，由于"国家社会化"和"社会国家化"，使得一方面政治权力覆盖到私人经济领域之上，另一方面私人经济活动也要求获得政治权力，这样一来，政治权力领域与私人经济领域合而为一，国家与社会也由分离走向融合。这时公共领域一方面受到商业化原则的侵蚀，使得大众文化变得低级庸俗；另

① ［德］哈贝马斯：《公共领域的结构转型》，曹卫东等译，学林出版社 1999 年版，第 29 页。

② 同上书，第 32 页。

③ 参见李佃来《哈贝马斯市民社会理论探讨》，《哲学研究》2004 年第 6 期，第 61 页。

一方面，技术统治论意识的扩张压制了公共领域的自由讨论，使得国家权力日益膨胀，公共领域面临崩溃。哈贝马斯面对资本主义的实际状况，引入交往范式，将市民社会的概念建立在系统和生活世界的二元社会观基础上。哈贝马斯通过对晚期资本主义社会的分析认为，整个社会体系由政治体系、经济体系和社会体系构成，但是，其中的政治体系和经济体系结为一体，构成了力量强大的系统，而社会文化体系则构成了生活世界，成为系统的批判力量。这里的市民社会就相当于生活世界。但是，两个概念的侧重点不同。生活世界侧重于功能分析，它包括文化、社会和个性三部分。文化是传统的自我解释和反思系统，社会是规范调节的社会关系的总和，个性承担着社会化功能。① 市民社会侧重于社会组织，指各种自愿性的社会团体，是经济和国家的功能行为系统之外的交往行为的自主领域。"今天称为'市民社会'的……是一些非政府的、非经济的联系和自愿联合，它们使公共领域的交往结构扎根于生活世界的社会成分之中。组成市民社会的是那些或多或少自发地出现的社团、组织和运动，它们对私人生活领域中形成共鸣的那些问题加以感受、选择、浓缩，并经过放大以后引入公共领域。旨在讨论并解决公众普遍关切的问题的那些商谈，需要在有组织公共领域的框架中加以建制化而实现这种建制化的那些联合体，就构成了市民社会的核心。"② 可见，哈贝马斯第二阶段的市民社会已经不包括第一阶段的私人经济领域，是纯粹的社会文化体系，是非政治和非经济的公共领域。它是以语言为媒介的话语交往织构的空间。

哈贝马斯将社会划分为两大领域：系统和生活世界。这两个世界遵循的是不同的逻辑。系统世界是由金钱和权力驾驭的，生活世界是由语言媒介调节的。前者根植于科层制的官僚机构和经济组织中，后者扎根于相互理解的交往活动。哈贝马斯认为，现代社会系统和生活世界的分离是正常的，而且市场经济和科层化的国家对维

---

① 参见［德］哈贝马斯《交往行为理论》第 2 卷，洪佩郁等译，重庆出版社 1994年版，第 189 页。

② ［德］哈贝马斯：《在事实与规范之间——关于法律和民主法治国的商谈理论》，童世骏译，生活·读书·新知三联书店 2003 年版，第 453—454 页。

持现代生活高水平的物质生活是必要的制度支撑，是生活世界不可替代的。因此，哈贝马斯认为，不是系统和生活世界的分离导致了现代社会的问题，而是系统世界对生活世界的侵蚀，即追求金钱和权力的行为取代了以相互理解为目的的交往行为造成的"生活世界的殖民化"导致了现代社会问题。因此，抵御政治和经济体系的工具理性，重建生活世界的交往理性，就成为修复理想市民社会结构的必要前提。

但是，市民社会与政治国家都存在着两重性。市民社会在使个体摆脱封建专制和现代全能国家的束缚，并肯定个人的自由、价值与尊严的同时，也存在着负面功能，这种功能就内在于市民社会对个人权利及自主性的张扬之中。市民社会作为以单个人为主体的私人领域，奉行个人利益最大化原则，在市民社会中，"人作为私人进行活动，把别人看做工具，把自己也降为工具"①。黑格尔也认为，市民社会一旦摆脱了政治国家的桎梏，就迅速地扩张和发展起来而成为个人私利的战场，成为各种彼此冲突着的利益涌动、角逐的舞台。可见，市民社会自行运作的结果必然导致贫富强弱的两极分化、阶级阶层的对立，甚至社会动荡，从而丧失了对个人权利的保障，更谈不上对人的尊严的维护。政治国家的两重性表现在，一方面它可在限制自身权力的基础上促进全社会的公共利益，通过国家法律制度和福利政策保护个人及弱势群体，减少两极分化，维护社会稳定，部分消解市民社会的负面功能。另一方面，当政治国家的公共权力没有受到必要的限制，它就不可能按照人们主观设计的良好愿望运转，它必然成为某特定阶级或阶层的维护者而压制其他阶级或阶层，甚至使市民社会丧失独立性而成为侵犯个人权利、吞没个人利益的"怪兽"。可见，不受限制的政治国家和失去控制的市民社会都会走向自己的反面。因此，要真正地保障人的尊严，就要处理好市民社会与国家的互动关系。

政治国家与市民社会的良性互动体现为市民社会的多元权利对国家权力的分享和制衡以及国家完善的法律制度对市民社会进行管

---

① 《马克思恩格斯全集》第 1 卷，人民出版社 1956 年版，第 428 页。

理、协调和仲裁。首先，市民社会的多元权利可以与国家权力相对抗，消解政治国家的负面功能。这是保障个人权利和尊严的有效途径。近代市民社会的兴起及其运动，就是以反抗专断权力，主张人的自由和权利为目标的。在市民社会获得独立的背景下，传统的国家集权就被消解为广大市民所自主享有的自由、平等等权利，传统权力和特权被分散在每日忙忙碌碌并精于计算和斤斤计较的、遍布于全社会的"经济人"身上，进而造就了一个庞大的追求教育、自治权、个人自由、财产权、法治和参与政府事务，因而成为民主理想和制度的天然盟友的中产阶级。这就大大消减了专断权力赖以存在的基础，① 形成了市民社会的多元权利对国家权力的分割与制衡，从而消减由权力的专断带来的负面效应。其次，国家要确立完善的法律制度对市民社会进行管理，协调和仲裁市民社会自身所无力解决的矛盾和冲突，克服其消极性。市民社会的首要特征是利益分化，并奉行利己主义原则，而这不仅必然加剧市民社会中单个个体之间的利益冲突，而且也导致了市民社会与国家的对立状态。市民社会另一特征是群体之间意识形态各异，彼此冲突而不相容。这样一来，日益脱离政治国家的市民社会不仅没有真正地保障个人的权利和尊严，还带来了严重的社会道德危机和主体的意义危机及一系列的负面效应。可见，市民社会的盲目性、过分理性化等缺陷急需政治国家在法律制度上的规范、经济上的宏观调控、社会生活中的政府规制等适度干预，使市民社会中的多元利益表达有条不紊地进入国家机器系统，在市民社会与国家之间形成良性的互动关系。针对这一问题，罗尔斯提出了"重叠共识"（overlapping consensus）理论，即理想的政府应该促使市民群体在各种形而上的、理性的宗教、哲学和道德学说之前，就政治的正义观念达成一定的共识。② 罗尔斯认为，最低层次的共识是以"宽容"为核心的"权宜之计"（modus vivendi）；中等程度的共识是以"宪法"为核心的"宪法共识"（constitutional consensus）。宪法的实质内容有两类：一是规定

① 参见马长山《国家、市民社会与法治》，商务印书馆 2002 年版，第 158—159 页。

② John Rawls, *Political Liberalism*, New York: Columbia University Press, 1996, p. 15.

了市民或公民的基本权利和义务；二是为立宪民主政体确定了基本原则和程序。前者为所有公民的基本权利和自由提供可靠的保障，后者为政府的运作和更替提供保障。这是当前绝大部分民主国家宪制实质所在。但是，在罗尔斯看来，这种境界还是远远不够的，应该向更高的目标——"重叠共识"而努力。因为宪法共识是关于宪法实质问题的共识，而不是关于基本正义问题的共识。宪法共识只是罗尔斯第一个正义原则的共识，而不是第二个正义原则的共识。无论就深度、广度还是具体性上，"重叠共识"都更进了一步。总之，这种良性互动是二者双向的适度制衡关系，是相辅相成、很难截然分开的。而这首先依赖于成熟、健康的市民社会的重建，按照哈贝马斯的话来说，就是重建"非政治化的公共领域"，使社会文化系统摆脱政治化和商业化影响而获得独立发展。

三　人的解放：宪制伦理的社会意蕴

人的尊严是社会性的价值要求和尊重要求，但不能仅仅理解为人类已经有的或已经是的东西，而更应理解为必须被获得的东西，是人类固有的价值、本质，人之为人的根本。尊重和保护人的尊严既是国家义不容辞的责任，也是市民社会存在的价值基点。市民社会应使国家致力于保护每个人的尊严不受国家公权力及国家以外因素的侵扰，并催生每个人能有尊严地生存、发展所需要的基本条件，让每个人在追求社会的公平、正义及人类幸福的前提下能有尊严地发挥每个人的潜能，贡献社会，服务社会。所以，人的尊严的主张不仅关心人的生物性存在，如吃、住、行等具体的、有限的事物的初级关怀，而且要求更进一步关注人的生存面貌与价值，即超出动物水平的具有无限性和终极性的精神上的关怀。因此，人的尊严和价值的实现，是人的各种本质力量的全面发挥，是人之生存所内在的终极关怀的理性表达。终极关怀是人对自己存在意义的探寻，它既是对人的生存命运的根本性关怀，也是全面性关怀，是为人类最终获得全面自由的发展和彻底解放给予的最高关怀。因此，在这个意义上可以说，保障人的尊严的社会意蕴或其在社会维度的体现就是人的解放。

（一）人的解放的几种形态

人的解放问题是人类所共同关注的问题，更是近代以来思想家们探讨的主题。"解放"一词与"进步"、"革命"、"发展"等概念一道成为一个反映和表达现代人历史意识的核心概念。[①] 阿伦特曾认为，解放具有两方面的含义，一是指从暴政中获得解放，二是指从必然性枷锁下获得解放。[②] 结合这两种含义，解放的意涵可看作是把人从"人"和"物"的强制中解脱出来，从而为人实现充分的自治自主开辟道路。当然，这种意义上的解放应是一个典型的现代意义上的概念。但是，人的解放是人类自古以来就十分关注的问题，统观历史，有关人的解放的思想可以概括为三种形态：神学解放、政治解放和人类解放。

1. 神学解放

神学解放的形态伊始于人类童年对宗教的投靠。那时人们面对强大的自然，除了本能的求生欲望和听天由命外，几乎不知所措。置于大自然的威力与生存欲望之下，人类祖先在惊恐、畏惧与憧憬中，渴求摆脱大自然的奴役，使自己有所发展。于是，人的解放问题便以宗教的表达方式被提及。宗教的出现暗示着人可以通过上帝求得人的生存和兴盛以及自我的实现。

宗教虽然反映了人的懦弱和浅薄，但它的积极意义在于向人提出了人的解放的基本问题：人是什么？人能够和将会成为什么？人如何获得解放？显然，宗教神学在深层的意义上表达了对人的终极关怀的诉求。正因为如此，尽管基督教在历史上屡次陷入危机，但神学解放的思想历久不衰。兴起于 20 世纪 60 年代的德国神学家莫尔特曼就以其所创立的"十字架解放神学"闻名于世。他从一开始就重视在世界上存在着苦难与邪恶的情况下，上帝还是不是公义的

---

① 参见贺来《边界意识和人的解放》，上海人民出版社 2007 年版，第 1 页。
② 参见［美］阿伦特《论革命》，陈周旺译，译林出版社 2007 年版，第 62 页。

问题。二战战俘营的生活使他领悟到神学的危机还有更深的社会层面的根源。他认为，奥斯威辛之后的上帝不再是战无不胜的，这促使他把关注的目光投向基督受难的十字架。十字架要求一种同受害者或受难者结为一体的政治实践，它要求对导致苦难的非正义和"被上帝抛弃"提出实际的、具体的答案。在这里，上帝是与不信神的、被上帝遗弃者相结合的，而神学的具体基础不再是宇宙本体论，也不是宗教经验的现象学，而是政治与社会的实践。① 莫尔特曼具体探讨了十字架神学的当代意义，使之更凸显人的解放的社会批判功效。他指出，路德虽然发展了十字架神学，但并未将其作为社会批判来系统地阐述，而且，历史上的基督论也未曾切实关注基督教信仰对现实和未来的意义。在他看来，今天的十字架神学要发挥社会批判功效，就要把国家从崇拜政治偶像的迷信中解放出来，这一解放是跟民主进程相一致的，因为民主的真正本质是偶像的破灭。十字架神学还必须把人从政治异化与丧失权利的悲惨境地中解放出来，高扬十字架上的基督，打破政治支配的关系。② 可见，在莫尔特曼那里，人的解放不仅包括宗教偶像的破除，也包括政治偶像的破除。

莫尔特曼是出生于德国的新教神学家，但他的思想却对其他的传统和运动产生了不小的影响。在他影响下发展起来的以秘鲁的神学家古铁雷斯为代表的拉美解放神学就是其中之一。众所周知，传统的基督教神学主要代表了白人中产阶级的利益，而古铁雷斯的解放神学作为一种社会思潮是拉美社会贫困现实的产物。它是一种来自底层的神学，它关心的是受剥削、受压迫的穷人。在天主教传统中，一般把守贫、节欲视为美德，而古铁雷斯不但不把贫困看作美德，而且要求穷人摆脱受剥削、受压迫的贫困状态。他运用社会科学理论，特别是马克思主义对拉美贫困的现实进行神学反思，强调穷人解放的实践。在他看来，解放有三个不同层次：第一，人从经济、政治、社会层面即从剥削、压迫下解放；第二，人在历史中的

---

① 参见安希孟《受苦的上帝与人的解放》，《世界宗教研究》1996 年第 3 期，第 102—105 页。

② 参见翁绍军《十字架神学与人的解放》，《读书》1997 年第 8 期，第 40—41 页。

解放，使人成为自己命运的主人；第三，人从罪中解放，使人与上帝契合。他认为，这三个不同层次的解放是有机地结合在一起的。①受马克思的影响，他将解放的道路诉诸阶级斗争，但是基督徒的出身，使得他的着眼点仍然是基督教普遍的爱。他说自己并不憎恨压迫者，普遍的爱包括被压迫者把压迫者从他们的异化、野心和自我中心主义中解脱出来，从不人道的环境中解放出来。除了古铁雷斯，对解放神学理论做出重要贡献的还有拉美其他国家的一些神学家和哲学家，如乌拉圭的胡安·塞贡多、阿根廷的恩里克·杜塞尔等。从以上分析可以看到，解放神学虽然一直给上帝留下位置，但是，它诉求的始终是人的终极关怀，而且它同传统神学不同的地方表现在，它关注人的现世生活状况，并且强调人在尘世解放的可能。正因为如此，解放神学在人的解放理论中始终占有一席之地。

2. 政治解放

政治解放是指人从宗教及传统政治暴力下的解放。对此，马克思的论述比较有代表性。马克思曾指出："政治解放同时也是人民所排斥的那种国家制度即专制权力所依靠的旧社会的解体。政治革命是市民社会的革命。旧社会的性质是什么呢？一句话：封建主义。"②可见，在马克思看来，政治解放既是反对封建专制制度的政治革命，也是市民社会从政治国家解放出来的社会革命。"政治革命消灭了市民社会的政治性质。它把市民社会分割为简单的组成部分：一方面是个体，另一方面是构成这些个体的生活内容和市民地位的物质要素和精神要素。它似乎是被分散、分解、溶化在封建社会各个死巷里的政治精神激发出来，把政治精神从这种分散状态中汇集起来，把它从与市民生活相混合的状态中解放出来，并把它构成为共同体、人民的普遍事务的领域，在观念上不依赖于市民社会的上述特殊要素。特定的生活活动和特定的生活地位降低到只具有个体意义。它们已经不再构成个体对国家整体的普遍关系。公

———————

① 参见杨煌《解放神学社会主义：历史、理论及特征》，《马克思主义研究》1998年第5期，第88页。

② 《马克思恩格斯全集》第1卷，人民出版社1956年版，第441页。

共事务本身反而成了每个个体的普遍事务，政治职能成了他的普遍职能。"①

政治解放本质上是市民社会从政治中获得解放。因为，政治解放的直接后果就是使社会生活发生了市民社会和政治国家的分离，从而消灭了市民社会的政治性质。它把人从领主、等级、行帮等在封建社会具有政治性质的组织中解放出来。马克思对政治解放的进步意义做了十分明确的肯定，认为政治解放把人从宗教以及封建专制制度中解放出来，粉碎了束缚市民社会自由主义精神的羁绊，人的自主性和人权得到了承认，人的尊严和价值得到了尊重。

马克思同时也看到了政治解放的局限。政治解放在国家政权层面上废除了出身、等级、文化程度、职业的差别，但却任凭私有财产、文化程度、职业按其固有的方式发挥作用，即是说在市民社会领域，这些差别还远远没有被废除，因此，可以说，政治解放只是使政治等级变成了社会等级。而且，在政治解放已完成的国家中，其市民社会中的人获得了前所未有的自主性，但是，人的自主性的增强却带来了人与人之间的疏离，社会成员的利己主义动机也会引起人和人的冲突。这些使人们在市民社会中又获得了新的类似宗教的异化，即人对物或财富的异化。如果说，从前的异化是人对人的异化，那么，现在的异化就是个人的自我异化。人仍然处在受奴役与束缚的状态之中。所以，马克思指出，政治解放还不是真正意义上的人的解放。

政治解放以驱逐上帝、摆脱人对人的压迫为己任，将其合法性奠基在理性的基础上，试图从理性启蒙中获得生活意义的根据。因此，从某种意义上可以说，政治解放其实是一种理性启蒙取向上的具有现代意义的解放。早在马克思之前，法国启蒙运动最杰出的代表人物之一孔多赛就在《人类精神进步史表纲要》一书中描绘了一幅人类按照理性法则，一步步摆脱束缚，获得解放，达到真正的成熟状态的动人"历史图表"。② 孔多赛所描述的历史乃是人类理性不

---

① 《马克思恩格斯全集》第 3 卷，人民出版社 2002 年版，第 187 页。
② 贺来：《边界意识和人的解放》，上海人民出版社 2007 年版，第 9 页。

断解放的历史，这个过程包括两个方面：一是从自然环境的束缚下解放出来，二是从历史的束缚之下解放出来。在这个过程中，理性逐渐成为一种统治一切的力量，人们通过理性不仅能够摆脱迷信和暴政，而且还能在理性的压力下学会识别和遏制迷信和暴政的最初萌芽，以防它们卷土重来。当这一时刻到来时，人类精神摆脱了所有的枷锁，摆脱了偶然性的王国，迈着坚定的步伐在真理、德性和幸福的大道上前进。人类从而恢复了自己天赋的权利和尊严，共同生活在一个由人的理性创造出来的天堂里。[①] 孔多赛所描述的上述乌托邦表达了近代以来的思想家对于人的解放的理解。在这一解放的乌托邦中，最核心的特质是一种特定的历史观念。按照这种历史观念，人类的历史发展是一种由先验的理性力量所主导和决定的不断进化的过程，理性支撑和推动着社会历史去"克服"和"超越"与理性的要求不相一致的障碍，并最终达到"理性统治世界"的至善结局。[②] 孔多赛的充满理性色彩的解放叙事是典型的现代性的解放逻辑，这种现代性的解放逻辑将人和社会政治的解放与哲学的思辨叙事结合起来，借助理性试图确立某种普遍性的价值标准来批判和超越自然和社会中的奴役和压迫，以一个解放的乌托邦前景的承诺使"人的解放"成了"解放的神话"。（利奥塔语）

事实表明，现代性的解放逻辑不仅没有如它所设计的那样把人引向它所憧憬的至善结局，而且相反使人堕落到了一种新的受奴役的野蛮状态。因此，20 世纪以来的著名思想家大多对现代性的解放逻辑及其内在悖论进行深入的反思。其实，正如我们所论述的，马克思早在他那个时代就已经清楚地洞察到了理性启蒙的政治解放所具有的局限和弊端。他通过对资本和雇佣劳动的深入分析，看到了摆脱了宗教和封建暴政的人们在市民社会中又获得了新的类似宗教的异化，即货币拜物教。货币拜物教的极端形式就是资本通过劳动的统治和占有而疯狂地追求着自身的增殖，催化着劳动的异己化，从而导致人的自我异化。因而可以说，马克思对政治解放的批判开

---

① 参见［法］孔多赛《人类精神进步史表纲要》，何兆武等译，生活·读书·新知三联书店 1998 年版，第 204—205 页。

② 参见贺来《边界意识与人的解放》，上海人民出版社 2007 年版，第 9—10 页。

了对现代性"解放逻辑"进行批判的先河。

3. 人类解放

马克思指出，政治解放瓦解了封建社会，将人从完全被剥夺了人权的政治暴政中解放出来，使市民社会获得独立，但是，人又陷入了对物的依赖的自我异化状态。而消除人的物的异化亦即人的自我异化的途径，就是使人获得彻底解放的"人类解放"。"摆脱自己以前发展的范围，直接从事于人类解放，为反对人类自我异化的极端实际表现而奋斗。"① 可见，人类解放是试图超越神学解放与政治解放的一种真正的人的解放，是人摆脱全部必然性的奴役与束缚的解放。

马克思的"人的解放"是当代意义上的解放。马克思正是在强调对政治解放本身进行批判的基础上提出人类解放的。他在批判鲍威尔把宗教的废除等同于人的解放时指出："只有对政治解放本身的批判，才是对犹太人问题的最终批判，也才能使这个问题真正变成'当代的普遍问题'。"② 这表明，在马克思那里，他的理论诉求不是停留在从"传统"解放为"现代"，而是要从"现代"中获得解放，是试图超越启蒙理性解放的内在悖论而提出的真正的人的解放。

沿着马克思的批判思路，20世纪以来的一些思想家对人的解放的论述，大体都属于"人类解放"这一具有现代意义的向度，他们是通过对人的生存状况的揭示和批判来探究人的解放。正如阿伦特所言："必须再来一次解放，与挣脱必然性枷锁的解放相比，最初摆脱暴政的解放，就像是小儿科。"③ 阿伦特的意思很明显，摆脱暴政的政治解放是必须被超越和批判的，而再来的一次解放就是人类解放。20世纪法兰克福学派通过技术理性批判而提出的人的解放的理论的基本路径是经过卢卡奇物化理论，并以物化理论为中介，进而继承了马克思异化理论的本质精神。

需要指出的是，马克思的异化理论在外显的层面上多表现为对

---

① 《马克思恩格斯全集》第1卷，人民出版社1956年版，第446页。
② 同上书，第423页。
③ ［美］阿伦特：《论革命》，陈周旺译，译林出版社2007年版，第62页。

现存的政治、经济、社会制度的批判，这显然与马克思生活的时代背景相关。19 世纪的人类社会所面临的主要问题是政治压迫和经济剥削所导致的人与人之间的阶级不平等和冲突，而市民社会中文化的、价值的危机尚未凸显出来。因此，马克思虽然明确地提出人的异化的扬弃和自由自觉的实践本质的复归是人的解放的核心，但是在现实层面他把这一问题转换为消除阶级压迫和经济剥削的问题，更多地诉诸通过财产占有状况的改变来解决货币拜物教问题。然而，也应该看到，马克思当时面临的问题是"被上帝放逐的人该往哪里去"，面对这样的时代问题，马克思早在他的博士论文中就已经奠定其关于人的解放的基调：没有作为上帝之城的超越性的彼岸，也没有作为尘世天国的人间天国，人没有也不能去崇拜除却自身的外物，而一切解放的开始和其所依靠的都只能是自身。① 可见，马克思将通向超越性彼岸的神的拯救变成了人对自己的拯救，而且这个人是现实的实践的人，即人的解放是人通过自己的现实的社会历史实践对自身异化的扬弃。

　　在马克思那里，对人的生存方式的关注是他的理论的本质精神。也正是在这个意义上，可以说 20 世纪法兰克福学派对人的解放的探究与马克思是一脉相承的。法兰克福学派的代表霍克海默和阿多诺曾经通过对技术理性的批判将人的解放的根本出路定位在反抗和超越技术理性等异化所形成的人的生存困境上。他们的批判更具当代性，直指启蒙理性。启蒙理性的核心是技术理性主义，它强调理性万能，用理性代替神话，知识代替想象，把人类从迷信和愚昧中解放出来。而启蒙的吊诡却是：理性没有增强人的自由和本质力量，启蒙的解放神话并没有让人进入真正合乎人性的状况，而是相反，启蒙退化为新的神话，人类堕落到了一种新的野蛮状态，陷入新的生存困境。所以，在 20 世纪的条件下，人的解放定位在通过对人的生存困境的揭示，寻找对人的异化的超越之路。如马尔库塞欲将价值整合到科学中来抗拒人的奴役的扩展；哈贝马斯试图用

---

① 朱亦一：《现实的个人：人类解放的现实性生成》，《中州学刊》2004 年第 2 期，第 142 页。

交往取代劳动的核心地位，确立交往行动的合理化；后现代的代表福柯针对现代人的生存境遇，通过对"一致"和"普遍"的批判，提出了局部斗争和现代生存美学作为人的解放的方案。

以上三种形态的解放反映了一个共同取向，即人类摆脱奴役，成为自由自决的主体。只是神学解放将其合法性诉诸上帝；政治解放则求助于理性，从理性启蒙中获得生活意义的根据；人类解放看到了神学解放与政治解放的不足，试图超越二者，找到新的出路。

（二）人的解放是宪制伦理社会维度的价值诉求

宪制伦理社会维度的价值诉求，是对于人的尊严体现的人的应有权利的保障，是对于人的解放的社会根基的市民社会公共理性的重建，是确保人的尊严神圣不可侵犯的目的的实现。

1. 保障人的应有权利

人权是人的尊严在国家维度的集中体现。但是，正如英国法学家米尔恩所认为的那样，人权的存在和维护是社会生活的必需，没有人权就没有起码的社会生活。因此，作为人的尊严的社会意蕴的人的解放在社会这一维度仍然具体体现为对每一位社会成员的人权的保障。这是与宪法的原则、宪制的精神相符合的。"宪法旨在维护具有尊严和价值的自我，因为自我被视为首要的价值"①，真正的宪制在于一种特定的精神上的追求，一种尊重与维护每个个体存在与发展的价值。因此，宪制的根本目标不仅是建构一种公民个人权利与自由最大限度得到实现的政治生活，而且还要建立一种人的尊严和价值得以实现的社会生活。

人的尊严的实现在国家维度和社会维度都体现为对人权的保障，但是，国家和社会对人权保障的层次是不同的。从现代人权角度看，人权的内容十分丰富，它可以从不同角度做多种分类。例如，从人权内容的不同性质看，可以分为人身权利、政治权利、经济权利、文化教育权利和社会权利等；从人权的不同主体看，可以

---

① ［美］卡尔·J.弗里德里希：《超验正义——宪政的宗教之维》，周勇等译，生活·读书·新知三联书店 1997 年版，第 15 页。

划分为个人权利、集体权利和民族权利；从人权的不同保障内容看，可以分为生命权、财产权和自由权等；而从人权的实现和存在形态角度进行区分，可分为应有权利、法定权利和实有权利。应有权利是指人应该享有的权利。从本来意义上讲，人权就是指人作为人应该享有的权利，法律规定的权利不过是人们运用法律这一工具使人的应有权利法律化、制度化，使其实现能得到最有效的保障，因此，法定权利是法制化了的人权。只有存在应有权利才能产生应不应当以及如何去保障它的问题。否认应有权利的存在，法定权利就成为无源之水、无本之木。所谓实有权利是指人们实际能够享有的权利。在一个国家里，法律对人的应有权利做出完备规定，并不等于说这个国家的人权状况就很好了。在法定权利与实有权利之间，往往有一个很大的距离。人的应有权利、法定权利和实有权利之间不是平行关系，而是层次关系，三者内容在很大一部分上是重叠的，但应有权利永远大于法定权利，法定权利永远大于实有权利，也正是在这种矛盾中，人权不断地得到实现。[1]

人的应有权利在法律没有给予确认和保障之前，在现实社会生活中是客观存在的。例如，在有的国家，妇女在法律上不具有与男子平等的权利，但这不等于说妇女就不应该享有与男子平等的权利，妇女的人权是存在的，只是没有得到法律的肯定。可见，人权首先是人之为人应该享有的权利，属于道德权利的范畴。人权的道德性表明，某个国家的法律没有规定的人权并不等于这些人权不存在。人权的许多内容是还没有受到法律确认的应有权利。人权的道德形态表明了人类对自由、平等、尊严的追求和向往，它是一种理想。理想是对现实的批判与规范。"人权的批判就是道德理想对社会现实的批判，是应有权利对实有权利的批判。从历史上看，尽管人与人之间的经济利益、政治倾向、宗教意识方面的某种程度的认同和与之相伴随的对现实的批判，从来都是社会制度的已成立和改进的前提和动力，但没有任何一种认同和批判比人权来得更深刻、更彻底，从而像人权概念那样对现存的社会制度提出如此高的要

---

[1]　参见李步云《论人权的三种存在形态》，《法学研究》1991 年第 4 期。

求，构成如此强的冲击。"① 因此，人的应有权利同时也是评价和规范现实法律和社会制度的一个道德标准。现实法律和社会制度不能是怎样就怎样，它必须本身具有合法性，这种合法性就是应该怎样、不应该怎样。一个具有合法性的政治秩序，应该始终贯彻人权原则，以保障人的发展和完善，从而促进社会的进步。然而人类历史并不像人们所期望的那样以人为起点和目的，是所谓人性的生长、实现或外化的过程。相反，人类历史是人经常被当作工具或手段而不是作为目的来对待的历史。所以，只有把保障人权作为社会发展的价值原则，并借助社会强制力来保证实行，才能创造出美好的社会制度，人的发展和完善这一崇高目标才能实现，从而有效地促进人类的进步。人权的道德性正是源于人的尊严，人要拥有生命权、财产权、健康权、诉权、自由权等的目的就是在于人要过一种有尊严的生活。杰克·唐纳德曾说："人们并不是为了生活而'需要'人权，而是为了一种有尊严的生活才'需要'人权。"② 人权通过强调人之作为人所应有的资格、利益、能力和自由来维护人之为人的尊严和价值，从而防止将人降为物的自我异化，而使人摆脱奴役和压迫，成为真正的人。无怪乎，在西方历史上，人权往往与"自由"、"解放"同义。③

马克思主义认为："任何一种解放都是把人的世界和人的关系还给人自己。"④ 作为宪制伦理体现的人的解放要不断促进政治、经济、社会和文化的发展，确保公民享有更加充分的政治权利、经济权利、社会权利和文化权利。马克思主义的解放观是一种人的全面解放观，无产阶级只有获得政治、经济、社会和文化的全面解放，才能获得彻底解放；这种解放是人的价值的实现、人的尊严的彰显，更是对于人的应有权利保障的不断逼近和肯定。

---

① 夏勇：《人权概念起源——权利的历史哲学》，中国社会科学出版社 2007 年版，第 183 页。

② ［美］唐纳德：《普通人权的理论与实践》，王浦劬等译，中国社会科学出版社 2001 年版，第 13 页。

③ 参见夏勇《人权概念起源》，中国社会科学出版社 2007 年版，第 158 页。

④ 《马克思恩格斯选集》第 1 卷，人民出版社 1956 年版，第 443 页。

2. 公共领域的衰退与公共理性的重建

如前所述，人的尊严的保障依赖于市民社会与国家的良性互动，而这必须以成熟的、健康的市民社会的重建为前提。市民社会的重建，按照哈贝马斯的话来说，就是重塑"非政治化的公共领域"，使社会文化系统摆脱政治化和商业化影响而获得独立发展，并在此基础上，重建公共理性。

（1）公共领域的衰退

公共领域作为一个源自西方的社会科学范畴，其内涵也经历了历史演变。在古希腊城邦中，家庭私人生活和公共政治生活之间是泾渭分明的。公共领域就是指以政治参与为核心内容的城邦政治生活领域。虽然当时能否进入公共领域受到私人财产的限制，但是那时的公共领域的确是展示个性的广阔空间，因此已经开始具有精神层面上的规范力量。中世纪的欧洲，由于实行庄园采邑制，公域和私域是不分的，可以说，欧洲封建社会基本上不存在公共领域。当时，主权的各种特征被称为是公共的，拥有权力的封建统治者是公共性的体现和代表，所以，如果说有公共领域的话，也是一种哈贝马斯所称的"代表性的公共领域"，因为，那时的公共领域仅仅是一种地位的标志。到了封建社会后期，"随着等级特权为封建领主特权所取代，代表型公共领域萎缩了，这就为另一个领域腾出了空间，这就是现代意义上的公共领域，即公共权力领域。公共权力具体表现为常设的管理机构和常备的军队；商品交换和信息交流中的永恒关系是一种具有连续性的国家行为"①。这里的公共权力领域是一种狭义的"公共"，它和国家是同义词。随着商品经济的发展和市民阶层的崛起，作为国家对应物的市民社会产生了，哈贝马斯所谓的资产阶级公共领域就是在此基础上形成的。"由于社会是作为国家的对立面而出现的，它一方面明确划定一片私人领域不受公共权力管辖，另一方面在生活过程中又跨越个人家庭的局限，关注公共事务，因此，那个永远受契约支配的领域将成为一个'批判'领

---

① ［德］哈贝马斯：《公共领域的结构转型》，曹卫东等译，学林出版社1999年版，第17页。

域，这也就是说它要求公众对它进行合理批判。"① 这种具有批判、监督功能的资产阶级公共领域产生于文学公共领域，文学公共领域是公开批判的练习场所，其机制体现为咖啡馆、沙龙以及宴会等。可见，哈贝马斯意义上的公共领域是相对于私人领域而言的，是介于公共权力领域和私人领域之间的空间。其实，广义的私人领域是包含公共领域的，后来狭义的私人领域为了与市民社会相区别，专指家庭的私人活动。与哈贝马斯的公共领域相对的私人领域包括狭义上的市民社会，即商品交换和社会劳动领域，家庭以及其中的私生活也包括其中。所以，在哈贝马斯那里，公共领域是指一个介于市民社会的私人领域与公共权力领域之间的并力图调整二者关系的中间地带，是一个向所有公民开放、由交往和对话组成的具有批判精神和监督功能的活动空间。其实，公共领域概念并非哈贝马斯首创，在此之前，熊彼特、布鲁纳和阿伦特等人都从不同角度研究过公共领域的问题，尤其是阿伦特的研究颇有特色和建树。哈贝马斯博采众长，是该理论的集大成者。

哈贝马斯通过对公共领域的起源、形成的论述指出，资产阶级公共领域是在国家和社会之间的张力场中发展起来的，但它本身一直是私人领域的一部分。可见，哈贝马斯将资产阶级公共领域存在的两个前提归结为国家与社会的二元对立以及公共领域与私人领域的分离，"其中，公共领域由汇聚成公众的私人所组成，他们将社会需求传达给国家，而本身就是私人领域的一部分"②。然而，从19世纪初开始，随着资本的集中和国家对社会的干预，开始出现了公共领域的政治化。19世纪末，随着具有政治功能的公共领域的机制化，公共权力开始介入私人交往，并把私人领域中间接产生出来的各种冲突调和起来，于是，使得无法继续在私人领域内部得到解决的利益冲突转向了政治层面，干预主义由此产生。二战后，随着西方福利国家福利政策的全面推进以及公民对福利国家干涉社会

---

① ［德］哈贝马斯：《公共领域的结构转型》，曹卫东等译，学林出版社 1999 年版，第 27 页。

② 同上书，第 201 页。

"认同化"的加强，使得国家与市民社会的利益渐趋吻合。"长此以往，国家干预社会领域，与此相应，公共权限也向私人组织转移。"这样，公共领域与私人领域也发生了重叠，同时，国家权力为社会权力所取代。"社会的国家化与国家的社会化是同步进行的，正是这一辩证关系破坏了资产阶级公共领域的基础，亦即，国家和社会的分离。从两者之间，同时也从两者内部，产生出一个重新政治化的社会领域，这一领域摆脱了'公'和'私'的区别。它也消解了私人领域中那一特定的部分，即自由主义公共领域，在这里，私人集合成为公众，管理私人交往中的共同事务。"①私人领域原本具有的批判和调节功能逐渐丧失，只剩下认同的功能了，资产阶级公共领域由"公众批判、监督政府的工具"转而成为"操纵和控制公众的工具"。正是在这个意义上，哈贝马斯认为，公共领域已经衰退。

对此，哈贝马斯从系统与生活世界关系角度也进行了分析，福利国家是政治合法化要求和资本积累的系统要求之间相互妥协的产物，它使得经济活动的规律进入生活世界，使生活世界越来越受到科层制现代组织原则的控制，从而使生活世界殖民化。科层制的现代组织原则本身并无过错，错在它跨越了国家和经济组织的界限而侵入了文化批判领域的生活世界，使得公共领域的原则变异为物化了的新的一致性原则。其实，这也是当下消费社会的物化逻辑所带来的文化后果。对此，哈贝马斯也通过对"从文化批判的公众到文化消费的公众"的批判有所触及，如他所说："市场规律控制着商品流通和社会劳动领域，如果它渗透到作为公众的私人所操纵的领域，那么，批判意识就会逐渐转化为消费观念。于是，公共交往便消解为形式相同的个人接受行为。"②人们不知不觉又陷入了新的奴役，这种奴役不再依靠物质暴力的强制，而是依靠消费大众自觉自愿对文化工业创造的消费时尚的跟随。

解放的前提是存在奴役和束缚，政治解放摆脱了封建统治，消

---

① ［德］哈贝马斯：《公共领域的结构转型》，曹卫东等译，学林出版社1999年版，第171页。

② 同上书，第188页。

灭了极权暴政带来的压迫，但是现代社会又使人陷入了新的奴役。当代思想家对人的解放的诉求虽然在具体途径上存在着差异，但他们都具有一个共同的目的，即希望人类摆脱新的奴役成为自由自决的主体。这是现代人不同于马克思时代的人类生存困境。消费社会之所以给人带来新的奴役是因为它所创造的物化逻辑对政治生活和社会生活的宰制，使人类迷失了生活的方向，成为丧失批判意识的、一致化了的、失去了独立个性的个人集合。

关于消费社会的特征和实质，鲍德里亚的论述具有代表性。在他看来，人们在消费社会中所消费的不仅是一个物质产品，而且是一个象征的符号，消费品构成了一个符号体系。大众传媒在消费社会中也扮演了极其重要的角色。消费品不再是人们需要的反映，它可以无休止地刺激人们的欲望，大众媒介作为一种诱惑工具，促成了消费的全面和深化，使消费范围无处不在，而且，人们消费的不是物的有用性，而是消费体现着自己的社会地位与身份的符号，或者说，消费符号成了身份建构的象征。在今天，凡是不能成为消费对象的东西，都不具有存在价值，"今天所有的欲望、计划、要求、所有的激情和所有的关系，都抽象化（或物质化）为符号和商品，以便被购买和消费"①。但是，我们知道，并不是所有的东西都可以还原为符号和商品，如果任由这种物化的逻辑无休止地发挥作用，那么，人的生命的一切丰富的因素，如真善美、自由、尊严等由于不能被物质化为符号和商品而失去了存在的意义。所以，令人担忧的不是人对物的迷恋，而是物对人的主宰使人在精神上的迷失，从而将人塑造成"单向度的人"（马尔库塞语）。正如鲍德里亚所说：消费社会也是进行消费培训，进行面向消费的社会驯化的社会。当大众传媒推波助澜，把消费当作人类的一种根本存在目的时，消费所起的作用必定是对人类精神的一种毁灭。"这个消费社会是一个没有精神的文化空场，是失却了灵魂的肉身们的盛宴。因此，对于已经来临或将要来临的消费社会来说，并非通过丰盛和消费，而是通过大众精神的迷狂，体现出这个特殊时代的精神特质。也就是

①　［法］鲍德里亚：《物体系》，林志明译，上海人民出版社2001年版，第224页。

说，比物品的丰盛和盲目的消费更为真实、更加难以抗拒的，是作为资本的逻辑体现的大众文化对社会生活的宰制。它直接导致了作为私人领域的市民社会的异化，造成了作为文化批判领域的公共领域的缩减与衰败。"①

（2）公共理性的重建

公共理性是存在于公共领域中的公共生活的价值规范基础。公共领域的衰退必然使在这一领域中形成的具有批判精神的公共理性被异化为大众的集体无意识。所以，公共领域和公共理性是贯穿在一起不能分离的相关性概念，公共领域是对现实社会空间的表达，公共理性是对存在于这一空间的思想理念的表述。其实体层面既是公众积极参与、广泛商讨、自由对话的平台，又是在此基础上形成公共理性的社会根基；其理念层面既是受价值原则支配的人的意义领域，又是建构公共生活意义和价值的寓所。公共领域是一个文化批判的空间，它既可以解构任何形式的权力话语对个人及社会生活的侵蚀，又可以使国家与社会、系统与生活世界保持着距离与张力，从而既提供了个人充分表达自己意愿的舞台，又培植了具有批判精神的公共理性。在这里，人们既能自我做主，又都把对方看作与自己真正平等的人，因此，人的主体性、自由、尊严才能获得最大限度的实现。因此，要使人摆脱奴役，获得解放，就必须阻止和抵御科层制的现代组织原则对人们生活世界的侵蚀以及消费社会的物化逻辑所体现的大众文化对社会生活的宰制。而阻止和抵御这种侵蚀和宰制的希望就在于将公共权力重新置于"持续的同意"的基础上，也就是由公众的意志参与和自由辩论来重塑已经被金钱和权力侵蚀的一个成熟的文化批判领域，即公共领域，并在此基础上恢复公众的批判的能力和权利以重建在异化了的市民社会中失落的公共理性。由此可见，公共领域的重塑和公共理性的重建是一个互动生成的过程。

许多当代西方思想家在重建公共理性方面做了有益的探索，提

---

① 参见王新生《消费大众的精神空场与公共理性的重建》，《求是学刊》2007年第2期，第23页。

出了一些具体的方法。例如，丹尼尔·贝尔试图建立一种"新宗教"，阿伦特有意恢复传统精神，吉登斯寄希望于一种"生活政治"，哈贝马斯致力于建构一个"理想的交往情境"等。他们都旨在使人摆脱异化，使人从盲从的消费大众成为自我做主的社会公众，所以，找到一个唯一的答案并不是目的，真正的目的是我们必须清楚，我们要重塑的公共领域是一个不同于生产劳动和市场交换的文化批判领域，因此，它不能受工具理性原则的支配。在这个领域里，人必须保留个性的丰富性，人的价值、尊严、自由不能被物质化，人不能毫无批判精神地成为失去独立个性的、单一化的大众。所以，重建公共理性的关键不是建立一个普遍性的价值尺度和价值标准，而是究竟以一种什么样的方式来建立。这需要我们转换思维方式，走出"主体性"思维范式，代之以"互主体"或"主体间性"的范式。

从"主体性"思维方式出发，公共生活中的人与人的关系必然是一种"主—客"二元对立的关系，那么，人便不能以一种平等的方式对待别人，而会将别人"客体化"、"物质化"使得人对人的控制成为必然，结果就是人人受奴役。哈贝马斯所钟情的"理想的交往情境"无论是不是一种乌托邦，他所提出的"主体间"思维范式都为公共生活的统一性及公共理性的重建提供了坚实的基础。"主体间"思维范式使他人维度凸显，使自我向他人敞开，使人在与他人交往中将他人也看作主体，正是这种对"他者"的尊重，才使人们的公共生活真正成为可能，也才是公共理性得以重建的通道。在公共生活中，人们只有通过"主体间"的交往，才能围绕着公共问题进行真正自由的、不受扭曲的交流、商谈和辩论，从而达成公共见解，形成公共理性。这种公共理性不是对个人特殊性的消解，而是通过合理的商谈对它的提升。换言之，这种公共理性是尊重差异、交互承认的公共生活的共识。因而，它不是独断的和强制的单一性，而是经由协商的通过肯定特殊性而达到的普遍性。

重建公共理性实际上就是追寻公共理性。人们的社会生活在任何时候都是不完美的，因而，它总是需要不断地被批判和超越。

"人的解放"的背后就包含着对社会生活"应该如此"的诉求，蕴含着对理想的社会制度和生活的向往。人们正是通过这种向往对现实进行批判和超越。就此而言，"人的解放"是一个永远向未来敞开的主题。

第四章

宪制伦理的自然维度

从自然维度考量宪制伦理，主要包括宪制条件下人与自然关系中内蕴的伦理价值分析，人与自然的矛盾处理中宪制在自然伦理上的缺失的分析，以及对于如何遵循发自自然的启示、调节人与自然的矛盾、追求人本原则落实达致人与自然和谐的实现。实现人与自然的和谐的宪制伦理追求，是人的尊严在自然维度的价值体现。为此，须遵循自然与人的伦理法则、重构合乎人本精神的公平、可持续发展等宪制经济理念，追求环境正义的实现。

一　自然与人的伦理法则

笔者理解的自然，首先是对整个宇宙实存的万事万物的总括，是影响人类生存和发展的一切物质客体的总和；其次是指宇宙万物运行及发展过程中排除人类干涉的状态，是自然界和人类社会中存在的不以人的意志为转移的客观规律；最后是指人类在处理人与人、人与自然之间关系，在劳动、交往、从事精神文化创造中显现出来的自然法则。人类从产生的那一刻起就在与自然打交道，就产生并处理着人与自然的关系，人通过何种方式与外在自然相联系？自然在人类生活和人类社会中应占据什么位置？人类该如何共同应对和处理共同的环境生态问题？在改造自然获取生活资料时人类应遵守怎样的伦理规则？公民对于生活于其中的环境是否拥有权利以及应尽哪些义务？等等，这些都是亘古存在的老问题，但随着人主体性的加强和改造对象能力的增进，问题存在的形式及解决问题的方式也都在发生着变化。

（一）自然的先在性与人对自然的依存法则

就自然对人的关系而言，有四个方面是值得我们关注的。

1. 时间上的先在性

研究表明，大约 140 亿年前发生了宇宙大爆炸，原始星云经过分解聚合、离心向心的复杂运动，终于形成了各大星系，包括银河系。大约 50 亿年前银河系里诞生了太阳系，大约 46 亿年前太阳系里有了地球。地球又经历极其漫长的演化逐渐从无生命物质到有生命物质，从只有低等生物到有高等生物和动物。直到大约距今 2000 万年前，由于大地和气候条件的巨大变化，森林面积大量减少，古猿不得不改变生活习性，从树栖改为地栖，慢慢习惯直立行走，赋予自己适应地面生活的身体器官，在社会劳动过程中通过生物的遗传变异、物竞天择产生了人类。虽然目前科学无法证明我们居住的宇宙在大爆炸之前是否还存在另一个宇宙，或者我们居住的宇宙之外是否还有其他宇宙，但是，在我们所属的宇宙内部，我们可以肯定地说：相对于古老的宇宙、银河系、太阳系及地球来说，人类不过是很晚很晚才出现的附属于宇宙大系统的无数的年轻事物之一。无论人类进化到何种程度、何种地步，宇宙、自然对我们的先在性是永远无法改变的事实。

2. 使用上的功能性

包裹着人类的自然环境，在黑格尔那里被称作世界历史得以展开的"地理背景"，在汤因比那里被喻为孕育人类生命的"大地母亲"，它是人类为了不至于死亡而必须不断交往的对象，它为人类提供了可以活动的空间、可以进化生命的时间、可以呼吸的空气、可以耕作的土地、可以驯养的动物、可以种植的农作物、可以灌溉的河流……人类从外在的自然中摄取必需的养分，把自然物品改造成为食物、衣着或住所以维持肉体的生存，所以马克思指出："人的普遍性正表现在把整个自然界——首先作为人的直接的生活资料，其次作为人的生命活动的材料、对象和工具——变成人的无机身体。"① 人的胡子、血液、身躯都是自然的，人本身就是自然的一部分。自然除了充当人类经济活动的"资源供给站"外，还为人提供了必需的生态支持系统，成为"废物排放处"，接纳着自然资源在转化成产品过程中产生的废弃物和丧失了使用价值的废旧产品。

3. 认识上的对象性

人们通过对自然界的研究实验发现物质的结构和运行规律，通过考察原野观察生态受到自然美的熏陶获取生存力量，通过模仿动植物甚至人类自身的动作、体态、形状改进人类的身体机能创造人工智能，自然是各门自然科学的研究对象，是艺术的审美对象，是人类的认识对象，即马克思所说的，植物、动物、石头、空气、光等是人意识的一部分，是"人精神的无机界"和"精神食粮"。不过未经人类变动的自在的对象现在越来越少，人工自然的数量越来越庞大，所发挥的作用越来越重要。人类也越来越认识到未经人类触动的原生态自然的重要性，20世纪后期环保理论中所提出的荒野文化、原生态文明就是力图保留无人自然的价值。因为对于自然来说，人类的变动甚至涉足往往意味着破坏和干预，而未经人类染指的自然同样对人类的生存、研究、审美具有极其重要的意义。

4. 伦理上的关联性

中国古代有丰富的关于人与自然伦理关系的思想，如道家有老子的"辅万物之自然而不敢为"（《老子》第64章），庄子的"天地与我并生，而万物与我为一"（《庄子·齐物论》）。再如儒家的孟子说："故苟得其养，无物不长；苟失其养，无物不消"（《孟子·告子》），董仲舒认为："天人之际，合而为一"（《春秋繁露·深察名号》），到张载提出了"民胞物与"（《西铭》），这些思想资源对当代生态伦理有很大的影响。由于近代工业化以来片面的物质利益追求和对自然资源的争夺、占有及权力欲望的膨胀，造

---

① ［德］马克思：《1844年经济学哲学手稿》，《马克思恩格斯选集》第1卷，人民出版社1995年版，第46—47页。

成了国与国、民族与民族、地域与地域之间的对立和战争；由于过分注重金钱和物质享受，造成了人与人之间关系的紧张，20世纪70年代中期出现了生态伦理学，它提出寻求伦理观念上的"最低限度的共识"，作为解救人类社会走出精神危机的途径，它是关于自然界价值与人类对自然界义务的理论与实践，是人与环境的关系从经济、政治、文化扩展到伦理，是一个质的飞跃。提出人与自然具有伦理上的关联性的意义在于：把伦理道德的范围扩展到人与自然的关系中，以新的视角来审视人与自然的关系，看到了人是自然的一部分，保持和促进自然的和谐是人的善行；第一次有说服力地提出了全人类存在共同利益的观点，促进了把地球作为人类共同家园来加以保护的全球意识的产生。

由上所述，人类的命运和文明的进程与自然状态的紧密联系，在人类生活的任何角落都无法抹去自然因素的影响。人源于自然，即人是自然的产物，是依赖自然才得以生存的自然之子；人又超越了自然，人类不但顺应自然规律，而且把"自然规律"引入社会生活而形成了社会活动的规则，构建起基于人性标准的"法的精神"，从而保障人与自然和谐关系的实现。人与自然的伦理法则表明了自然的先在性和人对自然的依存性，具体而言：第一，自然先于并独立于人类社会而存在，人类不过是地球的寄居者，地球是人类共同的唯一的家园，一旦生存环境被毁坏，人类就没有幸免者。人要在地球上"诗意地栖居"，就必须保护好人类赖以生存的环境。第二，人类的能力和智力随着生产水平的提高及知识的积累在不断地改善和发展，自然在不断地按照人的目的和需要进行改变，于是有人提出"人向自然立法"（康德）的命题，产生把人的利益、人的享乐、人的视点放在首要地位的"人类中心主义"观点，这是生态危机、环境恶化的根源。事实上，自然存在物都有其内在的价值，人类像所有其他物种一样，定位于其与自然环境的联系，人与自然的关系应该是平等的。第三，人类的生存与发展以拥有良好的自然环境为前提，每个人都有权利呼吸清新的空气、饮用清洁的水源、居住于清静的城市，环境权是在新形势下被人们认识到的新型权利，也是一项基本的人权，其主体包括当代人，也包括后代人，它是一项个人权利，也是一项代际权利。保护个体的环境权，是保障个人生存权和健康权的另一种形式；保护国家的环境资源是实现代际公平和可持续发展的重要手段。第四，"天行有常"，自然的存在是不以人的意志为转移的，其运行受盲目的必然性支配，而人具有主观能动性，人与自然的关系最终以人与人的关系的形式表现出来，成为人与人之间的法的关系。人们采用古老的契约方式，明确自身的环境权利和责任，划定行为的界限，丰富了宪制的环境正义的内容，提升了宪制的伦理境界。

（二）自然与"法的精神"

人类最早认识的自然是物理学意义上的自然，泰勒斯"水是万物始基"说、德谟克利特的原子论、毕达哥拉斯的预定和谐说等为人类描绘出各式各样的宇宙图景；后来，亚里士多德把自然环境纳入政治学研究范围，认为理想的城邦要慎于候风相地，建立在水源充足、气候适宜、便于从事政治和军事活动的地理位置上。

撇开过去所谓的地理环境决定论标签，孟德斯鸠是历史上第一个从法哲学意义上诠释自然环境与人的关系，第一个详尽地讨论了气候、土壤和地域等自然条件对民族、感情、道德、宗教、风俗、法律和国家政体影响的法学家，他看到了各种要素相互结合构成了一个以地理环境为基本条件的人类生存系统，并主要阐述了三个基本观点。

1. 法是存在物之间的关系

孟德斯鸠在《论法的精神》开始部分就讲道："法是由事物的性质产生出来的必然关系。在这个意义上，一切存在物都有它们的法。""法就是这个根本理性和各种存在物之间的关系，同时也是存在物彼此之间的关系。"① 他的整个思想围绕着这一关系展开，并要着重研究四个方面：法律同已建立或将要建立的政体的性质和原则的关系；法律同一个国家的自然状态，包括寒、热、温的气候，土

---

① ［法］孟德斯鸠：《论法的精神》（上册），张雁深译，商务印书馆 1961 年版，第 1 页。

地的质量、形势与面积的关系；法律同政制所能容忍的自由程度，和农、猎、牧各种人民的生活方式，和居民的宗教、性癖、财富、人口、贸易、风俗、习惯的关系；法律同法律之间、同立法者的目的，以及作为法律建立的基础的事物的秩序的关系。只有从各个角度全面地考察法律，才能揭示法的本质。他把人与自然的关系作为法研究的重要内容之一。

2. 各国法律的差异与自然环境相关

他认为，不同的自然环境和社会习俗，孕育着不同的政治法律制度，疆域的大小、土地的贫腴、气候的寒热、地理结构等都会影响当地居民的性格和习俗，"不同气候的不同需要产生了不同的生活方式；不同的生活方式产生了不同种类的法律"①。小国宜于共和政体，中等国宜于君主治理，大帝国如果不采取强有力的专制统治，就极可能造成分裂；土地贫瘠使人因生活艰苦而勤奋、俭朴、耐劳、勇敢，土地膏腴使人因生活宽裕而柔弱、怠惰、贪生怕死；他认为，炎热国家的人会因流汗而减少血液中的水分，过多饮酒会凝结水分渗出后的血细胞，因此穆罕默德禁止饮酒；气候炎热的地方，妇女早熟和早衰，其"理性"和"容色"永远不能同时存在，所以只好处于依赖的地位，失去了与男子平等的机会，而气候温和的地方，妇女发育较迟结婚较晚，所以一妻制的法律在生理上比较适合于欧洲的气候，亚洲的气候则产生着多妻制；此外，地理结构也影响着政体，岛屿的人民比大陆的人民爱好自由，海洋使他们和大帝国隔绝，使暴政不能伸展，使他们更经常地与外界联系；有些土地多人口少的国家用法律鼓励生育，土地少人口多的国家则会抑制人口的增长。

3. 好的法律必须适应本国的生存环境

许多学者把法看成是由自然启示得来的一种秩序，是把自然规律引入社会生活而产生的规则，法律的产生源自生于斯长于斯的民族调节各种关系的智慧和公民共同追求的道德精神。所以，孟德斯

---

① ［法］孟德斯鸠：《论法的精神》（上册），张雁深译，商务印书馆1961年版，第235页。

鸠认为："在不违背政体的原则的限度内，遵从民族的精神是立法者的职责。因为当我们能够自由地顺从天然秉性之所好处理事务的时候，就是我们把事务处理得最好的时候。"① 只要人民的品性和习俗不影响政体的性质，不违背宪制的原则，法律就应当顺应和维护这种品性和习俗。如果一个国家的君主以国家权力做后盾，不顾历史的延续和传统的风格而主观决断、恣意妄为，就会演变为暴政并招致民众的抵抗。如彼得大帝曾制定法律强迫进城的俄罗斯人把胡子剪短、把长袍剪短到膝盖，这就是苛政。清政府刚入关时为巩固统治，强迫汉人剃头蓄发、着旗袍马褂，搞得怨声载道，狼烟四起。

《论法的精神》是继亚里士多德《政治学》以后的第一本综合性的政治学著作，书中论述的许多思想如国家不得干涉社会生活、社会改变必须通过法定程序、分权理论、人有自然权利、私有财产神圣等成为西方基本社会理论——宪制理论的主要组成部分，而其中关于"法的精神"的"地理说"更带有特色，直到今天仍具有现实意义。作为 18 世纪法国唯物主义的重要代表，在讨论法的精神时指出法不是从哪个天才人物的头脑中产生的，不是上帝制定的，而是人在处理人与人、人与物之间的关系时自然形成的，从而避免了单纯从理性或单纯从物理角度解释法律现象的片面性，是摆脱宗教神学羁绊进行社会问题探讨的唯物的表现。比孟德斯鸠晚些时候的 18 世纪末 19 世纪初，德国形成了以胡克和萨维尼为首的历史法学派，他们认为法律不能通过理性的手段创建，只能借助于习惯土生土长，一个民族的法律制度像艺术和音乐一样是从内部文化土壤中自然成长的，不是由外部强加给他们的，试图通过普遍理性制定出人类普遍适用的法典不过是一种幻想。这些观点包含着哲学派强调的理性和历史派强调的经验的对立，历史学派的某些观点与孟德斯鸠相似，追溯下去都能找到它的气候环境因素和民族精神个性。

---

① ［法］孟德斯鸠：《论法的精神》（上册），张雁深译，商务印书馆 1961 年版，第 305 页。

在当代视域下重审孟德斯鸠的观点，可以有许多启示。孟德斯鸠并不是那种只看到地理环境与法律和政治的外在联系就断定它起决定作用的浅薄的法学家，他把地理概念引入法学，除了要对法律进行追根溯源的探讨外，证明了任何法律的制定都不能忽视本国的特点，都要认真考虑本国人民的生活方式和生产方式，任何国家都不能现成地照搬他国的即便是成功的法律条文，以避免水土不服。更难能可贵的是，他说明了人不是处处只受到环境的制约而对外界无能为力，事实上，人与环境的关系是法律应该包含在内的重要内容。同时，法律规定的改变也能促进民德的改变。他的观点得到了历史的证实，如 19 世纪初美国政府制定许多宽松的法律鼓励对西部的开发，于是大批拓荒者蜂拥而至；为开辟一些耕地，成片的森林被砍伐和焚烧，当森林日益减少环境逐步恶化后，人们才意识到护林的重要性，于是又制定出土地法、水利法等法律倡导水土保持、理智开发，使自然条件重新得到改善。中国也有类似的经历，经过 20 世纪 50—70 年代对生态环境的破坏性开发的教训后，80 年代后保护环境的法律应运而生，于是一些原来围湖造田、伐木炼钢的英雄在意识转变后又成为植树造林、保护生态的模范。

（三） 宪制与自然因素内涵的变迁

自然与人的关系在不同时代有着不同的形式与特点，自然的变化与人类改变自然能力的提高是一致的。"每当人类由于简单的或者复杂的历史原因，大大地改变其技术装备、社会组织和世界观的时候，自然界就会发生深刻的变化。人类始终没有停止影响自然环境，他经常改变自然；每当他的努力使他达到一种新的活动水平的时候，他就使新的力量现实化。究竟是否能够达到一种新的水平，或者一旦达到了，又将导向何处，首先决定于制度，其次决定于人类活动的终极目标，即他所能理解的物理、化学和生物世界。"[1] 自然与人关系的变化不仅表现在经济发展中，同时也表现在

---

[1] ［美］卡尔·A. 魏特夫：《东方专制主义》，徐式谷等译，中国社会科学出版社 1989 年版，第 1 页。

政治法律、思想理念中，自然因素在宪制中的内涵变迁大致分为两个阶段。

第一，在自然经济时代，法律着重关注的是对自然的占有和分配。无论"自然状态"是如霍布斯描述的，每个人为了实现占有一切的"自然权利"，从而导致"一切人反对一切人的战争"（war of all against all）；还是如洛克田园诗般的，是"一个完备无缺的自由状态"，是"自由而不放任"的状态，人类走出自然状态的标志却同样是社会契约的订立、民族国家的产生。在自然经济条件下，法律最主要的内容就是规定着国王、贵族、领主等特权阶层对土地和自然资源的占有，并建立起一整套以土地私有为基础的社会秩序，这时法律问题的研究经常会集中于占有和分配的合理性问题，如赋税制度，国家的土地归个人占有，土地上的经营收入成为个人财产受到国家保护，于是公民就要付出自身财产的一部分，向国家缴纳赋税以换取所有财产的安全或快乐地享用这些财产。这里有一个如何处理好税赋的量度分割问题，一方面使公民个人在能力范围内负担起赋税的职责，另一方面确保国家财政收入充盈，有能力发挥其公共职能。有人认为，法国起飞很大程度上就是靠拿破仑法典，土地制度改变，农奴就变成自由农民了，人身依附关系就没有了，人们可以自由处置土地资产，自己的土地即使不卖掉，也可以委托别人管理、出租等，这一看法不无道理。

直到19世纪中期马克思在谈到法律问题时也着重于通过习惯的自然法来为劳动人民争取更多的财产权，当时林木占有者要求莱茵省议会通过立法保护，把贫民拣枯树枝的行为定为林木盗窃，马克思在《关于林木盗窃法的辩论》中指出，贫民拣枯树枝的行为是世代延续的存在于习惯和本能中的权利，"这些习惯的根源是肯定的和合法的，而习惯权利的形式在这里更是自然的，因为贫民阶级的存在本身至今仍然只不过是市民社会的一种习惯，而这种习惯还没有在被有意地划分了的国家里找到应有的地位"[①]。相比由于科学技术的不发达、生产工具的落后，人类总是面对着严酷的自然环境与

---

① 《马克思恩格斯全集》第 1 卷，人民出版社 1956 年版，第 147 页。

毒蛇猛兽做"生存竞争"，总是超负荷地劳动过度地消耗着体力和精力以获取少得可怜的生活资料而言，资本主义的大机器生产大大减轻了劳动负担，是一个历史的进步，当时马克思恩格斯重点揭露剩余价值的秘密、控诉工人生存条件的恶劣、批判资本主义剥削的残酷，关注的是劳动阶级的政治解放，他们认为，无论政治的立法或市民的立法，都只是表明和记载经济关系的要求而已，统治权与话语权、生存权是连在一起的，没有统治权就没有生存权。尽管他们提到过"大自然的疯狂的报复"（恩格斯语），讽刺过"商人只看到矿物的商业价值，而看不见矿物的美和独特性"（马克思语），可由于历史原因，他们并没有对当时的非主要矛盾——如何通过法律消除污染、保护资源环境——做更多的研究。

第二，在商品经济时代，法律开始关注对自然的保护和合理利用。法学中关于自然问题的认识转向发轫于工业革命及以后的商品经济的快速发展。工业革命产生于18世纪中叶，英国人瓦特改良蒸汽机后由一系列技术革命促使以机器取代了人力、以大规模工厂化生产取代了个体工场手工生产，引起了整个生产方式从工场手工业向动力机器大工业的重大飞跃。工业革命使生产组织形式发生变化，导致城市化和农村人口大规模向城市集聚，使社会结构改变，贫富分化、城市人口膨胀、住房拥挤、环境污染等新的社会问题产生，并从根本上改变了自然环境的组成、结构和功能。有人认为，工业革命在1750年左右开始，随后传播到英格兰及欧洲大陆，19世纪传到北美地区，但直到1830年还没有真正蓬勃展开，而工业化对生态环境及人类自身大面积的严重危害，则到了20世纪初特别是二战以后才全面显露出来，从20世纪30年代比利时的马斯河谷烟雾事件开始，到伦敦烟雾事件、洛杉矶光化学烟雾事件、日本的水俣病事件等相继发生。80年代又发生了一系列重大公害事件，如1984年印度博帕尔市农药厂爆炸、苏联切尔诺贝利核电站泄漏等，与人类征服自然能力提高同步，自然向人类实施了无情的报复。

当人们还陶醉于把自由、财产、人身安全等基本人权写入宪法，还陶醉于人类自我实现的理想宪制设计更加完善的浪漫情怀时，全球范围内环境污染引发人类对自身与自然关系的更深层思考，作为政治动物的人类潜意识捕捉到了一种来自天国的新警示，即以往的宪制实践把人类设计成世间的唯一主体，并热衷于谈论现世的幸福，提出以人为本、保障人权，在使人类滋生不适当的优越感的同时反而陷入一种潜在的威胁。人类当前面临的是一个生态主义、可持续发展和以环境资源为基础的发展时代，保护环境成为21世纪人类文化和法制系统发展和变化的主流，除了产生对"人类中心主义"的哲学批判、形成生态伦理学科等外，人们也越来越注重通过法的关系来解决问题，发起环境权及新的人权理论和规则的一轮又一轮讨论。这些讨论在一定程度上扩充了人类法律理性的内涵，使宪制获得了新的成长空间。

从核心价值观之，宪法是围绕着人权保障而展开的。如果以1919年《魏玛宪法》作为近代和现代宪制史两个时期的时间节点，近代宪法的演进史是以自由权为本位而展开，而现代宪法的演进史则以生存权为本位而展开。自20世纪60—70年代以来，基于人类社会经济活动对环境的作用超过环境所能承受的范围，为了恢复、保证人们在健康的环境中生活的权利，环境权概念被提起，社会发展连带基础上的环境权、民族自决权、自然资源永久主权又构成了具有人权代际更替意义的新一代人权——发展权。宪法关于环境保护的规定始于19世纪末，美国于1969年制定《国家环境政策法》，其中关于环境权的规定，对世界各国产生了较大的影响，该法第1篇第3条强调："国会认为，每个人都应当享受健康的环境，同时每个人也有责任对维护和改善环境做出贡献。"20世纪70年代以后各个国家宪法的相关规定越来越多，并把保护环境当成是国家的一项基本职责，如《巴拿马宪法》第110条规定：根据国家的经济和社会发展情况，积极养护自然生态、防止环境污染，是国家的一项基本职责。到目前为止，有60多个国家的宪法规定了环境保护的条款。而且宪法中还体现着从着重国家环境权向国家环境权与公民环境权并重发展。如《韩国宪法》第35条规定："所有公民有在健康、舒适的环境中生活的权利，国家以及公民应当努力保护环境"；《俄罗斯联邦宪法》第42条规定："人人有权享有良好环境及有关环境状况之可靠资讯，也有权要求要违反环保法律所造成对其健康或财产损害之赔偿。"

中国 1982 年《宪法》第 26 条规定了国家环境保护的基本政策与原则和公民在环境保护方面的权利与义务，以 1979 年颁布的《中华人民共和国环境保护法（试行）》为起始，1986 年颁布了《环境建设保护与管理法案》，1989 年颁布了《中华人民共和国环境保护法》，以后陆续制定颁布了《固废污染防治法》、《空气污染防治法》（1995 年）；《水污染防治法》、《噪音污染防治法》（1996 年）等，目前我国已经形成了以《中华人民共和国宪法》为基础，以《中华人民共和国环境保护法》为主体的环境法律体系。迄今为止，我国共颁布了 6 部环境保护法律、10 部资源法律和 34 项环境保护法规；环境保护部门发布了 90 余项环境保护规章，中国的地方人民代表大会和地方人民政府为实施国家环境保护法律，结合本地区的具体情况，制定和颁布了地方性环境保护法规 1100 余部，制定了 467 项国家环境标准体系，初步建立了符合我国国情的环境保护法律和政策体系。

二 宪制在自然伦理上的缺失

（一）作为宪制静态表现的宪法的局限性

正如任何事物都有其局限性一样，宪制的局限性伴随着它的整个过程。首先表现为作为宪制静态表现的宪法的局限性。

第一，源于人类理性的自身限制。宪法是人类生活经验的高度凝练，是人类理性和智慧的结晶。宪法通过构建对公权力进行制约和对私权利进行保障的平衡机制实现国家政治生活、经济秩序、社会秩序等全方位的稳定。然而，宪法和其他任何法律一样，具有无法摆脱的局限性。美国法律哲学家埃德加·博登海默曾指出："法律的缺陷部分源于它所具有的守成取向，部分源于其形式结构中所固有的刚性因素，还有一部分则源于与其控制功能相关的限度。"①
其实，宪制的局限性很大程度上由于它是对一个国家最重大事项的
"粗线条"式的勾勒而无法涵盖社会关系的全部，诚如人们所担心
的人类个性的差异、人们行为的多样性、所有人类事务无休止的变
化，使得无论是什么艺术在任何时候都不能制定出绝对适用于所有
问题的规则。宪法既有其确定性的一面，也有其不确定性的一面；
既有其周延性的一面，也有其不周延性的一面；既有其超前性的一
面，也有其滞后性的一面。从表面来观察，宪法的内容是确定的，
范围是周延的，并且总是具有一定的预见性。但是由于立宪者的认
识水平的局限性，宪法自身的抽象性以及政治力量博弈结果的变化
决定了宪法的局限性。宪法的局限性决定了它对国家公权力的制约
存在着周延性差、太抽象以及可操作性弱等特点。对于这种缺陷，
从认识论的意义上加以克服也许是一条好的出路：一方面，需要立
宪者具备立宪的各种理性条件，比如对关于宪法原则、理念、政治
体制发展、经济条件制约、历史文化传统背景等的认识，还需要从
立宪技术的层面有系统的认知。另一方面，与此相关的一个重要问
题就是立宪路线：到底是走群众路线还是精英路线？毫无疑问，认
识的高度和眼光的长度决定了立宪本身能够走多远。只有确立了以
人为本的理念，才能够在立宪的道路上走出合乎人性的光辉大道
来。在笔者看来，立宪从来都不应该仅仅是精英集团的事情，它也
属于那些人民。人民成立自己的国家只是一种生存和生活的方式，
而宪法只是该方式的文字记录和指示而已。

　　第二，宪法修改过程具有局限性。在任何标榜为民主宪制的国
家，宪法的制定和修改过程都是非常重要的，它涉及一系列宪法合
法性问题，尤其是修改宪法的过程的合法性问题。只有合法化的宪
法制定和修改过程才属于宪制，而任何恣意的行为都没有正当性可
言。然而，现实是这样的吗？就拿多民族国家的宪法改革进程来
讲，该类国家内部存在一些自治体，它们的宪法权利是国家宪法权

---

① ［美］博登海默：《法理学——法律哲学与法律方法》，邓正来译，中国政法大学
出版社 2004 年版，第 419 页。

力的来源，而基于宪法它们所享有的自治权、代表权等只具有象征意义。再以英联邦为例，联邦成员之间遵守自决原则、代表制原则、承认制原则和平等互惠原则，然而这个没有成文宪法的国家只需要片面地对于这些原则做一些口是心非的解释就可以了，因为不成文宪法往往可以通过对宪法惯例的解释而达到目标，在这里，尊主国和带有殖民地色彩的主体之间是没有多少讨价还价的余地的。英国政府之所以允许苏格兰 2014 年之前举行关于是否同意独立的全民公投，是因为他们预测在这"宜早不宜迟"的公投中自己胜券在握。对于加拿大而言，魁北克仍然是一个令人烦恼的问题。魁北克正在回顾它在加拿大联邦形成过程中的基础性地位，长期以来，一直认为它应该在宪法修正的一般过程中发挥一个决定性的作用，而不管修正的修正案的主题是什么。与许多多民族国家内的自治体相比，魁北克在加拿大具体的宪制角色最近已被高度边缘化，尽管他们的野心是期望在影响他们自治权的宪法改革过程中发挥更重要的作用。① 再拿独立不久的科索沃来讲，在阿族占 90% 绝对优势的科索沃议会中，塞族和其他民族的议员占不到 10% 的席位，所以科索沃脱离塞尔维亚而独立完全可以说是一种合法的举动，因为这也是民主投票的结果。但是，依照塞尔维亚国家宪法，科索沃的独立必须经过包括科索沃在内的全体塞尔维亚人民的多数同意才有效。显然，从形式意义上考察，科索沃脱离塞尔维亚而独立完全又可以说是一种违反宪法的举动，这种举动一旦成为现实，就是对现行宪法的实质性修订，尽管一段时间内双方还打口水仗，而时间会修复那些创伤，也会惩罚那些非理性的冲动。当然，从法理上讲，所有多民族国家之所以会面临分裂的风险，主要原因在于地方自治的理念。考察标榜民主的西方国家的历史，是否成为国家的一部分往往是地方的权力，而地方权力的让渡才形成了国家权力，从这个意义上讲，地方拥有最终的抵抗权，这种权力行使的极致就是脱离原来的国家而成为新的国家。苏联的解体也是当年"加盟"惹的祸。当

----

① See Stephen Tierney: @ 2004, Constitutional Law and National Pluralism, By Oxford University Press, p. 148.

前，欧洲联盟的情况也差不多：欧洲联盟一向以民主自居，然而欧洲联盟的许多指令被成员国的国会简单地移植到了该国家的法律体系之中，难道这也是符合民主宪制的基本要求吗？甚至德国的基本法也不能与欧洲联盟所确立的一些所谓原则相悖，事实上这些原则与德国这个实行特殊制度的国家毫无关联。民主的国家尚且如此，在没有确立违宪审查机制、没有建立宪法诉讼的国家而言，宪制说到底有一点像"皇帝的新装"。显然，由于宪法过程的种种局限性，以自治为法理基础的宪制存在经常被侵害之虞。只要是组合起来的组织，必然有散架的可能。因此，对于多民族国家而言，地方自治必须以国家为前提，只有在多民族国家的框架中才可以谈地方自治，才可以有适当的宪制安排。国家说到底就是一个政治组织，地方自治主要着眼于经济、文化等领域。唯有如此，才可以克服宪法过程的若干不足。

第三，从行宪的角度考察，公权力的压迫性和腐败性没有得到有效的遏制。现代国家大多数都是民主国家，相当一部分也披着民主的外衣。然而它们面临的一个共同的问题就是公权力的压迫性和腐败性无法一劳永逸地解决。宪制主义的根本道德基础是人的尊严，"宪政理论家们不相信政治权威的道德性，即使是通过民主选择的决策者，宪政理论也不相信他们在制定公共政策时所遵守的程序能够保障个人的权利和尊严"[①]。事实上，公权力的专制和暴虐在世界各地比比皆是。在市场经济兴起之后，资本主义为了保障交易的可预见性和安全性，排除公权力对私权利的干预而创立了宪制。即使实施了民主制度和宪制，对于公权力的限制和对于私权利的保障仍然是一项艰巨的任务，通过民主的方式选举出的代表和政府成员往往以"集体暴政"的形式实施比毫不掩饰的专制更加可怕的专制。

在以上诸多局限的基础上，新兴问题——环境危机——的首要受害者大多为社会的弱势群体，如美国的有色人种、发展中国家的穷人们等。在涉及国家根本大政方针的修宪问题上，弱势群体由于

---

① 白钢、林广华：《宪政通论》，社会科学文献出版社 2005 年版，第 127 页。

所受教育的限制，往往不能敏感地察觉自身权益的被侵犯及其根本原因，或者即使知道也很难通过有效的渠道将其声音传播到社会的各个领域，因而更加强化了宪制本身固有的静态性，使传统宪制在自然伦理上的缺失不能得到及时的修正。

（二）现代风险社会的伦理诉求

风险的概念最早是在十六七世纪欧洲人开辟新航路和开始资本主义的早期扩张活动的背景下出现的。据吉登斯考证，风险概念最初指西方探险家在周游世界中冒险进入新的水域，后来渐渐转移到对时空的探索上面。它是指一个我们既在探索又在努力加以规范和控制的世界。① 人类迈入现代社会以来，面临着越来越多的问题，这些问题涉及人类整体的命运，所以有的学者将这种社会称为"后工业社会"的来临，有的学者称之为"晚期资本主义社会"的阶段，也有的称之为"后现代社会"等。乌尔里希·贝克于 1986 年在德文版的《风险社会》一书中首次使用"风险社会"的概念来描述后工业社会并进而加以理论化。他指出："工业社会为绝大多数社会成员造就了舒适安逸的生存环境，同时也带来了核危机、生态危机等足以毁灭全人类的巨大风险。工业社会运行机制自 20 世纪中期以来开始发生微妙变化，一项决策可能毁灭地球上的所有生命，仅此一点就足以说明当今时代与人类历史上的任何时代都有着根本的区别，已经呈现出从工业社会向风险社会过渡的迹象。"② 他认为风险是"作为一种处理由现代化自身诱发而引起的危害和不安全的系统方式"，"具有不断扩散的人为不确定性逻辑"，并能够"导致现有社会结构、制度以及关系向更加复杂、偶然和分裂状态转变"。历史的脚步披着文明的外衣继续前行，风险社会不可避免地来临了。

英国著名社会学家、伦敦经济政治学院院长安东尼·吉登斯也对风险社会进行了描绘：一是高强度意义上风险的全球化。例如，

① 参见刘婧《风险社会与责任伦理》，《道德与文明》2004 年第 6 期，第 34 页。

② ［德］乌尔里希·贝克：《从工业社会到风险社会》，《天津社会科学》2005 年第 1 期，第 18 页。

核战争构成的对人类生存的威胁。二是突发事件不断增长意义上的风险的全球化，这些事件影响着每一个人（或至少生活在我们这个星球上的多数人），如全球化劳动分工的变化。三是来自人化环境或社会化自然的风险，人类的知识进入到物质环境。四是影响着千百万人生活机会的制度化风险环境的发展。例如，投资市场。五是风险意识本身作为风险，风险中的"知识鸿沟"不可能被宗教或巫术转变为"确定性"。六是分布趋于均匀的风险意识，我们共同面对的许多危险已为广大的公众所了解。七是对专业知识局限性的意识，就采用专家原则的后果来看，没有任何一种专家系统能够称为全能的专家。[①] 确实，20 世纪 70 年代以来，化学工业和核工业的污染成为巨大风险，全球生态危机不断加剧，人类的不安全感与日俱增。我们已经深刻地认识到风险不再单纯是一个科学技术问题，事实上已经逐渐成为一个社会问题和伦理问题。同样，风险不能被当作毫无疑问的事实和与社会、文化及历史背景相脱离的现象而简单地予以接受。相反，被专家以及被人们识别为风险的东西，应当不可避免地被理解为是社会文化过程的产物。因此，对风险概念的考察必须在现代化发展的大背景下，把它放到社会的、文化的和历史的框架中进行。[②] 唯有如此，我们才不会陷入"头痛医头，脚痛医脚"的简单思维中去。

乌尔里希·贝克等将风险社会看作自反性现代化的结果。所谓自反性现代化，是"指创造性地（自我）毁灭整整一个时代——工业社会——的可能性。这种创造性毁灭的对象不是西方

---

① 参见［英］安东尼·吉登斯《现代性的后果》，田禾译，译林出版社 2000 年版，第 17—18 页。

② 目前西方学者从社会文化角度对于风险的理解可以划分为三类：第一类是由丽·道格拉斯提出的。玛丽在 80 年代早期提出一个对于风险很有影响力的观点，采纳了文化人类学的方法。第二类是对风险的社会学审视，其代表作是德国社会学家乌尔里希·贝克 1992 年出版的英文版《风险社会》。英国社会学家安东尼·吉登斯采用了与贝克相似的观点。第三类观点是由多位理论家提供的，他们都吸收了米歇尔·福柯著作中关于规训的理论，探讨国家和其他政府机器合谋通过风险对话和策略对人们进行辖治与规训的方式。对风险的三种认识可以分别确定为"文化象征"、"风险社会"以及"规训"的观点。参见刘婧《风险社会与责任伦理》，《道德与文明》2004 年第 6 期，第 35 页。

现代化革命，也不是西方现代化的危机，而是西方现代化的胜利成果"①。

西方学者以社会学家冷静的眼光看到了风险社会的出现不仅仅是知识增长的问题，还是整个工业社会的生产方式以及和这种生产方式连在一起的工业社会的制度体系的问题。我们进一步看到，风险社会的出现更是一个社会问题，是一个涉及社会制度、社会组织体系、社会认识和社会实践的复杂性问题。归根到底，风险社会凸显了当今人类的生存危机，这种危机不是"天灾"而是"人祸"。它是人们的生产方式以及生产方式背后的思维方式和价值观念的失误造成的。准确地说，风险社会所凸显的生存危机是人类自启蒙运动以来的价值观念出了问题。② 自从人类进入资本主义时代以来，资本主义不但成为一种经济组织的形式，而且成为一种经济制度和政治制度。这种制度不但推崇社会化的大生产，疯狂地掠夺全球的资源，从而带来严重的环境危机，而且"随着时间的推移，工业社会的危险开始支配公共生活尤其是公共伦理生活，工业社会的制度成为其自身不可控因素的生产者和授权者。此时，工业社会的某些主要特征本身就成为了社会的伦理问题，如政治民主化问题、环境伦理问题、生命伦理问题、社会危机管理问题。这些潜在的社会风险，一旦格局化和规模化，社会就会成为风险社会"③。邓正来从"全球化"时代的"世界结构"提出了现代西方建构出了两个不尽相同的世界：第一现代世界与第二现代世界。所谓第一现代世界，主要是指资本主义工业—民主社会在"全球化"时代的扩展过程，而其主要表现形式，乃是经济、规则制度和文化方面以跨越国家边界的方式在"全球"的展开。所谓第二现代世界，则主要是指乌尔里希·贝克等论者所说

---

① ［德］乌尔里希·贝克等：《自反性现代化》，赵文书译，商务印书馆 2001 年版，第 5 页。

② 宋友文：《风险社会及其价值观前提批判》，《天津社会科学》2005 年第 1 期，第 20 页。

③ 李建华：《风险社会中的伦理秩序》，《中国人民大学学报》2004 年第 6 期，第 62 页。

的"风险社会"或"生态社会"。他认为贝克所谓的"风险",指的乃是完全为人类感知能力无法企及的空气、水和食物中的放射性、毒素和污染物,以及伴随它们而在的短期或长期的对植物、动物和人的影响。它们所导致的乃是一种系统的、常常是不可逆的伤害,而且一般来讲,这种伤害也是不可见的。值得注意的是,第一现代世界与第二现代世界的区别,关键并不在于二者的风险不同,而在于这两个世界因此而在运作逻辑上的区别。在第一现代世界(工业社会)中,财富生产的"逻辑"统治着风险生产的"逻辑";而在第二现代世界(风险社会)中,这种关系被颠倒了过来:风险生产和分配的逻辑取代了财富生产和积累的逻辑,而成为社会分层和政治分化的标志。①

由此观之,现代社会的资本主义化实质上是现代化和全球化,直接的后果就是导致了现代风险社会的表征日益明显,直接表现是"风险生产和分配的逻辑"作用下社会存在的危机以及人与自然关系的危机。宪制作为宪法运动的基本形式,是现代社会制度的一部分。宪制必然面对风险社会可能存在的问题以及解决之道的寻求。

(三)达致人与自然和谐的伦理基础

达致人与自然和谐,是宪制伦理在自然维度的价值目标。在人与自然的关系中,寻求宪法的局限与宪制的缺陷解决之道,起点要关注自然维度宪制伦理的基础,包括宪制的经济基础以及具有内在伦理价值的自然基础。

第一,要确立和完善宪制的经济基础。经济史发展表明,作为发达的商品经济社会经济运行的基本模式的市场经济,有着十分明显的优势:其一,通过供求信息,市场可以有效地决定资金和原料的分布,实现资源的优化配置;其二,能够使信息成本(information cost)降到最低;其三,为生产过程提供了一种调节机制,使个

---

① 参见邓正来、邹立群《"理想图景"、"世界结构"与"定义中国"——与邓正来谈〈中国法学向何处去〉》(http://www.china-review.com/lat.asp?id=19347)。

体企业能够进行分散化管理；其最大的优点在于通过产品的价格竞争，利用利润来诱导生产动机，迫使企业提高生产效率。① 西方发达国家的历史业已表明：市场经济是宪制的经济基础。宪制的最终目标在于保障人的基本权利与自由，尤其是自由，可以说代表了人的本真状态，自由的要素不但包括了政治自由，还包括了经济自由，二者的逻辑是一致的。"个人自由的范围在原则上是无限的，而国家干预这一范围的能力在原则上是有限的。换言之，个人行动在理论上无须证明其合理性；相反，国家的干预行动却必须证明其合理性。"② 从早期亚当·斯密认为政府在市场经济中应该充当的是"守夜人"角色（政府不应该干预市场经济）到"凯恩斯主义"积极倡导政府应该积极地干预市场，体现了宪制理念的变化。的确，市场经济在绝大多数的情况下是可以自治的，整个市场处于一种和谐平衡的状态，但是市场又具有逐利性、盲目性和滞后性等缺陷会导致市场失灵，在此情况下，政府干预就可以弥补这种不足。而所谓的宪制必须在确保市场经济的自由的前提下运作，同样，如果实行的不是市场经济，那么，根本就不存在经济自由的问题，而保障自由的宪制也就失去了存在的价值和基础。当然，市场经济的最大利益化需求，一方面为社会物质财富的急剧增长提供了动力，同时也为个人利益的膨胀提供了条件。即使单纯从经济运作机制来看，市场经济中公共产权的拥挤、环境污染以及权力寻租、市场失灵等问题，本身就隐含了道德风险。同时，经济活动的货币化促使货币成为衡量一切价值的尺度，这样，追求金钱不能不成为一种普遍的和巨大的力量。在此意义上，我们选择了市场经济，就意味着选择了风险社会。③ 产生于西方资本主义的宪制与我国社会主义的兼容

---

① 参见张千帆等《宪政、法治与经济发展》，北京大学出版社 2004 年版，第 140 页。

② 李强：《宪政自由主义与国家构建》，载《宪政主义与现代国家》（公共论丛），生活·读书·新知三联书店 2003 年版，第 22 页。

③ 参见李建华《风险社会中的伦理秩序》，《中国人民大学学报》2004 年第 6 期，第 64 页。

性问题应当已经有了定论。① 在我国当前的政治经济体制环境下，坚持和完善社会主义市场经济是建立和完善社会主义宪制的必由之路，唯有如此，才能够将现代社会所面临的各种风险降低到最低程度，也唯有如此，才能够奠定经济发展的宪制基础。"历史实践表明，宪制的有效实施为美洲大陆保障了长达两个多世纪的和平、繁荣与稳定。"② 宪制的实施同时可以稳定经过几十年改革开放所形成的基本社会关系，尤其是财产关系，为物权法律体系提供终极的宪法保护，使得中国社会不但从法律框架上，而且从法治精神的层面与国际接轨，为国家政治制度的发展提供合理的预期，从而奠定宪制伦理的实现基础。

第二，是建构和尊重自然内在的伦理价值。尽管伦理价值是人类这种具有高度理性的动物的发明，但是可以对万事万物有一种伦理的考量。原因在于：其一，从纯粹自然的角度看，自然界的万物都是自然生态的一部分，对于自然界的生态平衡都起着重要作用。同时，基于自然法则，自然万物在生态系统中的地位是平等的，没有高低贵贱之分。其二，自然界万物所包含的内在价值决定了其伦理属性。诚如学者董世峰所言："自然万物都有其内在价值。自然万物与人一样，既遵循一定的内在尺度，又遵循一定的外在尺度即

---

① 有学者指出：从法律发生学的角度来看，对社会主义与宪政的兼容性这一问题看法不一。就法律的本源问题，历来有两种不同的认识模式：一种认为法律是制定的，人们可以根据时代需要、流行的道德、政治理论和对公共政策直觉的感悟，学习法律发达国家的成功经验制定法律来引导社会发展；另一种则认为法律是发现的，只能扎根于本国的经济政治文化传统之中。在我们国家这两种观点表现为移植论和本土论之间的论争。移植论者认为后发达国家可以学习移植发达国家的法律，来加速本国法律的发展。如何勤华教授最近撰文认为，"法律移植是法律发展的规律之一"，是"世界法律发展的一个基本历史现象"，"没有一百年来对外国法律的移植，也就没有近代中国法"。法律本土论者向来就不少。如孟德斯鸠就曾说过："为某一国人民制定的法律，应该是非常适合于该国人民的；所以如果一个国家的法律竟能适合于另外一个国家的话，那只是非常凑巧的事。"自孟氏以来，西方出现了一种"镜子"理论，认为法律的每一方面均是由经济和社会所铸就，深深扎根于各个特定的社会。故法律移植实属困难，或者根本不可能。在我们国家，苏力被视为这一观点的主要倡导者。在《送法下乡——中国基层司法制度研究》一书中，苏力先生指出："关于法律移植，我确实认为法律移植不大可能。"参见 http：//lwcool. com/lw/newsfile。

② 张千帆等：《宪政、法治与经济发展》，北京大学出版社 2004 年版，第 22 页。

自然规律、生态规律。前者体现为自然物生存和进化的内在要求，体现为顽强的生命意志，即求生、求存、求善、求美的意志。自然万物的这种内在价值是不以人的意志为转移的。人为自然物所设定的价值只是对自然物内在价值的反映，而决非自然物只有对于人才有意义和价值。"① 其三，作为人的权利保障而展开的宪制无论类型形式会不会有所不同，但都应当关注人的自然情怀。人对自然的深厚感情联系，"能陶冶人的情操、激发人的灵感、唤醒人的良知，成为人类不可或缺的伦理资源。如果用变量 X 表示自然万物，事实上，人对 X 有感情，X 就成为伦理思考的对象，人类的尊重、同情、爱护等质朴情感就会指向它"②。从人类学的角度看，人们的乡土情结会伴随人的一生，对大自然的热爱、依恋以及在自然面前的归宿感无不表明人与自然之间的伦理情怀。总之，我们应充分认识到自然物的内在价值是其具有伦理属性的根本依据，作为制度运行高级方式的宪制当然应当从根本上和整体上关注自然界的伦理要求，并以此作为构建自然维度宪制伦理的内在基础。

三　自然维度下绿色宪制的重构

　　传统宪制由于缺少自然维度的视角在任何场景中都将其主客体全部指向人类自身，如财产权针对的是人与人之间的财产分割，生存权演绎出国家和政府对公民的社会保障义务，基本与自然、环境、生态等无涉。在人类的力量还很渺小以至于只能彼此相互危害之际，宪制根本不需要考虑人对环境的影响以及该影响对人类的反作用。但是，当人类的力量如此强大，不仅可以顷刻间毁灭人类自身，而且可以损害、消灭自然万物，甚至可以彻底改变地球面貌之时，人权及人的尊严再一次遭遇到了与从前不同的新的挑战和危机。如 1972 年诞生的《人类环境宣言》第 3 条中所言："在现代，

---

　　①　董世峰：《人与自然的伦理关系》，《浙江师范大学学报》（社会科学版）2003年第 3 期，第 7—8 页。
　　②　同上。

人类改造其环境的能力，如果明智地加以使用的话，就可以给各国人民带来开发的利益和提高生活质量的机会。如果使用不当，或轻率地使用，这种能力就会给人类和人类环境造成无法估量的损害。"事实是，理智地运用人类改造环境的能力，有所为并且有所不为，并不是所有国家和所有地球人都能容易做到的。恰恰相反，在对资源和财富的无穷开发和积累中，地球上的生态环境已遭到了严重的破坏。在一个衰败的家园中，其结果必然是，人类无法保持其应有的尊严。所以，1982 年通过的《内罗毕宣言》第 10 条指出："国际社会敦促世界各国政府和人民既要集体地也要单独地负起其历史责任，使我们这个小小的地球能够保证人人都能过着尊严的生活，代代相传下去。"因此，在拯救人权和人的尊严的新的危机中，人类必须动用它最高效最有力的撒手锏——宪制手段，以保护多样化的生态结构，使不可再生资源的开发和利用可以世世代代持续下去，不是断绝子孙后代的后路而是为他们造福，如此使得绿色宪制成为不可省略和回避的时代主题。

（一）人权的生态化

1. 人权中的环境权

（1）人权包括环境权

人权是一个历史性概念，是近代以降社会进步的产物，是人的尊严在国家维度的集中体现。人权概念的内涵是指基于人之为人的本性，在一定历史条件下基于社会经济结构和文化发展，人作为个体为自身的自由生存、自由活动、自由发展而必须平等具有的权利以及与享有这些权利相应的义务。人权的内涵和外延随着时代的发展一直处于不断的变化之中。例如，关于权利的范围，早期天赋人权论者约翰·洛克认为，人们具有生存、自由和财产的自然权利，这种将人权阐释为生存权、自由权和财产权的解读是对封建专制制度的反抗。而一个世纪后，在美国的《独立宣言》中，杰斐逊写道：在我们的自然权利中包括生存权、自由权和追求幸福的权利。将洛克的财产权改写为追求幸福的权利，表面上看只是改动了 1/3，事实上不仅如此，因为幸福的要旨既是多元的又是不确定的，不仅仅包括财产权，可以随时间的变迁而涵盖任何既合法律又合情理的权利，充分考虑了时代的发展和个体的差异。历史证明，人权这一概念在浩浩荡荡的世界潮流中，一直顺势发展变化，如人的外延，无论是杰斐逊的"人人生而平等是不言而喻的"中的"人人"，还是法国 1789 年《人权宣言》中享有"自然的和不可动摇的权利"（自由、财产、安全和反抗压迫）的主体，在 18 世纪晚期都只包括成年男人（men），女性、奴隶、有色人种统统被排除在外。由于这些局限，才会有法国《女权宣言》作者奥琳拍·德·古热（Olylnpe de GoUgde）被送上断头台，以及马丁·路德·金（Martin Luther King）最终牺牲在所谓的"自由和勇敢者的家园"。也正因为持续不断、蓬勃发展的女权运动、种族解放运动，使得 1948 年联合国大会通过的《世界人权宣言》郑重申明："人人有资格享有本宣言所载的一切权利和自由，不分种族、肤色、性别、语言、宗教、政治或其他见解、国籍或社会出身、财产、出生或其他身份等任何区别。"随着时光的流逝，人权理论一直与时俱进着。例如，"三代人权"论的首倡者——联合国教科文组织前法律顾问——卡莱尔·瓦萨克，把"三代人权"分别称为"自由权"、"平等权"和"社会连带权"。他认为以 1776 年的《弗吉尼亚权利法案》、美国《独立宣言》、法国《人权和公民权宣言》和 1791 年法国《宪法》为标志的时代称作人权的第一代，代表着争取公民自由的时代。这些宣言伴随的革命运动或为被压迫民族求得独立和解放或为被压迫阶级进行革命求得政治自由。以《世界人权宣言》和在它的基础上诞生的《公民权利和政治权利公约》、《经济、社会和文化权利公约》则标志着以争取平等为目标的第二代人权的诉求。《世界人权宣言》第 1 条规定的"人人生而自由，在尊严和权利上一律平等"，与第一代人权宣言如法国《人权宣言》相比，明确具体地提出了平等的范式——"以兄弟关系的精神相对待"。再如，《世界人权宣言》第 5 条规定："任何人不得加以酷刑，或施以残忍的、不人道的或侮辱性的待遇或刑罚。"这在表面上与第一代人权别无二致，但从宣言产生的背景可知，它是对弱者的保护，因为在实践中曾经陷入这种境地、遭受这种刑罚的主要是黑奴、债务人、无家可归者等社会弱势群体。第二代人权为弱者设立的特点更明显地表现在《经济、社会和文化权利公约》之中。《公约》确认"只有在创造了使人可以享有其经济、社会及文化权利"的"条件的情况下，才能实现自由人类享有免于恐惧和匮乏的自由的理想"。问题是，什么人缺乏享受这些权利的"条件"呢？什么人所需要的这类条件还需要等待"创造"呢？只有弱势群体，只有那些在社会生活中处于不利地位的少数者。因此可以说，《经济、社会和文化权利公约》是弱者的权利公约，它所规定的基本权利就是弱者的基本权利。相对于第一代的自由权利，主要要求政府不施加额外干预从而充当守夜人的角色而言，以追求平等为核心的第二代人权，则要求政府积极主动地有所作为。例如，《世界人权宣言》从第 22 条到第 28 条的规定都强调了权利的实现问题，并且都要求国家或社会尽其积极义务。在《世界人权宣言》的内容被法律化之后，在《公民权利和政治权利公约》和《经济、社会和文化权利公约》中，国家对公民人权的实现所承担的积极义务就很明确且具体了。两个公约不仅在《序言》中宣布"各国根据联合国宪章"对"促进对人的权利和自由的普遍尊重和遵行""负有义务"，在正文部分承诺对人权的实现承担义务，而且还规定了促使各国履行积极义务的措施。此后，当以医疗权、养老金、失业保险等社会保障方面的所谓"福利权"为内涵的诸多权利被添加到第二代人权范畴中时，人权的领域又大大扩展了，以至于卡斯·森斯坦称其为"权利革命"①。20 世纪 60 年代，联邦德国的一位医生就将放射性废物倒入北海的事件向欧洲人权委员会提出了控告，认为这一行为违反了《欧洲人权条约》的规定，于是引发了围绕着是否将环境权纳入欧洲人权清单问题的大讨论。几乎同时，在北美，蕾切尔·卡逊（Rachel Carson）的《寂静的春天》（Silent Spring）的问世，如一声惊雷，唤醒人们开始注意，他们一直具有的一项权利在不知不觉中被侵犯了，这就是环境权（environmental right）。不同于国家的环境权，国家的环境权其实是国家

---

① Cass R. Sunstein, *After the Rights Revolution*; *Reconceiving the Regulatory State*, Cambrige, MA: Harvard University Press, 1990.

对外的主权和对内的环境管理权，人权中的环境权是公民环境权。环境权因此被看作第三代人权。也可以做这样的解读，即环境权早就是最基本的人权之一，虽然文字上出现较晚，但却是早就酝酿、包容在早期人权理论中了，可谓"睡眠"中的权利。例如，可以从洛克的天赋人权追加出今日的环境权，因为良好的自然环境是人类生命存在的基础和前提，因而，"人们有权知道环境的真实状况"①，环境权蕴含在生存权中；也可从杰斐逊的自然权利中推导出环境权，因为幸福的生活理当包含清新的空气和洁净的水源，环境权蕴含在追求幸福的权利之中。但是，从本质上看，环境权有别于以往的两代人权，是人类对其与自然关系反思的初步产物。

　　环境权理念和理论是在近几十年中迅速发展起来的。国际社会科学评议会于 1970 年 3 月在日本东京召开了防止公害国际会议，通过了《东京宣言》，其中明确指出："我们请求，把每个人享有其健康和福利等要素不受侵害的环境的权利和当代传给后代的遗产应是一种富有自然美的自然资源的权利，作为一种基本人权，在法律体系中确定下来。"至今，《东京宣言》作为环境权的理论先驱而备受关注。1972 年 6 月在斯德哥尔摩召开的联合国人类环境会议通过了《人类环境宣言》，该宣言最为关心的仍然是"基本人权"，《宣言》第 1 条宣告："人类有权在一种能够在尊严的和福利的生活环境中，享有自由、平等和充足的生活条件的基本权利，并且负有保证和改善这一代和世世代代的环境的庄严责任。人类环境的两个方面，即天然和人为的两个方面，对于人类的幸福和对于享受基本人权，甚至生存权利本身，都是必不可缺少的。"自此以后，西方学者普遍将环境权视为人权，一系列的国际法文件肯定了环境权作为一项人权这一观点。1973 年在维也纳召开了欧洲环境部长会议，会中制定的《欧洲自然资源人权草案》肯定了环境权是一项新的人权，并认为应将环境权作为《世界人权宣言》的补充。1992 年联合国环境与发展大会通过了《里约环境与发展宣言》，环境权的表

---

　　① 《我们共同的未来》，中南财经政法大学人口、资源与环境经济学专业网（http: //202. 114. 224. 27/rkzyhj/jxpy/tjyd/200512/t20051227_ 1502. htm）。

述说明了其程序权利的性质，该《宣言》原则上强调：各国应通过广泛提供资料来便利及鼓励公众的认识和参与，应让人人能有效地使用司法和行政程序，包括补偿和补救程序。通过程序权利的补充，更进一步地将环境权落于实处。到目前为止，人权体系中，很多都增加了有关环境权的规定，或暗含其内容，如《美洲人权公约》、《非洲人权宪章》、《欧洲人权公约》和《公民权利和政治权利国际公约》等。各种国际环境公约及文件以不同的方式规定了人对环境的权利，如各种环境会议的宣言。

　　作为新生的权利，关于何为环境权？在我国法学界，由于对其主体、客体、权能、立法方式、保障模式的看法众说纷纭，对环境权的解释也众说不一。有学者从研究进路和内容归纳，将我国的环境权理论梳理为三个流派，即广义环境权论、公民环境权论和狭义环境权论。[①] 也有学者从环境权性质出发，将现有环境权理论概括为四种：法律权利论，人权、应然权利和基本权利论，习惯权利论，自得权论。[②] 虽然彼此之间有所分歧，但是，关于环境权是基本人权中的一种的前提共识还是普遍并一致的。环境权到底是指人类全体的还是公民个人的？是指人对自然的权利还是自然自身拥有的权利？是指人享受良好生态环境的权利（如日照权、通风权、安宁权、清洁空气权、清洁水权、环境审美权、环境教育权、环境文化权、户外休闲权、环境景观及精神美感权等）还是受益开发自然环境的权利（如渔业资源捕捞权、狩猎权、采药权、伐木权、航运权、探矿权、采矿权、放牧权等）？笔者赞同王社坤博士的建议："环境权应该醇化，而不应该成为包罗万象的权利。如果继续使用这一概念的话，环境权应该仅指公民环境权，而且仅指享有良好环境的生态性权利，而不包括利用环境资源的经济性权利。"[③] 即认为

---

① 王社坤：《环境权理论之反思与方法论重构》，《山东科技大学学报》2012年第1期，第34—35页。

② 参见王小钢《25年来的中国公民环境权理论述评》，《中国地质大学学报》（社会科学版）2007年第4期，第63—67页。

③ 王社坤：《环境权理论之反思与方法论重构》，《山东科技大学学报》2012年第1期，第43页。

环境权的内容仅包括生态性权利，表现为环境法律关系的主体对一定质量水平环境的享有并于其中生活、生存繁衍，其具体化为生命权、健康权、日照权、通风权、安宁权、清洁空气权、清洁水权、观赏权等。至于经济性权利的主体对环境资源的开发和利用，如资源权、环境使用权、环境处理权等则不属于环境权。即千万年来人类对环境的消极使用方式（如呼吸空气、喝水、通风、采光、排泄代谢产物、享受良好的生态等）不应该受到近代工业生产带来的对环境的积极使用方式（如开发资源、排放工业生产废弃物等）的妨碍和破坏。消极使用优先于积极使用，说穿了，环境权就是伦理和法律对公民消极使用权的保护。具体可理解为使原有环境受到保护、使之不被破坏，以及在某些情况下使环境得到改善的权利。

需要着重强调的是环境权不仅指公民享有良好环境的权利，同时包含每个个体享有爱护环境、建设环境、恢复环境的义务。因为，权利从来都是和义务勾连在一起的，如法国学者狄骥所言："自然的、孤立的、生而自由并独立于其他人享有一些由这种独立和自由而生的权利的人是一种脱离实际的抽象概念。事实上，人是作为集体成员出生；人永远只能在社会上生存，所有关于'法'的基础的学说的出发点可能应该是自然存在的人；但自然存在的人并不是18世纪哲学家所说的孤立和自由的存在；他是社会相互关联、相互联系中的个体。因此，我们所应肯定的，不是所有人生而自由且平等享有权利，我们所应肯定的，是人作为集体成员而生存，由此人应当承担维护和发展集体生活而应尽的义务。"①

（2）环境权入宪是大势所趋

常识告诉人们，一项人权只有纳入了宪法，才有可能被落到实处。所以当年女权运动先驱沃斯通克拉夫特在其《为女权辩护》中呼吁道："当你们法国修订宪法以体现对于女性权利的尊重时，如果能够充分证明是理智呼唤起这种尊重，并为占人类总人口一半的

---

① ［法］狄骥：《宪法学教程》，王文利等译，辽海出版社、春风文艺出版社1999年版，第6页。

群体大声呼吁公正，那么这能够证明我的原则吗?"① 同样道理，自环境权产生之日起，其支持者们就主张将该项人权纳入宪法之中。

从公民个体角度看，人权是宪制的出发点和归宿，宪法是人权实现的最高法律依据与保障。环境权作为新型人权，也像其他各项人权一样，入宪后将更有利于促进其从应有权利转变为实有权利。环境权的宪法化，是对它的一种宪法锁定，指通过宪法在法律系统上最高位阶的地位，将某些理念或价值规定于宪法中，使其比较难以被变动，并因而对环境政策的形成和立法、执法和司法实践予以支撑。② 从国家角度讲，干预和解决环境问题是社会国家理念赋予当代国家的一项新使命。换言之，为国民营造一个合乎人性尊严的自然和文化环境是社会国家理念在当代的新展开。③ 另外，按照现代法治原则，国家承担环境保护责任和保护公民的环境权益必须有宪法依据。宪法的生态化势在必行。

由于宪法具有根本法的地位，一切法律、行政法规和地方性法规都不得与宪法相抵触，任何组织和个人都不得有超越宪法和法律的特权。宪法的至高无上的权威决定了只有环境权被写进了宪法，才能发挥更大的法力和效力。在环境危机日益紧迫的当下，环境权的宪法化可谓意义重大。一是向全社会昭示环境保护问题的严肃性、重要性和紧迫性，教育意义首当其冲。如意大利法学家卡佩莱蒂所说："将特定权利载入国际文件和宪法文件的主要目的之一，即是这些文件对公民、法院具有教育上的影响。对公民而言，其可以得知这些权利是如此基本和重要；对法院而言，则意味着必须强化保护这些价值准则和约束审判工作。"④ 二是入宪后能够提高环境

---

① Mary Wollstonecraft, "A Vindication of the Rights of Woman（1792）", in Sylvana Tomaselli（ed.）, *A Vindication of the Rights of Men and A Vindication of the Rights of Woman*, Cambridge：Cambridge University Press, 1995, p. 70.

② Brandl & Bungert, *Constitutional Entrenchment of Environmental Protection：A Comparative Analysis of Experiences Abroad*, 16Harv. Envtl. L. Rev 1992, p. 53.

③ 吴卫星：《环境保护：当代国家的宪法任务》，《华东政法学院学报》2005 年第 6 期，第 43 页。

④ ［意］莫诺·卡佩莱蒂：《当事人基本程序保障和未来的民事诉讼》，法律出版社 2000 年版，第 64 页。

权的位阶，使其处于权利体系的顶端，促使相关的法律、法规的制定都要依托宪法中的环境权来进行，督促立法和司法过程中保障公民环境权的实现。作为国家的根本大法，作为规范环境保护行为的基础性规定，宪法中关于环境保护的规定是环境法和其他相关部门法的立法依据，是人类在不同阶段协调人与环境关系的愿望在宪法中的直接体现和反映。三是由于修宪的艰难和复杂，一旦入宪，就如安全阀一样，确保了该理念和价值的持久性和稳定性，尽可能减少政治气候对其的操纵和影响。如此之多的益处，使得环境权宪法化从可能变为现实。

环境权入宪主要有两种情形：一是宪法规定个人享有清洁、健康的环境的一般性权利；二是宪法仅仅把保护环境作为国家的政策和目标。最早将环境权入宪的国家是瑞士，1874年颁布的瑞士联邦宪法分别就保护河川、森林、禽鸟以及狩猎、捕鱼等问题做了明确规定。随着环境问题的日益严重，越来越多的国家把环境保护写进宪法，第一批将环境权入宪的国家是在1972年斯德哥尔摩《人类环境宣言》的影响下，纷纷采用立法方式明确规定宪法意义上的环境权。如美国的伊利诺伊州、马萨诸塞州、得克萨斯州、宾夕法尼亚州、罗得岛州五个州宪法，俄罗斯、荷兰、西班牙、韩国等国宪法，均明确规定了对环境的权利或者享受环境的权利。大量、集中且多以第一种情形在宪法中明确公民环境权的主要是发展中国家，尤其以非洲最突出。据2007年统计，在非洲52个国家中，36国的宪法明确规定了环境权，几乎占了2/3。① 《非洲宪章》第24条明确规定："各民族有权享有有利于其发展的普遍良好的环境。"这些国家的宪法多在1992年前后制定或修改，当然会受到1992年联合国环境与发展大会的影响。没有规定环境权的国家因其宪法是早期制定的，而修宪大事并非轻而易举的。总之，60年代以来，已有60多个国家在宪法中纳入了环境权。一种权利从提出到得到切实保护，为人们充分拥有，需要经过三个阶段，即应有权利阶段、法定

_____

① Carl Bruch, Wole Coker, Chris Van Arsdale, *Constitutional Environmental Law*: *Giving Force to Fundamental Principles in Africa*, (*2nd Edition*), Environmental Law Institute, United Nations Environmental Program, 2007.

权利阶段和实有权利阶段。环境权在全世界范围来看，总的来说处于由第一阶段向第二阶段的发展过渡中。

沐浴在世界性的环境权宪法化潮流中，亚洲将如何举措引人注目。其中，最先遭遇公害污染的日本理所应当是排头兵。在理论上，日本宪法学早就肯定环境权的学说占支配地位，如通过环境防御权（以日本宪法第 13 条防御权为依据）、环境社会权（以日本宪法第 25 条的社会权或称作生存权为依据）等途径接纳或勾连环境权，取得了不小的成绩。[①] 而且在一些判例中体现了环境权中的清洁空气权、清洁水权、风景权、宁静权、眺望权、通风权、日照权、达滨权等。但是，依附于其他权利上的环境权的宪法解释，不可能促使环境权成为作为环境政策基础的现行环境行政的基本原理，所以，在日本，环境权入宪一直以来呼声很高。前不久，审议日本宪法修改草案的日本众议院宪法审查会于 2012 年 6 月将"环境权"提上了议程。在宪法审查会上，民主、自民、公明三党要求将环境权明文写入宪法。很多意见认为宪法应将保护环境定为国家职责和国家目标。[②] 由此可预测，日本的环境权宪法化并不会很遥远。

作为世界第一人口大国，中国在环境权是否宪法化的态度上无论对自身还是对世界来说都是至关重要的。我国环境法学界对于环境权理论研究的重要性已经达成共识："环境权是环境法的一个核心问题，是环境立法和执法、环境管理和诉讼的基础，也是环境法学和环境法制建设中的基本理论，用它可以解释许多环境法律问题。"[③] 但是，我国是否应该将环境权入宪则众说不一。

中国人的环境权是否得到了法律的认可和保护，可从以下角度进行考证："考察环境权是否法律权利，应当分析公民是否有资格要求政府提供、维护良好的环境质量。如果一国法律拒绝承认公民个人具有这样的资格，那么环境权就不是法律权利或法律利益。"[④]

[①]　参见罗丽《日本环境权理论和实践的新展开》，《当代法学》2007 年第 3 期。

[②]　http://www.sepu.net/html/article/75/76197.shtml。

[③]　蔡守秋：《环境资源法学教程》，武汉大学出版社 2000 年版，第 228 页。

[④]　谷德近：《再论环境权的性质》，《社会科学》2009 年第 11 期，第 101 页。

我国目前的实际情况是，宪法"总纲"一章中规定，国家保护和改善生活环境和生态环境，防治污染和其他公害。我国 1982 年通过的宪法虽然没有写入环境权的内容，但是于第 26 条规定"国家保护和改善生活环境和生态环境，防治污染和其他公害"，明确了国家保护环境的责任，其中蕴含着对环境权的接纳。鉴于当时社会发展情况及国际局势，我国 1978 年和 1982 年宪法都很难或者说没有必要将环境权纳入进来。但是，近 40 年的现代化发展，作为人均资源匮乏的发展中大国，在取得举世瞩目的成就的同时也付出了巨大的生态环境代价。严峻的局势要求我国政府和人民高度重视我国当前日益严重的环境问题，最有力度的举措是在法律上尤其是宪法上体现出来。如此才与我国民主宪制的精神实质和现代负责任大国的地位相应相称。但是，在"公民的基本权利和义务"专章中没有环境权条款。只能说环境保护是国家的基本国策和职责，我国宪法还没有将环境权规定为公民的基本权利，从而使中国公民失去了依据宪法公民基本权利条款救济环境利益的可能。立法实践方面，我国法律和行政法规层级的立法几乎都没有规定环境权，地方法规对环境权的规定带有更多的宣言性质。司法实践方面，在法律没有规定环境权的情况下，法院根本不会受理以环境权为诉由的案件。

有学者以环境保护做得好的美日等国并没有将其入宪，反而是非洲的落后穷国将其入宪的较多为主要理由之一而得出"环境权入宪与环境法治的成功并无必然联系"的结论，从而认为中国并不急需入宪，主要在具体的环保基本法和单行法上做出明确规定。[①] 笔者认为，这一推理未免有将复杂问题简单化之嫌。作为后发的现代化国家，非洲一些穷国将环境权宪法化后并没有什么显著的变化，但是很可能是如果没有入宪的话，情况会更糟。南非与欧美在环保水平上没有太大的可比性，不能指望单单入宪一项为万能药方。放眼西方发达国家，在以立法为主要推动形式的大陆法系国家，由于

_____

① 王世进、刘恣宏：《环境权理论的发展与环境权入宪的反思》，《江西理工大学学报》2012 年第 4 期，第 66 页。

环境权的主体、内容和客体复杂多变，使得单纯的民法、行政法、经济法等部门法难以界定其内涵。所以，环境权入宪的趋势越来越明显，因为只有宪法才能提炼出环境权概念化的精神与功能所在。入宪后会更加推动保障公民环境权的立法和司法进程。例如，在欧洲，1998 年 6 月 25 日欧洲委员会通过的《在环境问题上获得信息、公众参与决策和诉诸法律的公约》（《奥胡斯公约》）是专门保障公民程序权利的区域性公约，保证公民获得环境信息、参与决策和获得司法救济是公约为缔约国明确规定的义务。这基本也反映了法、德等欧洲发达国家国内立法对公民程序环境权的保障程度。保障知情权、参与权的情况下，可以将损害发生后的损害赔偿申请或诉讼转化为请求停止选址建厂、开发生产的侵害排除请求诉讼，使环境侵权民事诉讼的中心转为以事前预防环境破坏为目的的侵害排除诉讼，从而保护了环境，减少了各方面的损失和代价。在盛行判例法的英美法系国家，"从英美国家经典环境案例来看，虽然判例法没有明确法定环境权的内涵，但始终受着伦理环境权概念的制约。……所以，在英美国家法律体系中，环境权虽然没有明确的宪法规定，但环境权伦理观却是宪法精神的重要组成部分，是人权发展的新内涵"[1]。美国现实确实证明了环境权并不一定要宪法化才能得到应有的保障。因为，宪法没有规定环境权的，可通过宪法默示推定、司法直接认定等方式来维护公民环境权。即在宪法没有规定环境权的国家，司法机关可以直接认定环境权是基本人权，如 1993 年菲律宾最高法院审理的"奥伯萨诉菲律宾环境与资源部长案"。原告对菲律宾政府环境与资源部长提出指控，认为大量签发木材砍伐许可证，破坏了原始热带森林的更新能力，侵害了原告及其后代的健康权。菲律宾最高法院认为，虽然规定公民基本权利的《菲律宾宪法》第 3 章中没有此规定，但是，环境权是与生俱来的自然权利，不需要在公民基本权利专章中重复。所以，即使公民基本权利专章没有相关规定，环境权也会得到司法保护。[2] 欧洲大陆法系国

---

① 陈伯礼、余俊：《权利的语境变迁及其对环境权入宪的影响》，《西北政法大学学报》2009 年第 6 期，第 56—57 页。

② 谷德近：《再论环境权的性质》，《社会科学》2009 年第 11 期，第 102 页。

家盛行入宪自有其入宪的道理，而流行判例法的美日等国不需要入宪的做法也算恰如其分。关键要适合自己，而不能千篇一律。总之，如有学者所言："各国宪法在纳入环境权条款时并不存在一个统一的模式，因而不能基于某一国对于环境权的怀疑或否定而否认我国宪法纳入环境权的必要性，也不能直接照搬其他国家宪法规制环境权的模式，而必须因应我国宪法的特点，始能作出理性的建构。"① 分析我国法制现状，中华法系应该归属于大陆法系，法官在适用法律时不可能像英美法系法官那样凭借判例制来能动司法，环境权的运行主要靠立法推动。所以，将环境权入宪将更合乎我国国情。

入宪后有利于加强环境保护基本法的建设，以及在行政实践中加强增加部门法实施效果的机制改革。不必非要等入宪后才去加强它们，两者并不矛盾，如我国 1989 年通过的《环境保护法》在即将进行的修改中就可以引入环境权的内容并做出具体详细的规定。当然，鉴于宪法的稳定性和至上性，修宪及环境权入宪并非儿戏，时机成熟时方可实行。由伦理上认可的应然权利经由法律确证的法定权利最终发展成为现实的实然权利，总是要有一个过程的，不可能一蹴而就。但是，鉴于环境危害的日益加深、生态危机的迫在眉睫，可以断言，从大趋势看，环境权宪法化将成为现代宪制国家发展之必然。

2. 权利主体范围逐渐扩展的趋势——从人到动物

环境权的产生固然加强了人权及宪制理论的绿色化，但是，它仍然是以并且只是以人类自身利益得失权衡为核心的结果。公民环境权，归根结底，是人对环境的权利，而不是环境自身的权利，更不是环境对人的权利。即环境权是人权的一种，而人权本质上属人的、为人的和唯人的。这种从主体人类出发而指向客体环境的权利，最终能否起到真正有效的保护环境的作用已受到越来越多的质疑。例如，环境权在宣言中、一些国家的宪法中及很多国家的环境

----

① 张敏纯、张宝：《非洲环境权入宪的实践及其启示》，《求索》2011 年第 4 期，第 164 页。

法律中都有明确规定，然而一涉及具体的法律诉讼，胜诉的比例微乎其微。突破环境权的局限，应该追本溯源，从根本处——权利主体的范围——进行彻底的理论追问和反思。人类思想史上，权利主体的范围是一步一步地扩大到今天涵盖所有人在内的，其中无论是女性的加入，还是奴隶的解放，都曾经遭遇过巨大的阻力，甚至伴随着流血和牺牲，昔日曾经被时人认为不可能甚至是绝不可能的事情最终成了现实。那么，当下的权利主体的范围是否就是固定不变的终极呢？哲学常识——辩证法告诉我们：权利主体的范围应该是动态的、发展的、建构的，而不是一成不变的。那么，如何科学地扩展与 21 世纪的经济、政治和文化相协调的权利主体范围则是哲学、伦理学和法学工作者面临的不可推卸的思想责任。事实上，先行者已经付诸行动并取得一些突破性的理论成果。

如果继续扩展，首当其冲值得考虑的是这个星球上和人最为接近的生命群体——动物们尤其是高等动物们。然而，突破几千年传统思想的羁绊谈何容易？从亚里士多德到康德，无不因人的理性能力而将其和动物根本区别开来。理性思考和选择、运用语言交流和制造并使用工具这些特殊性决定了人是神以外的至上存在物，所以，唯有人是尊贵的。在目的论盛行的古希腊，集哲学家和生物学家于一身的亚里士多德明确指出，地球上所有植物生来就是要充当动物的食物的，而所有动物存在的目的则是使人类能够生存下去，人类的最高使命则是运用唯有他才有的理性功能去思考这个世界。这一食物链条关系无疑证明了人以外的一切——动植物及自然万物——对人类来说只具有工具意义。康德更是直言：权利应该仅仅属于那些具有自由和理性的存在物，由于只有人有这种自由——运用理性进行选择的能力，所以权利属于并且只属于人类。理性至上主义必然谨慎地、吝啬地将道德主体地位赋予人类自己，这意味着：第一，人的利益是道德原则的唯一相关因素，在涉及和选择一项道德原则时，我们只需看它是否能使人的需要和利益得到满足和实现。第二，人是唯一的道德代理人，也是唯一的道德主体，只有人才有资格获得道德关怀。第三，人是唯一具有内在价值（inherent value）的存在物，其他存在物都只具有工具价值，是以人为目的的存在。所以，人只有对人才负有直接的道德义务，人对其他存在物所负有的义务只是对人的一种间接义务。例如，洛克和阿奎那都曾反对残忍地对待动物，理由是这样做不利于培养人类的善良美德，从而不能友好地对待同类，和动物的感受、命运无关。既然人类是主体，是世界的主人，理当向所有的客体——包括动物在内的大自然进行开发、利用和索取。这种对自然的征服在近现代强大的科技能力的支撑下达到了登峰造极的地步，以至于恩格斯的如下预言已经完全变为现实："我们不要过分陶醉于我们人类对自然界的胜利。对于每一次这样的胜利，自然界都对我们进行报复。每一次胜利，起初确实取得了我们预期的结果，但是往后和再往后却发生完全不同的、出乎预料的影响，常常把最初的结果又消除了。"[1] 于是，残酷的现实促使人们重新思考是否要突破西方传统经典的人权理论的限制而建构新的道德主体范围。如温茨教授所言："人权观点存在两个困难：第一，它不容许对虐待动物行为实施道德谴责或法律制止。第二，它使许多人处于一种不比这些动物的状况更好的境地之中。人权观点的第三个缺陷更为直接地与许多人所认为的一项环境关注相关：物种灭绝。"[2] 最早认识到权利主体过于狭隘的是英国的塞尔特（H. S. Salt），他于 1892 年出版了《动物权利与社会进步》一书，是论述动物权利的最早著作。在他看来，被严加看管的家畜的现状在许多方面都类似于 100 年前黑奴的状况，都被排除在仁慈恩惠范围之外。塞尔特希望，那种在 19 世纪使殖民者获得解放、使奴隶获得自由的道德进步，能继续朝着动物解放的方向发展。

　　动物地位的提升是一个渐行渐近的过程，其中融自发和自觉为一体，从始到终既充斥着人类天然丰富的恻隐之心，也体现了他们理性的利己主义考虑。1822 年，英国通过了第一部在国家层面保护动物的法律——惠及的只是工作动物（马和牛）——《马丁法案》。1824 年，第一个动物保护组织——防止虐待动物协会在英国成立，

---

[1] 《马克思恩格斯选集》第 4 卷，人民出版社 1995 年版，第 383 页。

[2] ［美］彼得·S. 温茨：《环境正义论》，朱丹琼、宋玉波译，上海人民出版社 2007 年版，第 170 页。

并于 1840 年改名为皇家防止虐待动物协会。紧随其后，法国第一次把"在公众场所虐待家畜的行为"纳入刑法。美国防止虐待动物协会（American Society for the Prevention of Cruelty to Animals，ASP-CA）于 1866 年 4 月由亨利·柏格（Henry Bergh）创建。善待动物的理念在欧美大陆迅速推广，各地的动物保护组织和运动方兴未艾、蓬蓬勃勃。最终，动物福利的思想体系正式形成。"动物福利"（Animal Welfare）一词最初由美国人休斯于 1976 年提出，用来表述农场中饲养动物与其环境协调一致的精神和生理完全健康的状态。由于已经有一个半世纪的实践积累，该理论很快成熟起来，不久，英国农业动物协会（Farm Animal Welfare Council，FAWC）所提出的动物福利的五大自由已经被国际社会普遍接受和认可，即让动物享有免受饥渴的自由，生活舒适的自由，免受痛苦、伤害和疾病的自由，生活无恐惧感和悲伤感的自由以及表达天性的自由。这五大自由又被广泛地归纳为动物福利保护的五个基本原则。① 在欧洲和北美，各国对农场动物、实验动物、伴侣动物、工作动物、娱乐动物和野生动物六大类的动物福利做出不同的规定和要求，在法律上给予了制度保障。例如，英国 1911 年通过了《动物保护法》，以后又陆续出台了一系列关于保证动物福利的专项法律，例如《野生动物保护法》、《动物园动物保护法》、《实验动物保护法》、《宠物法》、《动物麻醉保护法》、《狗运输法案》、《家畜运输法案》、《动物遗弃法案》、《动物寄宿法案》、《兽医法》等法律法规，使保证动物福利不受侵害有法可依。再如，欧盟 1979 年 5 月 10 日通过的《保护屠宰用动物欧洲公约》（该公约开放给欧洲理事会成员国和欧洲经济共同体签字）已经明确规定：各缔约国应保证屠房的建造设计和设备及其操作符合本公约的规定，使动物免受不必要的刺激和痛苦。1976 年 3 月通过的《保护农畜欧洲公约》已经明确规定：应为动物提供住处、食物和水，对它们加以照顾，让它们行动自由，并提供光线、温度、空调和其他环境条件……要考虑它们的物

① Radford M.，*Animal Welfare Law in Britain*，Oxford：Oxford University Press，2001，pp. 264-265.

种以及发展家豢的程度，按照现有的经验和科学知识来满足其生理和行为上的需要。1986 年 3 月 18 日通过的《保护用于实验和其他科学目的的脊椎动物的欧洲公约》明确规定：对实验行动进行管制以确保其符合人道。1987 年通过的《欧洲保护宠物公约》明确规定：缔约国要确保宠物不遭受疼痛、折磨、灾难或遗弃。动物福利理念大大地改善了动物的生存环境。

但是，这种改变的程度和速度似乎还不尽如人意，如在美国仍有被迫参与德蕾姿测试（Draize Test）的兔子。[①] 在中国则有"硫酸泼熊"、"高跟踩猫"、"汽油烧狗"、"给活猪注水"、"活熊取胆"、"活拔鹅绒"、"排队喝鹿血"、"累死骆驼"以及"汉中打狗"式的集体动物屠杀等普遍性的虐杀动物事件。动物福利理论的局限性进一步促使思想家们继往开来、推陈出新。学者们发现，不上升到权利——不被随意虐待、伤害、宰杀的权利，不成为权利殿堂的主人之一，福利主义不能够根本保证对动物的保护。福利可以给也可以不给，全凭唯一的权利主体——人——当下的心境。于是动物权利理论逐步完善。动物权利的理论出于何处？朱全景博士曾强调法学的进步离不开其他学科的成果："在法学的规范分析中，没有对人的行为选择进行研究，或者人的行为选择似乎成为一个已经解决的既定前提而被忽略，法学研究成为根基不牢的空中楼阁。……如能借鉴经济学、政治学、社会学、心理学、生物学等其他学科的研究成果，把人的行为选择纳入到法学研究当中，必定会在法学理论中引起革命性进展。"[②] 如果说法哲学的进步需要吸纳其他学科的最新成果的话，道德哲学中的环境伦理学则更是首当其冲，早有学者指出：关于环境伦理的问题可以贯通历史学、伦理学、社会学、政治学、人类学、经济学、建筑学、生物学、农学、自然史、哲学等领

---

① 为进行新型化妆品化学毒性测试，将化学药品涂抹在兔子的眼上直到兔子的眼睛溃疡并因而失明。参见 Peter Singer, *Animal Liberation*, New York：Avon Books, 1975, pp. 48-49。

② 朱全景：《试论比较法的困境与创新》，《比较法研究》2012 年第 2 期，第 43 页；或《新华文摘》2012 年第 15 期，第 20 页。

域。① 近代解剖学和神经学的产生和发展，人们已经认识到动物也有神经组织，尤其是哺乳动物，更是有着和人类似的神经系统。而且高等动物能表达爱、恐惧、焦虑、嫉妒、悲伤和创伤等情感。这一切都为重新认识人与动物尤其是高等动物的关系提供了新资料。1973 年 4 月 5 日，彼得·辛格（Peter Singer）在《纽约书评》上撰文，首次提出"动物解放"（Animal Liberation）一词。1975 年，《动物解放》一书出版。辛格认为，按照边沁学说，具有"感受力"（sentience），即感觉痛苦和享受快乐的能力，是拥有利益的重要条件。一个没有感受力的存在，并不拥有利益；相反，一个有感受力的存在至少拥有最低限度的利益，即不感觉痛苦的利益。一切脑神经发达的动物都具有感受力，也就是说，拥有利益；这些动物因而具有道德地位，应该得到道德关心。② 辛格指出，如果说权利主体从部分人扩展到所有人是一次历史性进步的话，那么，再进一步扩展到动物将是人权发展史的又一次飞跃。前一次飞跃消灭的是种族歧视、性别歧视，后一次飞跃消灭的则是物种歧视。其后，汤姆·雷根在 1983 年出版的《为动物权利辩护》（*The Case for Animal Rights*）一书中明确重申"动物权利"（Animal Rights）概念。雷根认为："某些动物，至少哺乳动物，符合成为生命主体的条件，它们因而具有固有价值，拥有受到道德关心的权利。最低限度，这意味着我们有'起码的义务'（prima facie duty）不去伤害它们。"③ 原因是，生理学常识告诉我们，动物如儿童一般也有"知觉、记忆……一种希冀，一份伴随着感受快乐与伤痛的情感生活，以及发起行动以追逐其欲望与目标的能力"。④ 动物有体验能力，能够感觉到痛苦或快乐，而植物和无生命的食物则无法获得这种幸福或不幸的生命体验。雷根还特别强调，尽管动物与人类权利的具体内容是

---

① David W. Orr, *Ecological Literacy*: *Education and the Transition to a Postmodern World*, Albany: State University of New York Press, 1922, esp. pp. 135-136.

② Peter Singer, "All Animals Are Equal", *Philosophic Exchange*, Vol. 1, No. 5, 1974, pp. 243-257.

③ Tom Regan, *The Case for Animal Rights*, Berkeley: University of California Press, 1983, p. 45.

④ Ibid., p. 243.

不尽相同的，但是，最基本的生存权、不受折磨和虐待的权利是完全相同的。

辛格和雷根的给予动物以权利主体地位的理论可谓人权领域的一场革命，自然反对的声音异常强烈。例如，雷根曾与和自己针锋相对的反对派——密西根大学哲学教授卡尔·科亨——共同出版了《动物权利论争》（*The Animal Rights Debate*）一书。卡尔·科亨坚持主张权利只属于人，动物不是人，因而不能拥有权利。[①] 再如，马肯教授认为动物没有权利，它们不需要解放。在他看来，认为动物具有权利和需要解放是犯了范畴错误（Category Mistake）。"就现在而言，道德生活是人类独有的领域。而别的——低等的——动物不能被赋予这样的道德生活所要求的尊重和保护基本权利的对待。"[②] 斯泰因伯格虽然同意把感知痛苦的能力作为道德上有意义的特征之一，但她否定了这一特征是唯一的有道德意义的特征。人类区别于动物的几个有道德意义的特征：首先，一般来说，人类被认为要对他的行为负责。在认识到某人对其行为负责时，你就相应地给予那人以尊重。其次，我们能期待人类以动物所不能的交互的（Reciprocal）方式行动。动物不能被利他的或道德的原因所激发；它们不能以公平的或不公平的方式对待你。最后，人类具有自尊的期望。[③] 然而，不可否认，在当今的人类社会，尽管完全接受辛格和雷根的动物权利理论的只是一个不大的公民群体，但动物和人一样同属于权利主体的理念确实促进了动物福利观念和运动的普及推广、落实到位和精神升华，并且成为佛教之外另一个推动素食主义的重要来源。例如，2003 年，欧洲议会与欧盟理事会通过了一项法令，要求在 2009 年之后，在欧盟范围内禁止用动物进行化妆品毒性和过敏实验，也不允许其成员国从外国进口和销售违反上述禁令的化妆品。2004 年，欧盟规定在欧盟市场上出售的鸡蛋必须在标签

[①] 参见［美］汤姆·雷根、卡尔·科亨《动物权利论争》，中国政法大学出版社 2005 年版。

[②] Applying Ethics, *A text with readings*, *Jeffrey Olen & Vincent Barry*, Wadsworth Publishing Company, 1996, p. 431.

[③] Ibid., p. 409.

上注明是"自由放养的母鸡所生"还是"笼养的母鸡所生",这意味着生产过程也将成为交易的条件。到 2013 年欧盟各成员国必须停止圈养式养猪而采用放养式养猪。再如,2011 年感恩节之前,美国《华盛顿邮报》提出了"一个素食的感恩节"的建议,介绍了完全无肉类的素食感恩节宴席的菜谱,该报还提供了所有这些菜肴的营养成分,及如何过一个健康节日的建议。结果显示,近 28% 的美国家庭选择了这一方案。① 更重要的是,在制度层面上,权利主体理念催生了国际动物保护公约和各国相关法律法规的完善。例如,1990 年《德国民法典》和 1992 年《瑞士民法典》明确规定"动物不是物",动物不是 things,而是 beings。德国联邦议会于2002 年 5 月 17 日通过了对《德国宪法》(又称为《德国基本法》)的修订,修订后的《德国宪法》第 20a 条规定:"为了后代的利益,国家负有保护生命和动物的自然基础的责任。"从语义学上看,正如"保护人的自然基础一样","动物的自然基础"这一法律语言已经明确表明动物已经成为自然基础的主体。因此,德国国内法学界和国际社会普遍认为,该宪法条款确认了动物的宪法权利,使德国成为承认动物的宪法权利的第一个欧盟国家。瑞士又于 2010 年 3月 7 日就动物是否能够作为独立的法律主体直接委托律师辩护(而非通过诸如动物保护主义中介来代替动物的法律主体地位)这一问题举行全民公投,虽然公投结果否决了这一议案,但否决的原因主要是出于行政费用的考虑而非不承认动物的法律地位。到目前为止,世界上已有 100 多个国家制定了与"禁止虐待动物"有关的法律。发达国家和地区,包括中国台湾,虐待动物罪已经纳入刑法。例如,英国明确规定虐待和残杀动物者,将会被处以数千英镑的罚金或半年以下的监禁。而加拿大法律规定,残杀或虐待动物将面临五年以下监禁的刑罚处罚。

　　语义学上,虽然经济学概念"福利"迥然不同于政治学概念"权利",但事实上,动物福利理念也等于承认了动物具有某种程度

---

① 唐晔、赵惠莲:《素食,拯救地球生物圈》,《沪港经济》2012 年第 1 期,第79 页。

的权利。动物福利观完全赞同人类利用动物时应避免极端的、残酷的方式，而应该做到：一是能不利用就不利用、能不伤害就不伤害；二是利用中不得虐待；三是如果不得不伤害甚至不得不使其死亡的话——应该使其感觉上没有痛苦，如对于实验动物，澳大利亚、瑞典、瑞士、英国等国家都建立了有法律强制性的伦理委员会审查制度，要求试验方案必须通过伦理委员会的审核。因此，相比较来说，如果称辛格和雷根的思想为"强势动物权利论"的话，动物福利也可称作为"弱势动物权利论"。两者的共同点是人类都要放弃自己昔日曾有过的主体特权或为动物尽以前不需要尽的道德义务和法律义务，如在自然保护区，因取消了猎杀权而不再有打猎这项惊险刺激的娱乐游戏。再如，对伴侣动物或家养动物，主人不可以随意折磨它们以发泄自己来自其他方面的不快和怨恨，还要使它们生活得舒舒服服。当然，强势动物权利论主张人类应该放弃更多更大的权利、尽更多更大的义务。问题是，人类会就此止步吗？如辛格所问："在很多国家对待动物的态度正在发生改变。我们不能再将它们排除在道德考虑之外。它们有它们的利益，在伦理上忽视这些利益，或是认为这些利益与人类的利益相比相对不重要一些都是不合理的。但是我们应该走多远？"① 继续前进的话，下一站是哪里？可以断言，这是一个渐行渐远的过程，也是人类由少到多、由不情愿到心甘情愿地逐渐扩大道德主体范围的过程，更是人类觉悟提升的过程。在论证动物也是权利主体之一的方法上，思想家们的理论路径各有千秋，辛格从感受快乐和痛苦的功利主义角度延伸出动物的权利；雷根以生活的主体（the subject-of-a-life）这种自然权利论来承载动物的权利；马克·罗兰兹在他的《动物权利》一书中从罗尔斯的契约主义出发论证动物的权利。② 虽然以上在当代仍为激进的思想和言论，但谁又能预知其不是将来可以燎原的星星之火呢？对此，可以引用雷根在其《为动物权利辩护》一书再版的附

---

① ［澳］彼得·辛格：《动物研究中的伦理学问题》，《中国医学伦理学》2004 年第 2 期，第 33 页。

② Mark Rowlands, *Animal Rights: a Philosophical Defence*, St. Martin's Press, 1998.

言中对伦理思想最终改变社会的说明："道德哲学无法取代政治行为，但它还是可以带来贡献，它的通行证就是观念……历史表明，造成改变的是观念。"①

权利主体的殿堂是否在给予了动物们一席之地后即将关上大门？从倡导"敬畏生命"（Reverence for life）的史怀泽（Albert Schweitzer）那里，可预知一二——动物们身后可能后继有人。史怀泽指出："我们不仅与人，而且与一切存在于我们范围之内的生物发生了联系，关心它们的命运，在危难中救助它们。"② 将生命万物——如树木和野草——赋予一定的主体地位、给予一定的尊重，一个世纪后，对世俗大众来说，仍然如天方夜谭。但是，哲学常识告诉我们，主体具有一定的相对性。主体和客体的区分是相对的，主体性的表现程度可以有所不同。如果将主体性界定为事物的目的性和能动性的话，那么，能够自发地或者自觉地改造或者适应周围的环境的事物，都有着一定程度的主体性。如有学者所概括的：非人存在物亦有不同程度的主体性，从而有其内在价值和权利。③

道德哲学本是法学的开路先锋，但是，往往是社会实践的发展颠倒了这一应有的理想秩序。在人们仍然为动物们的主体地位争论不休的时候，植物却已通过其代理人来到法庭上伸张其主体权利。1971 年，美国学者克里斯托弗·斯通针对谢拉俱乐部状告内务部一案发表了一篇题目为"树能站到法庭上去吗？"的文章，明确提出：应该赋予森林、大海、江河和其他自然物以及整个大自然以"法的权利"，从而在法律的角度揭开大自然的权利的序幕。从现有法律规范可以允许的权利"弹性"出发，斯通指出，自然客体（动物、荒野等）完全可以拥有独立的法律地位，律师可以直接以自然客体

---

① Tom Regan, *The Case for Animal Rights*, University of California Press, 2004, back cover, postscript.

② ［法］阿尔贝特·史怀泽：《敬畏生命》，陈泽环译，上海社会科学院出版社2003 年版，第 7—8 页。

③ 卢风：《论自然的主体性与自然的价值》，《武汉科技大学学报》2001 年第 4 期。

代理人的身份（而不是通过诸如塞拉俱乐部之类的中介）在法庭上为其争取法律权利，也只有这样，才能更好地保护自然。赋予非人类的客体以法律地位并非什么新鲜事物，比如公司法人、船舶在现有法律体系内已经具有独立的法律地位，我们要做的只是进一步扩大能够拥有法律权利的非人客体的范围而已。① 由此可见，权利主体的范围只能是逐渐扩展而不是相反或停止不变，这意味着人类将为此承担越来越多的责任和义务。

（二）可持续发展的宪制理念

1. 可持续发展辨正

"可持续发展"（Sustainable Development）作为一种思潮，已经为世界各国所普遍接受和认同。无论政府机构还是专家学者，无论民间组织还是新闻媒体，都将用近似的语言表达着可持续发展的观念。但是，究竟可持续发展是什么样的发展模式，可持续发展的本质是什么，至今还是含混不清。揭示可持续发展的含义，需要从回顾这种思潮的发展史开始。

随着工业革命的突飞猛进，现代化背后的副作用也日益显现，生态破坏、环境污染、资源枯竭、气候变暖成为危机。1962 年，美国海洋生物学家蕾切尔·L.卡森（Rachel L. Carson，1907—1964）发表了科普著作《寂静的春天》，该书向人们描述了由于农药和杀虫剂的滥用，导致花草枯萎、鸟兽死亡的死一般寂静的图景，唤起了西方主流社会的环境意识和生存意识，成为现代环境运动肇始的标志。旨在研究未来的科学技术革命对人类发展的影响，阐明人类面临的主要困难以引起政策制定者和舆论的注意的罗马俱乐部（Club of Rome）于 1972 年发表了名为《增长的极限》的研究报告。该报告借助系统动力学模型研究全球人口增长、粮食生产、工业生产、资源消耗和环境污染五项因素对人类发展的影响，描绘了由于粮食短缺、资源耗竭、生态破坏而造成的工业生产崩溃的"世界末

---

① Christopher D. Stone, "Should trees have standing? —toward legal rights for natural objects", *Southern California Law Review*, No. 45, 1972, pp. 450-501.

日模型"，第一次提出了地球的极限和人类社会发展的极限的观点，对人类社会不断追求增长的发展模式提出了质疑和警告。同年，联合国在斯德哥尔摩召开首次人类环境会议，并且通过《人类环境会议宣言》。该宣言意识到："在地球上许多地区，我们可以看到周围有越来越多的人为损害的迹象：水、空气、土壤以及生物的污染已达到危险的程度；生物界的生态平衡受到严重和不适当的扰乱；一些无法取代的资源受到破坏或陷于枯竭；在人为的环境，特别是人们的生活和工作环境里存在着有害于人类身体、精神和社会健康的严重缺陷。"进而认定："为了在自然界里取得自由，人类必须利用知识在同自然合作的情况下建设一个较好的环境。为了这一代和将来的世世代代，保护和改善人类环境已经成为人类一个紧迫的目标，这个目标将同争取和平、全世界的经济和社会发展这两个既定的基本目标共同和协调地实现。"这次会议第一次将经济社会发展与生态环境保护问题提高到国际层面，标志着人类开始正视工业革命以来经济社会发展的负面问题，"会议呼吁各国政府和人民为着全体人民和他们的子孙后代的利益而作出共同的努力"①。及于1987年，世界环境与发展委员会向联合国提交了名为《我们共同的未来》的报告，该报告提出在国际上公认的"可持续发展"概念的权威性界定，即"可持续发展是既满足当代人的需要，又不对后代人满足其需要的能力构成危害的发展"。这个普遍接受的界说包含了两层含义：发展既要满足人民特别是贫困人民的基本需要，又要受到地球自然资源和生态环境承载能力的限制。1992年联合国在里约热内卢召开环境与发展会议，这是联合国历史上规模最大、级别最高的全球峰会，有183个国家的代表团和70个国际组织的代表出席了会议。会议重申《人类环境宣言》，并进一步推进制定《里约环境与发展宣言》，确立了27条重要原则，其中包括"人类处于普受关注的可持续发展问题的中心。他们应享有以与自然和谐的方式过健康而富有生产成果的生活权利"；"为了公平地满足今世后代

―――――――――

① 国家环境保护总局国际合作司、政策研究中心编：《联合国环境与可持续发展系列大会重要文件选编》，中国环境科学出版社2004年版，第127—128页。

在发展与环境方面的需要，求取发展的权利必须实现"；"为了实现可持续的发展，环境保护工作应是发展进程的一个整体组成部分，不能脱离这一进程来考虑"；等等。① 1992 年签署的《欧洲联盟条约》提出了欧盟"可持续发展"的目标，并规定"环境保护要求必须纳入其他共同体政策的界定和执行之中"。在 1997 年新修订的《阿姆斯特丹条约》中，正式将"可持续发展"作为欧盟的优先目标，并把环境与发展综合决策纳入欧盟的基本立法中。2002 年可持续发展世界首脑会议在约翰内斯堡召开，会议通过了《约翰内斯堡可持续发展宣言》和《可持续发展世界首脑会议实施计划》，确认经济发展、社会进步与环境保护相互联系、相互促进，共同构成可持续发展的三大支柱。2012 年 6 月 20 日，联合国可持续发展大会（"里约+20"）在巴西里约热内卢市召开。该峰会的成果文件题为"我们期望的未来"，呼吁采取广泛的行动，包括：制定可持续发展目标；阐述绿色经济作为工具如何用于实现可持续发展；加强联合国环境规划署（UNEP），即联合国人居署驻内罗毕的姊妹机构；推动企业可持续发展报告举措；采取措施突破国内生产总值的局限来评估一个国家的福祉；制定可持续发展的融资策略；订立框架来管理可持续的消费和生产；等等。如联合国秘书长潘基文所说，成果将不仅仅是一份文件、一个框架，同时也是推动各方落实可持续发展承诺的新起点。

　　从农药和杀虫剂的控制到经济社会环境协调促进，从学说理论演变为国际宣言，从民间倡议到官方共识，可持续发展的内涵不断深化，集中体现为三大基本原则。第一，发展原则。从"可持续发展"词义本身看，这个概念的核心在于"发展"，发展是硬道理。世界环境与发展委员会在提出"可持续发展"概念时，也将发展放到了核心位置，委员会深信："地球上的人们有能力建设一个更加繁荣、更加正义和更加安全的未来。我们的报告——《我们共同的未来》不是对一个污染日益严重、资源日益减少的世界的环境恶

---

　　① 国家环境保护总局国际合作司、政策研究中心编：《联合国环境与可持续发展系列大会重要文件选编》，中国环境科学出版社 2004 年版，第 123 页。

化、贫困和艰难不断加剧状况加以预测。相反，我们看到了出现一个经济发展的新时代的可能性，这一新时代必须立足于使环境资源基础得以持续和发展的政策。我们认为，这种发展可帮助许多发展中国家，摆脱正日益加深的巨大贫困。"① 有关环境与可持续发展的国际公约都用具体的语言来表述发展，如 2000 年《联合国千年宣言》提出摆脱凄苦可怜和毫无尊严的极端贫穷状况，创造一种有助于发展和消除贫穷的环境，关切发展中国家在筹集资助及持续发展所需的资源时面临的各种障碍等。② 第二，可持续原则。从最宽泛的意义上来说，自人类诞生以来，人类社会一直处于不断发展之中。可持续发展作为 20 世纪 70 年代提出的新范畴，其意义在于倡导发展模式的可持续性，即资源的永续利用和良好的生态环境。可持续发展既要考虑当前发展的需要，又要考虑未来发展的需要，不以牺牲后代人的利益为代价来满足当代人的利益。可持续发展要求人们改变传统的不可持续的消费和生产方式，在资源和环境承载能力的限度内不断发展。第三，公平原则。可持续发展蕴含的公平原则是学者从发展原则和可持续原则的基础上推演并获得普遍认同的一个原则，该原则包括代内公平和代际公平两个部分。代内公平是指同一代人在参与发展活动、享受发展成果上的公平。在宏观层面，全人类都有在机会选择与结果占有上的公平性，都公平地享有生存和发展的权利；在中观层面，不同的地域和区间在机会选择与结果占有上的公平性，通过科技进步、贸易扩大、资源调配等手段来缩小甚至消弭地区之间的经济发展和生活水平的差异；在微观层面，人群间内部每个人都有选择生存方式、发展方式的权利，每个人享有同等的机会。代际公平是指满足当代人对生存和发展的需要，同时应当考虑并且做到使后代人享有同等的商场和发展机会。由于当代人在资源开发利用和环境问题处理上较后代人处于一种绝对主宰的地位，后代人的生存和发展是"被动性"、"非选择性"

---

① 《我们共同的未来》，中南财经政法大学人口、资源与环境经济学专业网（http://202. 114. 224. 27/rkzyhj/jxpy/tjyd/200512/t20051227_ 1502. htm）。
② 国家环境保护总局国际合作司、政策研究中心编：《联合国环境与可持续发展系列大会重要文件选编》，中国环境科学出版社 2004 年版，第 117 页。

地受制于当代人，因此，当代人在选择发展道路时，必须把后代人的发展利益考虑在内。① 可持续发展的内涵的丰富性表现在可持续发展是一个立体的结构，在时间维度上，表现为不同代际的可持续发展，强调当代人与后代人之间的公平；在纵向的空间维度上，表现为不同地域之间的可持续发展，强调不同国家、不同民族、不同区域、不同人群，甚至是不同人类个体之间的公平；在横向的空间维度上，表现为不同要素之间的可持续发展，强调经济、社会和环境三个要素的协调。

在我国，可持续发展被诠释为科学发展观的组成部分，系立足于社会主义初级阶段的基本国情，总结我国发展实践，借鉴外国发展经验，适应新世纪发展需要提出的一种发展理念。中共十七大报告指出："科学发展观，第一要义是发展，核心是以人为本，基本要求是全面协调可持续发展，根本方法是统筹兼顾。""坚持生产发展、生活富裕、生态良好的文明发展道路，建设资源节约型、环境友好型社会，实现速度和结构质量效益相统一、经济发展与人口资源环境相协调，使人民在良好生态环境中生产生活，实现经济社会永续发展。"②

在宪制的视野里，可持续发展范畴主要指经济可持续和生态可持续。

2. 经济可持续——绿色经济

工业革命以来的历史表明，一方面，经济发展是社会发展的根本动力，是社会进步的火车头；另一方面，正是经济发展导致了环境污染、生态危机。据统计，"整个 20 世纪，人类消耗了 1420 亿吨石油、2650 亿吨煤、380 亿吨铁、7.6 亿吨铝、4.8 亿吨铜。占世界人口 15% 的工业发达国家，消费了世界 56% 的石油和 60% 以上

---

① 参见潘玉君等编著《可持续发展原理》，中国社会科学出版社 2005 年版，第 62—63 页。

② 胡锦涛：《高举中国特色社会主义伟大旗帜，为夺取全面建设小康社会新胜利而奋斗》，载《中国共产党第十七次全国代表大会文件汇编》，人民出版社 2007 年版，第 14—16 页。

的天然气、50% 以上的重要矿产资源"①。据美国橡树岭实验室研究报告：自 1750 年工业革命至今，全球累计排放了 1 万多亿吨二氧化碳。② 数据警醒我们，肇始于西方的近代工业文明只解决了一个问题——生产能力，却无法解决反而加剧了的另一个问题——资源消耗，同时还附带制造了第三个问题——环境污染。把人类经济的"矛盾三角关系"推演成了"烦恼四边形"。针对这个"烦恼四边形"，1992 年联合国环境与发展大会通过的《里约环境与发展宣言》中的原则八明确指出：各国应当减少和消除不能持续的生产和消费方式。政府及学术界则从宪制角度对近代生产方式与消费方式进行批判性反思和理论重建，并进一步思考如下问题：在何种程度上生产和消费的增长具有终极性的限制？在何种程度上，它满足了地区性的或全球性的基本需要？政治体制、经济体制、法律体制乃至教育体制要怎样变革才能抑制破坏性的增长？资源应该如何运用才有助于提高生活质量，而不只是服务于提高通常由消费主义所提倡的经济生活标准？……经过多年的探索和实践，绿色经济应运而生。

　　绿色经济的概念最早在 1989 年由英国环境经济学家皮尔斯（Pearce）提出的，但学界对其解释不一。例如："为了经济社会可持续发展这一目的出发，将其解释为在生产、流通、分配、消费过程中不损害环境与人的健康并且是能盈利的经济活动。"③ 也有学者理解为："绿色经济本质上是以生态环境容量和自然资源承载力为约束条件、以保持生物多样化为基础、以人类福祉为本、以人类代际可持续发展为目的的经济形态。"④ 最具权威性且言简意赅的定义当数联合国环境规划署（UNEP）在《迈向绿色经济》报告中的说法："可改善人类福利和社会公平，同时可以显著降低环境风险与

---

①　潘岳：《可持续发展与文明转型》，《人民日报》（海外版）2004 年 1 月 16 日。

②　解振华：《国务院关于应对气候变化工作情况的报告》，《中国气象报》2009 年 8 月 31 日。

③　张叶：《绿色经济问题初探》，《生态经济》2002 年第 3 期，第 59 页。

④　杨志、王梦友：《绿色经济与生产方式全球性转变》，《经济学家》2010 年第 8 期，第 21 页。

生态稀缺的经济。"① 以上诸多定义尽管表述不一，在根本点上是相同的，即认为经济发展必须是自然环境和人类自身可以承受的，不应因盲目追求生产增长而造成社会分裂和生态危机，不能因自然资源耗竭而使经济无法持续发展。主张从社会及其生态条件出发，建立一种"可持续发展的经济"，并主张将有害环境和耗竭资源的活动代价列入国家经济的平衡列表中。随着环境污染和生态危机的加剧，这一理念逐步被全世界接受。UNEP 于 2008 年金融危机爆发之际开始研究绿色经济，启动了"全球绿色新政及绿色经济计划"，倡议各国政府建立低能耗、环境友好、可持续的"绿色经济"增长模式。"绿色新政"力图在联合国主导下通过国家间的合作实现全球经济可持续发展，其中政策参与者不仅包括政府，还包括国际组织、跨国企业、学者等，它们分别承担决策者、投资者、咨询专家的角色。其后组织相关专家进行深入研究，并编制了里约大会报告《迈向绿色经济》。2012 年 6 月，联合国在巴西里约召开了世界可持续发展高峰会议，在纪念可持续发展 20 周年之际，讨论了两大主题："在可持续发展和根除贫困框架下实现绿色经济"与"建立可持续发展的体制框架"。联合国等国际组织的相关论述表明：过去 40 年（1970—2010 年）的发展是以褐色经济为主导的，世界经济和各国发展在物质财富高速增长的同时出现了自然的崩溃与社会的分化。例如，过去 25 年世界经济翻了两番，但是生态服务有60% 出现了退化，21 世纪第一个 10 年让世界明显地看到了过去 40年褐色经济所导致的重重危机。如果世界经济继续沿着褐色经济的道路进行，到下一个 40 年（2010—2050 年），我们将遭遇越来越严重的资源消耗和生态稀缺的 Peak 和 Gap 等问题，如能源供给能力达到高峰但仍与需求增长形成缺口，二氧化碳供给能力与需求增长形成缺口（二氧化碳排放的极限是 450 ppm），水资源供给能力与需求增长形成缺口（只能满足60%），等等。因此转向绿色经济

---

① UNEP, Towards a Green Economy: Pathways to Sustainable Development and Poverty Reduction 2011, http://www. unep. org/greeneconomy/Home/test/tabid/29808/Default. aspx.

是必须走的道路。①

褐色经济是以古典经济学的环境库兹涅茨曲线为理论基点的，这种传统观点视经济效率为解决生态环境问题的首要选择，在经济生产效率不断提高的情况下，可以通过扩大生产规模来提高环境保护的投入能力，也就是通常所说的"先污染，后治理"的发展模式。具体到环境保护问题上，认为可以以经济增长来替代环境污染，经济增长过程中被污染的环境会随着经济发展水平的提高，人们环保意识和能力的增进，以及产业结构、贸易结构调整和技术水平进步等原因而逐步减弱甚至消除。结果是，经济增长只能部分克服传统的环境污染问题，随着工业化进程的加速，时至今日又出现了新的环境污染问题，那就是温室气体的排放。注重和强调效率优先的经济增长不但没有缓解二氧化碳等温室气体排放的趋势，而且还让全球陷入了气候变暖的威胁，发展中国家采用效率优先的措施也没有帮助这些国家解决环境污染问题。相对于库兹涅茨曲线所体现的"弱可持续性"研究视角，更给力的稳态经济学所谓的"强可持续性"研究视角显示出更佳的优越性。前者强调自然资本的可替代性和技术至高无上的作用，后者强调自然资本一定程度的不可替代性和技术在生态方面的有限性。针对持"弱可持续性"观点的新古典经济学家，肯尼斯·鲍尔丁曾一针见血地指出："任何一个相信在一个有限的星球上，（经济的）指数增长能够持续下去的人，不是疯子，就是经济学家。"②绿色经济理论就是摒弃弱可持续性而采用强可持续性的新理念。

褐色经济的核心观点是，基于传统投资的经济增长总是伴随着自然资本的退化与社会问题的发生，即所谓的并钩发展。绿色经济的理论，强调自然系统对于经济系统具有包含性，经济增长的物质

①　参见（1）UNEP，Towards a Green Economy：Pathways to Sustainable Development and Poverty Reduction 2011，http：//www. unep. org /greeneconomy /Home /test /tabid / 29808 /Default. aspx。（2）UNEP，Decoupling Natural Resource Use and Environmental Impacts from Economic Growth 2011，http：/ / www. unep. org / publications /search /pub_ details_ s. asp? ID = 6195。

②　转引自李志青《绿色转型与发展：挑战与选择——复旦大学环境经济研究中心2012 年年会综述》，《电力与能源》2012 年第 5 期。

规模受到自然能力的限制，绿色经济就是经济社会发展与资源环境消耗绝对脱钩的经济。绿色经济可以保持物质财富增长不一定要以环境风险和社会分化的日益加剧为代价。联合国的有关模型研究表明，如果每年投入全球 GDP 的 2%（1.3 万亿美元）于绿色经济领域，经过近 10 年的过渡，在 2020—2050 年可以具有比褐色经济好的经济产出，同时不会导致自然退化甚至促进生态改进。例如，到 2050 年减少 50% 的二氧化碳排放，到 2030 年减少 50% 的森林砍伐。如果说 21 世纪的第一个十年是褐色经济全面危机的 10 年，那么第二个十年就是经济转型的 10 年，绿色经济可以从 2020 年开始进入收获的阶段（见表 4—1）。

表 4—1　　　　　　　　　　　褐色经济到绿色经济的转变

从褐色经济到绿色经济的转变（2010—2050 年）			
发展模式	2001—2010	2011—2020	2021—2050
褐色经济	全面危机	退出主导	成为遗迹
绿色经济	理论萌芽	走向主导	开始收获

资料来源：OECD, *Towards Green Growth*, Paris：OECD, 2011.

绿色经济之所以在经济增长的同时能够不导致自然环境的衰退，是因为其是通过投资于自然资本来促进经济增长的，因此褐色经济与绿色经济的区别就在于资本配置的不同。在褐色经济中，经济发展的资本被重点配置在消耗自然资本以及减少就业机会（人力资本）的领域。例如，过去 20 年大量资本倾注于房地产、化石燃料、金融资产等部门。与此相反，绿色经济则要求通过增加人力资本和减少自然资本消耗来实现经济发展，强调把主要的资本投资在 10 个资源节约和环境友好的领域，包括可再生能源、工业效率、绿色建筑、绿色交通、旅游、废弃物处理以及农业、渔业、水资源、森林等。低碳经济和循环经济是绿色经济的重要组成部分。低碳经济可以看作能源流意义上的绿色经济，要求大量使用清洁能源，提高传统能源的使用效率，吸收经济过程出口的碳排放；循环经济是物质流意义上的绿色经济，要求减少自然资源的输入，加强物品的重复利用，在经济的输出端将废弃物重新转化为资源。根本上来说，绿色经济意味着生产方式的又一次转变，由高污染、高能耗、高投入、低产出、低质量的拼环境拼资源式的粗放式增长转换为低污染、低能耗、高投入、高产出、高质量的拼质量拼效益式的集约式增长。令人欣慰的是这种变革已经开始或者说正在发生。例如，"作为生产方式全球性转变的样板，智能电网代表的生产方式变革，不仅发生在欧洲、美国、日本等发达国家，而且也发生在俄罗斯、印度、巴西、中国等新兴经济体国家。这个事实本身意味着生产方式全球性变革已经发生并在进行中"①。

联合国提倡的绿色经济理念已经成为全球经济发展的旗帜，绿色革命、绿色创新、绿色发展、绿色转型、绿色投资、绿色产业、绿色能源、绿色技术、绿色建筑、绿色金融、绿色就业、绿色贸易、绿色指数、绿色竞争力、绿色 GDP 等概念进一步丰富完善着绿色经济的家族体系，并得到从欧亚到美洲、从发达国家到发展中国家的一致响应。国际绿色经济协会（IGEA）是全球绿色经济发展的引领者，以"推动全球绿色能力建设、维护环境与经济的可持续发展"为宗旨。如 IGEA 每年一届的"全球绿色经济财富论坛"的宗旨就是传播绿色经济价值观，每年推出的"全球绿色财富排行榜"正在逐步改写社会对企业追求的主流价值观的引导。相比之下，欧洲一些国家成为发展绿色经济的排头兵，如 20 世纪 90 年代初，德国几乎没有可再生能源工业，在可再生能源领域也没有领先的技术。然而短短的十几年中，德国在可再生能源利用方面取得了极大的成功，目前已经在风能、太阳能等利用领域居世界领先水平。再如，目前，整个欧洲风力发电的一半在德国，德国的太阳能利用水平也名列欧洲各国前茅。德国计划到 2020 年放弃废弃物填埋方式，彻底实现废弃物处置无残留物。这些成绩的取得源于其国家层面的制度和政策的支持，其《可再生能源法》、《能源保护法》及《循环经济与废弃物法》具有革命性意义。德国学者和其他国际

---

① 杨志、王梦友：《绿色经济与生产方式全球性转变》，《经济学家》2010 年第 8 期，第 23 页。

学者合作提出了著名的"四倍跃进理论",认为可以以一半的资源消耗创造出双倍的物质财富。如此不难理解为什么德国环保产业国际市场占有率高达21%,居世界第一位。英国把发展绿色能源放在"绿色战略"的首位。2009年7月15日,英国发布了《低碳转型计划》,是迄今为止发达国家中应对气候变化最为系统的政府白皮书。该计划涉及能源、工业、交通和住房等多个方面,与该计划同时公布的还有《低碳工业战略》、《可再生能源战略》及《低碳交通战略》三个配套方案。从2009年起,设定"碳预算",并根据"碳预算"排放标准安排相关预算,支持应对气候变化活动,从而成为全球第一个在政府预算框架内特别设立碳排放管理规划的国家。

美国在1993年成立了PCSD(总统可持续发展理事会),1996年形成了题为"可持续发展的美国"的战略报告。报告认为:一个可持续发展的美国应该是经济不断增长,从而为当今美国人民及其子孙后代提供平等机会,确保他们拥有安全、健康、高质量和令人满意的生活。为此,美国将致力保护其生命赖以生存的环境、自然资源以及自然系统的机能和能力。该报告所提出的可持续发展目标中,把"健康与环境"列为十项目标之首,即使是第二位的"经济繁荣"指标中,也把"环境财富"——反映资源损耗和环境代价的衡量手段——作为其中主要指标之一。在这种观念引导下,绿色经济及绿色新政成为必然的选择。总统奥巴马积极支持重要国策咨询机构——美国进步中心提出的"绿色经济复兴计划",并将该计划视为政府"绿色新政"以及"绿色经济一揽子计划"的一部分。该计划预计在两年多的时间里向清洁能源领域注资1000亿美元,并为社会创造200万个"绿领"就业机会。其《2009年美国绿色能源与安全保障法》可谓美国向绿色经济转型的法律框架。恰如金融界大名鼎鼎的投资公司高盛所判断的那样:对于可持续性发展来说,绿色经济应该是使美国和世界重新变得美好的复兴之路。① 虽

---

① ［美］威廉姆·布伦特:《美国经济:沿着绿色之路走向复兴?》,《世界环境》2008年第6期,第27页。

然在签署《京都议定书》期间美国曾表现消极淡漠，但其后可谓睡狮猛醒，并在一些领域取得了令人瞩目的成绩，如为降低能耗，美国先后颁布了《国家节能政策法规》、《国家家用电器节能法案》。在新形势下，2005 年美国又颁布了《国家能源政策法——2005》，这部能源政策法长达 1720 多页，共有 18 篇章，420 多条，是 40 多年来包含内容最广泛的能源法。而《美国清洁能源安全法案》规定美国到 2020 年时的温室气体排放量要在 2005 年的基础上减少17%，到 2050 年减少 83%。

　　在亚洲，日本是绿色经济的楷模。20 世纪 90 年代，日本政府曾多次修改《废弃物处理法》。2000 年 6 月，日本政府公布了《循环型社会形成促进基本法》，这是一部基础法。随后又出台了《固体废弃物管理和公共清洁法》、《促进资源有效利用法》等第二层次的综合法。在涉及具体行业和产品的第三层次立法方面，2001 年 4月，日本实行《家电循环法》，规定废弃空调、冰箱、洗衣机和电视机由厂家负责回收。2002 年 4 月，日本政府又提出了《汽车循环法案》，规定汽车厂商有义务回收废旧汽车，进行资源再利用。同年 5 月底，日本又实施了《建设循环法》，规定到 2005 年，建设工地的废弃水泥、沥青、污泥、木材的再利用率要达到 100%。2009 年 4 月，日本公布了《绿色经济与社会变革》的综合性政策草案。在对企业执行国家节能环保标准的监督管理方面，日本有一套完整的"四级管理"模式：首相—经济产业省—其下属的资源能源厅—各县的经济产业局。在政府的引导下，日本企业纷纷将节能视为企业核心竞争力的表现，重视节能技术的开发。日本政府还通过改革税制，鼓励企业节约能源，大力开发和使用节能新产品。日本创立的"宇都模式"[①] 1997 年受到国际社会的高度评价，被联合国环境规划署授予"全球 500 奖"。中国台湾制定了"再生能源发展条例"，设置了再生能源发展基金，该基金主要来源于向非可再

---

　　① 工业城市宇都，重点发展煤炭工业。市政府从 1949 年起便开始了污染治理工作，市议会设置了"宇都市降煤对策委员会"。1951 年，在全国率先设立了以条例为基础的，由"产、官、学、民"组成的"宇都市煤尘对策委员会"，并取得了非常良好的效果。此后，宇都模式在日本全面推广。

生能源发电厂商收取的费用，其本质就是高能耗企业对低能耗企业的转移支付。韩国政府于 2009 年 7 月公布了绿色增长国家战略及五年计划，确定了发展"绿色能源"等一系列指标，争取使韩国在 2020 年前跻身全球七大"绿色大国"。

中国 30 余年的发展是建立在牺牲环境、浪费资源的生产方式基础上的。2005 年，达沃斯发布的评估世界各国和地区环境质量的"环境可持续指数"显示，在全球 144 个国家和地区中，中国位居第 133 位，全球倒数第 12 位。环境污染和资源开发问题，都超过了环境承载能力。中国政府已经意识到了问题的严重性，并下决心和采取有效举措通过绿色经济来改变现状。例如，绿色经济联合国环境规划署的《2009 年全球可持续能源投资趋势报告》显示，我国对可再生能源项目投资达 156 亿美元，位居亚太地区首位。2008 年的绿色能源投资超过 156 亿美元，比 2007 年上涨 18%，其中投资重点是风能发电和生物燃料。目前，我国已成为世界上最大的太阳能光伏设备制造者及全球第二大风能市场。再如，计划到 2020 年，把单位国内生产总值二氧化碳排放量在 2005 年的基础上减少 40%—45%。这是中国首次给自己的碳排放制定数字指标，表明了我国对气候变化问题的重视。2011 年 1 月 19 日，第二届中国绿色经济 TIO 峰会在北京召开，力图推动中国企业绿色能力建设，促进中国绿色经济发展。我国"十二五"规划纲要明确提出要"树立绿色、低碳发展理念，增强可持续发展能力，提高生态文明水平"。作为世界第一人口大国，人均资源的匮乏以及落后的经济基础水平决定了中国的绿色经济之路是崎岖不平、艰难而漫长的。

3. 生态可持续——由浅入深的生态哲学

绿色经济的实质是经济发展必须建立在环境提供的限度以内，即经济可持续的基础和前提是生态的可持续，而且生态可持续又是人类生存可持续最起码的必要条件。即只有在哲学层面上首肯了生态可持续的重要性和优先性，才能真正理解并坚定不移地发展绿色经济、走经济可持续之路。关于生态可持续的认识，也如从褐色经济到绿色经济一样，经历了或者说正在经历着由表及里、由浅入深的过程。

众所周知，1972 年 6 月 16 日斯德哥尔摩联合国人类环境会议通过的《人类环境宣言》是人类历史上第一个保护环境的全球性宣言。但其对生态危机和人与环境的关系的认识都只是初步的和肤浅的，如原则 2 中有："各国有按其环境政策开发的权利，同时也负有不对其他国家和地区的环境造成损害的义务。"一是把生态环境完全看作各国的私有财产，可以任意支配；二是似乎没有考虑到，任何一国自身环境出现问题时，不殃及邻国几乎是不可能的。再如，原则 3 是："各国在从事发展规划时要统筹兼顾，务使发展经济和保护环境相互协调。"怎样协调？发展经济和保护环境这对矛盾究竟孰先孰后？20 年后的《里约环境与发展宣言》更科学、全面地阐明了环境与发展之间的关系。例如，原则 4 指出："为了实现可持续发展，环境保护工作应是发展进程的一个整体组成部分，不能脱离这一进程来考虑。"在此不仅提出人类可实现"持续发展"的科学论断，而且指出"环境保护工作"是经济与社会"发展进程"的一个"组成部分"，两者有着互相依存的关系。它比《人类环境宣言》中提到的"经济和社会发展对于保证人类有良好的生活和工作环境是必要的"，在认识上有一定的提高。这个被称作"地球宪章"的文件所包含的 27 条原则被所有成员国认可并载入官方文件，其中如下几条影响重大、意义深远。第 7 条共同但有区别责任的原则（Common but differentiated responsibilities）：其概念的提出是在 1972 年，但是在 1992 年的《里约宣言》中才被正式确认为应该予以发展和宣传的全人类应达成共识的原则。这一带有明显区分全球环境事务责任与义务的原则成功地应用在了全球第一共同关心的环境问题——气候变化上。该原则先是被联合国气候变化框架公约（UNFCCC）所引用，而后在该原则的精神指导下，《京都议定书》（Kyoto Protocol）被确立与完善，该原则也被正式引用进了《京都议定书》之中。第 10 条信息公开与环境事务公平原则（Access to information, participation and justice in environmental matters）：该原则提出，所有国家政府应将环境事务和信息公开给每一位公众，公众除了享有知情权外还对环境事务的决策享有参与权。联合国欧洲经济委员会（UNECE）基于此原则于 1998 年建立并通过了

《奥胡斯公约》（*Aarhus Convention*），其中 27 个欧盟成员国均签署
该公约并承诺将这一原则写入该国的法律。第 15 条预防原则（The
precautionary principle）：该原则强调对于任何没有科学定论但是有
可能危害到环境安全的行为都要加以预防以避免环境损失。第 16
条谁污染谁治理原则（The polluters pay principle）：虽然由经济合作
与发展组织（OECD）于 1972 年提出，但是由于《里约宣言》将
其收录而影响力更加广泛。在这一原则影响下，很多环境保护的法
律法规、条例政策都发生着变化。

　　20 年过去了，以今日的眼光来看，如潘基文在 2012 年的"里
约+20"峰会的致辞中所说："1992 年的地球峰会（里约联合国环
境与发展大会）把可持续发展列入全球发展议程，但时至今日，世
界并没有实现当年的愿望。如今，各国认识到旧的经济和社会发展
模式已经过时，这次峰会为世界提供了建立新模式的契机。"① 由此
可见，1992 年的《里约宣言》的局限及不足是明显的，根本上仍
然是以追求无限的经济发展为核心，如第 5 条谈到国际合作的目的
是："缩小生活水平的悬殊和更好地满足世界上大多数人的需要。"
至于缩小生活水平的悬殊是以高水平为标准普遍提高低水平的，还
是两者都向中间靠近？世界上大多数人的需要是什么以及合理吗？
地球上的生态资源能否承受满足世界上大多数人的需要？这些问题
都被回避了。因为该公约时代的指导思想是，只要有钱、有经济实
力，任何污染、危机都是可以解决的。经济发展了，环境自然会好
的，因为事后的治理可以包治百病。结果却是：污染日益扩大、全
球日益变暖、生态危机日益加重。残酷的现实说明应该从指导思
想——哲学基础——上进一步挖掘和反思，于是不可避免地，各种
生态学粉墨登场：物理生态学、化学生态学、生物生态学、数学生
态学、系统生态学、人类生态学、行为生态学、心理生态学、文化
生态学、教育生态学……尽管所谓绿党内部百花齐放甚至论战不
休，但却一致认为以前的"牺牲暂时环境利益以便获得更大经济利
益是值得的"观点的哲学基础过于短视、功利和浅薄，应该有更深

---

① http：//news. xinhuanet. com/world/2012-06/21/c_ 112264887. htm.

刻、深邃、深远的生态哲学取而代之。20 世纪晚期以来影响广泛而深刻的生态哲学主要有两大派别：一派是以挪威的哲学家阿恩·奈斯（Arne Naess）于 1973 年在跨学科期刊《探索》（*Inquiry*）上提出的"长远的深生态运动"（the long-range deep ecology movement）来区别以前的"短期的浅生态运动"（the short-term shallow ecology movement）为代表的"深层生态学"。1985 年，美国生态哲学家比尔·德维尔（Bill Devall）和乔治·塞欣斯（George Sessions）出版了《深层生态学：重要的自然仿佛具有生命》（*Deep Ecology: Living as if Natured Mattered*）一书，标志着该学说理论的基本成型。另一派以美国学者默里·布克金（Murray Bookchin）为代表的——在"生态"前加上"社会"一词——力图在政治制度层面深入挖掘环境问题的深层根由及解决方式的所谓"社会生态学"。

奈斯的"生态哲学"（ecosophy）一词中的 ecos 和 sophia 均来自古希腊语，前者表示栖息地，后者代表智慧。因此，生态哲学指的是一种充满生态智慧的生活方式，或者说是一种不断追求生态智慧以达到与自然和谐相处的生活方式。他指出相对于政策、行动这些外在的结果性的行为，个人的生态哲学观及其平台原则才是更为根本的。他创立的"深层生态哲学 T"中的 T 是挪威的一座小山，意思是不同的人类个体在不同的具体自然环境中可能有不同的生命哲学，比如，张三可能有生态哲学 M，李四可能有生态哲学 Z，尽管不尽相同，但却可能都支持并参与深层生态运动。恰如道教讲物我一体，佛教讲非暴力、勿伤害，哲学不同，行动可相同或相近。奈斯的深层生态哲学 T 的产生与后现代主义这个大背景是分不开的，被称作生态后现代主义（ecological postmodernism）。与现代性把个人与他人或他物的关系看作是外在的、偶然的和派生的观点相反，后现代主义则强调个人与他人或他物关系的内在性、本质性和构成性。格里芬曾指出："个体并非生来就是一个具有各种属性的自足的实体，他（她）只是借助这些属性同其他事物发生表面上的相互作用，而这些事物并不影响他（她）的本质。相反，个体与其躯体的关系、他（她）与较广阔的自然环境的关系、与其家庭的关系、与文化的关系等等，都是个人身份的构成性的东西。"① 基于此，奈斯和塞欣斯于 1984 年首次提出八点平台性原则，该平台性原则于 1985 年发表在由德维尔和塞欣斯编辑出版的《深生态学》(Deep Ecology) 一书中。这八项原则的最新版本是：第一，任何存在都具有内在的价值。第二，生命的丰富性和多样性具有内在的价值。第三，除非为了满足必不可少的需求，人类无权减少这种丰富性和多样性。第四，人口的减少对人类有好处，对其他生物更有好处。第五，目前人类的干涉程度破坏了生态系统的可持续发展。并且这种过度的干涉正处于扩展上升中。第六，重大改进要求在社会领域、经济领域、技术领域和思想领域进行深刻变革。第七，观念的改变本质上要求人们追求更好的"生活质量"而不是高"生活标准"。第八，认可上述观点的人们有责任直接或间接地为实现这些必要的转变贡献力量。② 深层生态哲学提醒人们从世界观、价值观深处去反省传统的但却是不合时宜的哲学思想——以人类自我为中心的价值理念，主张生态中心主义。人类只有将自己看作自然的一部分才是完整的，如奈斯所说："最重要的事是成为一个完整的人"，即"在自然之中生存"(being in nature)。③ 奈斯概括自己的最高哲学智慧是"自己活，也让其他所有的一切活下来"(To live, let live)——使所有生命和自然过程达到普遍的共生。深层生态学提倡"轻踏地球"(tread lightly on the earth) 原则，呼吁人类减少对外在自然界的干预和破坏。避免将自己高高地置于自然万物之上，不以自己的好恶来决定它们的价值和意义，更不能为了追求自己欲望的满足——所谓理想的生活标准——而去随意开发、使用、处置甚至毁灭它们。

社会生态学在生态学前加上了"社会"两字，就是要在社会制

---

① [美] 格里芬：《后现代精神》，王成兵译，中央编译出版社 1998 年版，第 22 页。

② Arne Naess, *Life's Philosophy: Reason and Feeling in a Deeper World*, Athens, GA: University of Georgia Press, 2002, pp. 107–108.

③ Arne Naess, *Ecology, Community and Lifestyle*, Translated and edited by David Rothenberg, Cambridge University Press, 1989, p. 14.

度上寻找这个深层原因。例如，布克金认为，人以自然主人自居的世界观来源于人类社会内部人对人的统治关系。生态危机出现的根本原因是阶级、国家和市场经济的运作机制。布克金指出，在唯利是图的资本主义市场经济竞争中，常态是："一个行为符合生态理性的讲道德的企业家在与对手的竞争关系中会处于明显的劣势，甚至可能被置于死地，特别是当对手缺乏生态意识，因而可以降低生产成本、获得更高利润以用于资本的进一步扩张时更是如此。"① 与尽可能减少人类的生态足迹、保持荒野的纯粹自然的生态复杂性不同，社会生态学的目标在于把人类社会发展和生物发展、人类共同体和生态共同体重新整合起来，坚信富有智慧、道德和生态科技能力等的人类可以建立一个美好的理性生态社会。在社会生态学家看来，诉诸信仰、理念和价值观来解决日益严重的生态危机未免过于幼稚甚至肤浅，只有彻底消除滋生生态问题的社会原因——资本主义、等级制和国家，实行类似古希腊的直接的面对面民主，即将民主政治建立在"无国家的"（stateless）民主自治的小规模社区之上，才可能真正走出危机。20 世纪 80 年代，布克金将他面对面民主的理论发展成为一种系统的方法，为了便于识别，他赋予这种方法一个名称："自由进步的自治市镇主义"（libertarian municipalism），"在这里，在这些与个人最直接相关的环境——社区、街道、乡镇或村庄中，私人生活慢慢地开始逐步转变成一种公众生活，这是在根基层次上发挥功能的真正场所，而城市化并没有摧毁它"②。虽然与深层生态哲学扭转宇宙观、价值理念的解决途径相比，社会生态学的从根本上变革当前人类社会政治经济体制的方法和路径似乎多少有一点乌托邦，但确确实实是从另一个角度挖掘了引发生态危机的一个重要根源。

深层生态学与社会生态学有很大的理论分歧，但是，同样应该看到，他们的共同点是"缺乏对现代大规模技术、技术与官僚精英

---

① Murray Bookchin, "What is Social Ecology?", in Michael E. Zimmerman (ed.), *Environmental Philosophy*, New Jersey: Prentic-Hall, Inc., 1993, p. 367.

② Murray Bookchin, "Theses on libertarian municipalism", in *The Limits of the City*, Montreal: Black Rose Books, 1986, p. 172.

的信任，而且他们憎恨中央集权和物质主义"①。从挖掘生态危机的原因和主张的前卫性来说，两者都属于广义的深层生态哲学，即"'深层生态学'泛指主张以激进方式结束人类对地球统治的理论学说；狭义的'深层生态学'指的是由挪威哲学家奈斯开创、并由 B. 德维尔（Bill Devall）及 G. 塞欣斯（George Sessions）等人发展了的、追问环境问题深层根源的理论学说"②。深层生态学反映了在北欧这些比较平等、文明的社会里，哲人们从信仰、价值观方面对爆发生态危机的文化自觉；而布克金则体现了身处北美资本主义中心的思想家们从社会制度方面对生态危机体制原因的政治哲学反省。两者都有着它们的独特背景赋予其学说的合理性，因而至今仍然有着强壮的生命力。从奈斯的深层生态学 T 的原创来说，深层生态学与其他很多生态学说包括社会生态学来说是相容的、通约的，从这一点来说可谓殊途同归。例如，在 2012 年的"里约+20"峰会上，联合国秘书长潘基文强调："我们将致力于一个能够消除贫困并且尊重自然资源极限的可持续经济模式。"这与1992 年《里约宣言》第 5 条原则中的"缩小生活水平的悬殊和更好地满足世界上大多数人的需要"有了本质的不同，主张不仅承认而且尊重自然资源及经济增长的极限，与深层生态学的平台原则第 7 条——观念的改变本质上要求人们追求更好的"生活质量"而不是高"生活标准"——彼此遥相呼应。再如，2009 年哥本哈根大会无果而终，以及潘基文对未来充满了担忧："现在是采取行动的时候了，我们不能让我们的后代再去召开什么'里约+40'甚至'里约+60'了。"③ 最根本原因在于各国都从狭隘的本国利益出发，考虑的主要是本国人民的经济利益、本党的政治声望和前途，而置其他国家尤其是第三世界国家的人民于不顾。这又一次印证了社会生态学所批判的国家、等级制、统治所体现的人与人的关

---

　　① ［英］戴维·佩珀：《生态社会主义：从深生态学到社会正义》，刘颖译，山东大学出版社 2005 年版，第 48 页。

　　② 张惠娜：《绿色反对绿色：布克金对深层生态学的批判》，《世界哲学》2010 年第 3 期，第 26 页。

　　③ http：//news. xinhuanet. com/world/2012−06/21/c_ 112264887. htm.

系对生态危机形成的根源作用。

从浅生态学到深层生态哲学，认识逐渐深刻了，根源逐渐清楚了，然而在全球的生态环境问题上，可谓知易行难。也许人类真的还需要"里约+40"、"里约+60"，因为每一点进步都很艰难。虽然进展缓慢，但毕竟我们在向前。

（三）宪制伦理中的环境正义

宪制是由各种社会条件支撑的复杂的制度实践，宪制的推行和实施与特定社会的历史背景、政治结构、经济基础密切关联，与民族的文化传统和国民对伦理规范的理解密切关联。早期宪制实践的法理学、伦理学基础源于自然法和自然权利，坚持着人的主体性、直觉性和理性。古罗马时期第一个系统地论述自然法的法学家西塞罗在《关于共和政体》中写道："真正的法律是理性和自然的一致，它是普遍适用的，不变的和永恒的……"，"这种法律是法律无法废除的，人们也绝不能免除这种法律的义务。它来自上帝，要是有谁不服从它，也就是否定自己的本性。"① 他认为，真正的法律是自然法，是合乎自然的纯正理性者，它具有本原性，从自然中产生，在国家未成立、成文法未制定前就存在，并且永恒不变；它具有普适性和世界性，不分国界和民族，代表着"理性"、"正义"，是最高的天理和价值。直到资产阶级启蒙思想家洛克把个人的生命、自由和财产看作自然法规定的不可让与、不可剥夺的基本权利，认为政府的主要目的是保护人们的私有财产；再到卢梭主张人们在订立契约成立国家时把个人的一切自然权利全部转让给整个集体，成立国家的目的是要保护构成人们生存要素的财产、自由和生命。可见，宪制实践始终以人的自由、平等和权利为价值追求。

在自然主义指导下的国家制度设计突出了个人主体，国家是个人组织起来的契约产物；强调个人目的，社会仅是促成个人精神和物质满足的手段；这种传统的人本主义+自由主义的精神，蕴含和浓缩着人类实现自身解放的欲望，是在人类长期与生态自然的冲突

---

① 上海社会科学院法学研究所：《宪法》，知识出版社 1982 年版，第 4 页。

和斗争中发展起来的，其价值观念是将人作为万物的尺度，以人类利益为中心的，把人类和生态自然截然分开，把经济利益最大化预设为人类社会发展的动力，把自然环境的掠夺和征服作为社会发展的主要手段，把没有节制的欲望和享受当作社会发展的终极目标和人类幸福的标志，从而陷入了人是自然主宰者的误区。当代社会逐步摈弃了"人类利益中心"、"人类利益至上"的传统立场，开始认识到在人类和自然共存的背景下，人类的价值不可能超越生态自然整体的价值时，国家的制度设计也以"人类和生态共同利益"为中心，正在走向宪制生态主义。宪制生态主义的目标是在传统宪制价值的前提下进一步实现环境正义，由自然权利保障走向环境权利保障。

宪制伦理所蕴含的广义视角的环境正义包括以下三个方面：种际正义、代内正义、代际正义。

1. 种际正义——人类中心主义日渐式微

西方文明的两大起源，无论是古希腊哲学中"人是世界万物的尺度，是一切存在的事物所以存在、一切非存在的事物所以非存在的尺度"[①]，还是基督教《圣经》中亚当最初作为伊甸园的守护者曾经给所有的动物取名，都显示出人类是神界之外的宇宙中的高级存在，自然万物是人类生存的资料来源，只具有工具意义，因而人类对人以外动植物、环境资源的索取、利用、耗损乃至消灭都具有天经地义的合理性，如据统计，到 20 世纪末，"世界上约有四分之一的哺乳动物种群面临着灭绝的危险，13% 的植物种群也濒临灭绝。同时，世界上主要的鱼类都处在灭绝的边缘"[②]。最先促使人们质疑人类中心主义（Anthropocentrism）的科学发现，一是 16 世纪哥白尼的日心说，一是 19 世纪达尔文的《物种起源》。当 20 世纪环境污染、生态危机全面爆发后，人类中心主义受到了人文学者的全面清算："在非人类中心主义看来，工业文明的环境危机实质上是一种价值危机。正是由于工业文明的主流价值观——人类中心主

<hr>

① 周辅成：《西方伦理学名著选辑》上卷，商务印书馆 1987 年版，第 27 页。
② ［美］希拉里·弗伦奇：《消失的边界：全球化时代如何保护我们的地球》，李丹译，上海译文出版社 2002 年版，第 10 页。

义——把人视为自然的主人，把人的主体性片面地理解为对自然的征服和控制，把自然逐出了伦理王国，使自然失去了伦理的庇护，人与自然的关系才出现了整体性的空前危机。因此，想使人类彻底摆脱目前的生态危机，就必须超越人类中心主义的局限，扩展伦理关怀的范围，确立非人类存在物的道德地位，用伦理规范来调整人与自然的关系。"① 几千年来，人类中心主义造就了人类的繁荣和强盛，同时也导致了非人类生命的衰败甚至灭绝。人类中心主义被当代环境主义者批评为人类沙文主义（Human chauvinism）和物种歧视主义（Speciesism），罗尔斯顿则称其为"主体癖"（subjective bias）。20 世纪 50 年代以后，以自然保存主义（Preservationism）、生物中心论（Biocentrism）、生态中心论（Ecocentrism）、生态整体主义（Ecological holism）、深层生态学（Deep Ecology）和动物权利/解放论（Animal Liberation/Right Theory）等为代表的生态主义伦理学纷纷出现，对人类中心主义进行了猛烈的抨击，也引发了传统宪制伦理观的变革。

阿尔伯特·史怀泽（Albert Schweitzer，1875—1965）是生物中心论伦理学的创始人，他提出了敬畏生命的伦理观。在他看来，一个人，只有当他把植物和动物的生命看得与人的生命同样神圣的时候，他才是有道德的。奥尔多·利奥波德（Aldo Leopold，1887—1948）是土地伦理学的创始人，他指出："迄今还没有一种处理人与土地，以及人与在土地上生长的动物和植物之间关系的伦理观。土地，就如同俄底修斯的女奴一样，只是一种财富。人和土地之间的关系仍然是以经济为基础的，人们只需要特权，而无须尽任何义务。"② 土地不仅指土壤，还包括气候、水、植物和动物，它们与人构成所谓的共同体。在这个共同体中，每一个个体是共同体的成员之一，彼此相互作用、相互依赖、相互影响。共同体的目标旨在实现人类角色的根本转变，即"要把人类在大地共同体中以征服者面

---

① 杨通进：《争论中的环境伦理学：问题与焦点》，《哲学动态》2005 年第 1 期，第 11 页。

② ［美］利奥波德：《沙乡年鉴》，侯文蕙译，吉林人民出版社 1997 年版，第 192—193 页。

目出现的角色，变成这个共同体的平等的一员和公民"①。作为自然价值论的提出者，罗尔斯顿（Holmes Rolston）视大自然为所有事物的"生命子宫或生养环境"（originating matrix or parental environment）。他从系统论的角度看待地球这个巨大的由人和其他生物、土地、水等自然要素共同组成的整体系统，在系统内部，物质循环和能量流动依固有的规律不断进行，任何一个环节受到破坏，整个生态系统就会失衡。其中一物包含着他物，一物的存在离不开与他物的联系和对整个系统的依赖。他曾指出："一个人如果对地球生命共同体——这个我们生活的行动于其中的，支持着我们生存的生命之源——没有一种关心的话，就不能称作一个真正爱智慧的哲学家。"② 在批判人类中心主义的同时，演绎出了伦理整体主义（ethical holism）原则。而深层生态学的创立者奈斯和塞欣斯于 1984 年提出的八点平台性原则③的核心可谓矛头直指人类中心论，如第 1 条：任何存在都具有内在的价值。反对以人类自己的好恶来判断善恶。诚然，世界上唯有人类有理性能力，不仅可以探索自然对象，也可以毫不留情地反思自身。但毕竟，人类作为地球的亿万物种之一，以一个物种来判定所有物种之间的应有关系，好比一个棋子判定全盘的布局和游戏规则一样，一定会有阿马蒂亚·森所讲的"位置的客观性"问题，即从某个特定位置观察似乎是客观的，但如果超越这一位置而从全局来看就未必客观。阿马蒂亚·森认为："在道德和政治哲学以及法学中，超越因我们的位置而带来的局限是十分重要的。做到这一点并非易事，但这却是道德、政治学和法律研究与思考不得不面对的挑战。"④ 所以，我们切不可因理性而自负，恰恰相反，在发挥理性反思功能的同时，则要谨慎理性本身的局限

---

① ［美］利奥波德：《沙乡年鉴》，侯文蕙译，吉林人民出版社 1997 年版，第 194 页。

② ［美］霍尔姆斯·罗尔斯顿：《哲学走向荒野》，刘耳、叶平译，吉林人民出版社 2000 年版，第 11 页。

③ Arne Naess, *Life's Philosophy*: *Reason and Fee ling in a Deeper World*, Athens, GA: University of Georgia Press, 2002, pp. 107- 108.

④ ［印度］阿马蒂亚·森：《正义的理念》，王磊、李航译，中国人民大学出版社 2012 年版，第 145 页。

所在。再如第 2 条：生命的丰富性和多样性具有内在的价值。即消灭了生命的丰富性和多样性，也就消灭了人类自身，其道理在于："人作为动物已经过分成功了……人以其数量上和技能上的加速增长，威胁着他的环境并因此（如人口生态学的法则所要求的）威胁着他自己作为生物物种的将来"①。地球上的物种之间本无优劣高下好坏之分，要么同生共荣，要么同归于尽，如深层生态学家所言："谁也不能获救，除非大家都获救。"② 从文化传统来说，人类中心主义是西方个体主义的必然结果。盛行整体主义的东方文化从一开始就带有反人类中心主义（Anti-Anthropocentrism）的特征，如中国道家认为人与万物共存共在共荣共辱，庄子谓之"天地与我并生，而万物与我为一"（《庄子·齐物论》）。道家提倡的简约生活方式——"是以圣人去甚，去奢，去泰"（《老子》第 29 章）故而"不贵难得之货"（《老子》第 3 章）——与深层生态哲学主张的"手段简单，目的丰富"（Simple in Means, Rich in Ends）的新生产价值观不谋而合。

人类中心主义的日渐式微，促使法学领域在 20 世纪发生了哥白尼式革命，如激进者为保护生物多样性甚至主张"法外空间"，法学家的解释是：法外空间学说是自由法律秩序的特征，它对悲惨的危难案件保留评价，而不是一个规则，由行为人自行负责其行为的正确性。③ 即当人为了生存别无选择地毁灭某种濒危物种的栖息地或者屠杀这类物种时，并非"法律没有规定"，而是"法律没有评价"，即属于"不禁止—不允许"的空间。虽然接受如此极端主张者微乎其微，但不得不承认，强人类中心主义独领风骚的时光已经彻底地一去不复返了。在是要弱人类中心主义还是要生态中心主义抑或整体主义的选择中仍然有差异和争论，但自然、荒野、原生态

---

① ［美］W. J. M. 麦肯兹：《政治学中的生物思想》，转引自［斯里兰卡］C. G. 威拉曼特里编《人权与科学技术发展》，张新宝等译，知识出版社 1997 年版，第 228 页。

② B. Devall, G. Sessions, *Deep Ecology: Living as if Nature Mattered*, Salt Lake City: Peregrine Smith Books, 1985, p. 67.

③ ［德］考夫曼：《法律哲学》，刘幸义等译，法律出版社 2004 年版，第 327 页。

等新概念已经普及，而保护自然、维护物种多样性的重要性也已获得共识。在此基础上，一系列标志宪制生态主义的国际性法律文件纷纷诞生。例如，1968 年《非洲自然和自然资源保护公约》、1973年《濒危野生动植物物种国际贸易公约》、1979 年《野生动物迁徙物种保护公约》、1979 年《保护欧洲野生生物及其自然栖息地公约》、1980 年的《南极海洋生物资源养护公约》、1982 年《联合国海洋法公约》和 1986 年《南太平洋地区自然资源和环境保护的公约》等。以上公约的共同点是确认了自然具有其"内在的价值"，如 1979 年《保护欧洲野生生物及其自然栖息地公约》的序言规定：野生动物和植物是一种自然财产，具有美学、科学、文化、原始性、经济和其内在的价值，为了未来世代必须予以保存。联合国大会于 1982 年通过了《世界自然宪章》（*World Charter for Nature*），其中强调："人类与大自然和谐相处，才有最好的机会发挥创造力和得到休息与娱乐。"该宪章在序言里指出，"生命的每种形式都是独特的，不管它对人类的价值如何，都应当受到尊重；为使其他生物得到这种尊重，人类的行为必须受到道德准则的支配"。1991 年10 月，世界自然保护同盟、联合国环境规划署和世界自然保护基金联合发表了《新的世界环境保护战略》，其中作为有关实现社会可持续发展的九项基本原则的第一原则就是"尊重生命共同体是重要的"，该原则所表现的是"在现在和未来都有义务尊重他人与其他所有的生命体"的伦理原则。1992 年，在里约举行的联合国环境与发展大会通过的《生物多样性公约》（*Convention on Biological Diversity*）奉行了综合生态系统保护（Integxated Ecosystem Protection）的理念。在该公约序言中规定"意识到生物多样性的内在价值和生物多样性及其组成部分的生态、遗传、社会、经济、科学、教育、文化、娱乐和美学价值，还意识到生物多样性对进化和保持生物圈的生命维持系统的重要性，确认生物多样性的保护是全人类的共同关切的事项"。在 1992 年里约地球高峰会议期间，参加"国际NGO、社会运动体研讨会"的世界团体和个人缔结了若干 NGO 条约，其中就宣示了"所有的生物或无生命物质具有实存和固有的价值"，"确认所有的生物或无生命物质的生存、保存以及受到保护的

权利"，"所有生命的多样性具有其自身固有的价值"，"生命的各
种形态具有存在的权利"这样的基本理念。以上国际公约、宪章无
不表明，尊重自然、保护自然应当成为宪法保护下人的不可推卸的
权利和责任。

彻底告别人类中心主义是一条漫长的崎岖之路，宪制生态理论
需要完善和普及，同样，相应的宪制能力更是亟待提高，如生物多
样性保护国际法虽已初步形成了一个体系，但这个体系本身并不完
善，尚未形成一个层次分明、结构合理、内部协调统一的整体。而
当前最急需的是将已经成熟的思想、理论转化为行动，这正是 2012
年"里约+20"峰会的宗旨所在。

2. 代内正义——走出西方中心主义

如果说"种际正义"是指物种彼此（主要是指人与自然或人与
其他物种）之间应有的合理关系的话，那么，人与人的生态环境方
面的合理关系既包含代内的也包含代际的。从实现层次来说，首
先，"人际正义"是"种际正义"的基础和保障，如学者所言：
"我们很难设想，一个没有人际公正和社会公正的社会能够达到对
自然的公正。在这种意义上，人对自然的伦理关系总是以人对人的
伦理关系为前提的。"① 其次，"人际正义"也是环境伦理的终极理
想和高等诉求，如阿伦·奈斯所言："一个绿色社会，在某种程度
上，不仅要解决生态可持续问题，而且要能保证和平与大部分的社
会公正。"② 匮乏社会公正的社会充其量只能是"浅绿色"的，而
人类的真正的目标是"深绿色"社会。③

---

① 雷毅：《环境伦理与国际公正》，《道德与文明》2000 年第 1 期，第 24 页。

② Arne Naess, "The Third World, Wilderness, and Deep Ecology", in George Sessions
ed., *Deep Ecology For The 21st Century*, Shambhala, 1995, pp. 397-407.

③ 诸大建教授区分了浅绿色和深绿色两种环境观念：浅绿色的环境观念，较多地
关注对各种环境问题的描述和渲染它们的严重影响，而深绿色的环境观念则重在探究环
境问题产生的经济社会原因及在此基础上的解决途径；浅绿色的环境观念，常常散发对
人类未来的悲观情绪甚至反发展的消极意识，而深绿色的环境观念则要弘扬环境与发展
双赢的积极态度；浅绿色的环境观念偏重于技术层面问题，而深绿色的环境观念强调从
技术到体制和文化的全方位透视和多学科的研究。参见诸大建《绿色前沿译丛（第二
辑）总序》，载［英］埃里克·诺伊迈耶《强与弱：两种对立的可持续性范式》，王寅通
译，上海译文出版社 2002 年版。

　　"代内正义"又包括"国内正义"和"国际正义"两个方面。例如，美国环保局（EPA）对环境正义的解释①就主要指美国环境的国内正义。因为诸多环境问题如全球气候变暖、有毒废物转移、臭氧层空洞、森林锐减、水资源短缺、物种消失等并非局部特有的，往往是超越国界的，因而具有全球性质，这就涉及各国家、地区或民族在解决环境问题时必须面对的国际正义问题。事实上，处理好国际正义问题可能是我们在更大的程度上有效地解决环境问题的根本所在，也是难点所在。因为从根本上说，环境伦理学依据生态学理论建立的代内正义的道德原则在很大程度上要求限制和牺牲人类的局部利益以换取整体的利益。与国家内部的运作体制不同，虽然联合国设有国际法院，但它们对当事国并没有像国内法院对当事人那样的强制管辖权。国际法的实施，在很大程度上仍是凭借国家本身的力量。② 在仍然盛行国家本位的当代，不得不承认，很少国家能够做到在利益上不仅考虑本国同时兼顾其他国家。正义的实质是分配问题，环境正义中的国内正义和国际正义则主要指环境善物和环境恶物的公平分配。我国台湾地区学者纪骏杰教授曾将环境的代内正义详细解释为：人类社会所产生的社会不可欲物质（包括垃圾、有毒废弃物、核废料等），往往被社会中（或国际上）的强势群体以各种手段强行迫使弱势群体接收及承担。而这些弱势群体本来就已经是社会资源分配不均的受害者（实质不正义），他们对各种危害也最缺乏认识与最不具抵抗力；如今却仍得在不自愿的状况下遭受各种由生活环境的毒害所带来的威胁（程序不正义），可谓双重的社会不正义。③

　　相对于种际正义来说，代内正义的思想理论的发展水平相对薄弱。最早发生于 20 世纪 80 年代美国的沃伦抗议（Warren County

---

　　① EPA 认为：环境正义是指对于环境法律、法规及政策的制定、实施及执行等方面，不同种族、肤色、来源国及收入，都应得到公平对待和有效参与决策。参见 Feng Liu, *Environmental justice analysis: theories, methods, and practice*, Lewis Publishers, 2001, p. 11。

　　② 梁西：《国际法》，武汉大学出版社 2002 年版，第 15 页。

　　③ 纪骏杰：《环境正义：环境社会学的规范性关怀》（http://www.china-review.com/cao.asp?id=15965）。

Protest)① 意味着环境正义中的国内正义的诞生，至今已有近 40 年的历史。由此可知，美国的环境正义问题附着在其种族歧视问题上，类似中国的环境正义问题附着在城乡二元格局上一样，后者不解决，前者很难根除。两相比较，国家内部问题的解决比国际问题的解决容易得多，如距"沃伦抗议" 10 年后，1991 年美国"第一次全国有色人种环境领导高峰会"（People of Color Environmental Leadership Summit）就达成了 17 条环境正义的基本原则，其中涉及国内正义的有如下九个：第 1 条，要求公共政策必须以给予所有人民尊重和正义为基础，不得有任何形式的歧视和偏见。第 5 条，确认所有族群有基本的政治、经济、文化与环境的自决权。第 7 条，环境正义要求在所有决策过程的平等参与权利，包括需求评估、计划、付诸实行与评估。第 8 条，所有工人享有一个安全与健康的工作环境，而不必被迫在不安全的生活环境与失业之间做一个选择的权利。它同时也强调那些在自家工作者免于环境危害的权利。第 9 条，保障环境不正义的受害者收到完全的赔偿、伤害的修缮以及良好的医疗服务。第 10 条，环境正义认定政府的环境不正义行为是违反联合国人权宣言及联合国种族屠杀会议精神的行径。第 11 条，环境正义必须认可原住民透过条约、协议、合同、盟约等与美国政府建立的法律及自然关系来保障他们的自主权及自决权。第 12 条，尊重所有社区的文化完整性，并提供公平享用所有资源的管道。第 13 条，环境正义要求严格执行告知（被实验／研究者）而取得其同意的原则，并停止对有色人种施行生育、医疗及疫苗的实验。② 作为环境正义的发起国和先行者，此 17 条中涉及国际正义的只有两个：第 14 条，环境正义反对跨国企业的破坏性行为。第 15 条，环境正义反对对于土地、人民、文化及其他生命形式实施军事占领、

<hr />

① 沃伦是美国北卡罗来纳州的一个县，是北卡罗来纳州的有毒工业垃圾的倾倒和填埋点。这个县的主要居民是非裔美国人和低收入的白人。1982 年，上百名非裔妇女和孩子以及少数白人组成人墙封锁了装载有毒垃圾的卡车的通道，并由此引发了国内一系列穷人和有色人种的类似抗议行动，被称为"沃伦抗议"。

② 纪骏杰：《环境正义：环境社会学的规范性关怀》（http：//www. china-review. com/cao. asp？id＝15965）。

压迫及剥削。① 可以说，与略有成果的国内正义的理论构建相比，国际正义方面可称为刚刚开垦的处女地。

随着全球气候变暖、物种减少速度加快、原始森林被大面积砍伐等问题的日益严峻，整合世界各国力量挽救生态危机已是当务之急。如汤姆·迈克尔所说的那样："世界性的环境问题，比各个国家的环境问题的总和要大。"② 根本原因是聚焦于本国的利益考量，如 2001 年美国退出《京都议定书》的主要理由是，中国、印度、巴西等一些发展中国家温室气体的排放总量和增量都很大，但这些国家未列入承担减排责任的名单。一方面，发达国家注意的是发展中国家人口爆炸、资源滥用、环保不力，因而会产生冷酷的哈丁的"救生艇伦理"（lifeboat ethics）。③ 另外，发展中国家强调发达国家的历史排放和人均耗费，如据统计，美国加州的家庭排碳量最低的三座城市（圣迭戈、旧金山、圣何塞）是中国碳排量最高城市（大庆）的 4 倍，是中国各个城市平均碳排量的 10 倍。④ 总之，发达国家占世界 1/5 的人口却生产和消费着全球 4/5 的商品和服务。对此，西方的环保理论在东方遇到了阻力，如印度学者伽哈在其著名的论文《美国激进环境主义与荒野保护：来自第三世界的批评》中指出，尽管环保运动在西方取得了巨大的成功，但在向第三世界推行的时候却忽视了经济发展水平和文化背景上的差异。在印度，自然保护区不是用来保护"自然"，而是用于保护生活富裕的旅游者

---

① 纪骏杰：《环境正义：环境社会学的规范性关怀》（http://www.china-review.com/cao.asp? id=15965）。

② 《我们共同的未来》，中南财经政法大学人口、资源与环境经济学专业网（http://202.114.224.27/rkzyhj/jxpy/tjyd/200512/t20051227_1502.htm）。

③ 各国之间的关系犹如救生艇式的关系。富国处在救生艇上，而穷国则是等待救援的落水者。由于艇的承载力有限，它最多只能救上几个落水者，否则救生艇便会因超载而倾覆。如果一个受道德驱使的人，因救生艇不能拯救更多的落水者而有负罪感，那么可以对他说："请离开，把位置给其他人。"而愿意取代其位置的落水者肯定是一个不道德的人。哈丁建议富国还应该停止对发展中国家的人道援助，因为援助不仅不会使穷国脱离苦海，相反会使穷国的人口增加，最终连累发达国家以及整个人类的生存和发展。参见 Cf. Garrett Hardin, "Living on a Lifeboat", *Bio-Science*, No. 24, 1974, pp. 561-568。

④ 参见《报刊文摘》2010 年 3 月 26 日。

们所感兴趣的大型哺乳动物。这些保护区的建立常常迫使农民离开生活的家园迁移别处，它的受益者只有富人。所以，在第三世界建立野生自然保护区是一种生态帝国主义。① 站在发展中国家的角度，自然会认为：无论是以诺顿、墨迪等为代表的人本主义强调的人类整体利益和长远利益，还是以辛格、泰勒、罗尔斯顿、奈斯等为代表的自然主义强调的"自然生物共同体的利益"，都掩盖或淹没了各国不同利益的矛盾关系。究其本质，可以追问，谁之利益？何种正义？美国的社会生态学家布克金针对深层生态学把矛头指向"人类中心主义"的观点，一针见血地指出了其中的要害："这种笼统性的人类物种观点把青年人与老年人、妇女与儿童、穷人与富人、剥削者和被剥削者、有色人种和白人，全都置于一种与现实显然不符的相同地位。每一个人，无论他或她的具体情况如何不同，都必须要为地球的困境承担相同的责任。无论他们是埃塞俄比亚的儿童还是公司显要，都要因为当今世界的生态难题受到同等程度的指责……这种相当传统型的方法，不仅回避了当今生态失衡的深刻社会基础，还会阻碍人们致力于一种能够带来社会实质性变化的实践。"②

　　分歧和斗争催生了国际正义方面的基本原则——共同但有区别责任的原则（Common but differentiated responsibilities）。这一原则是在 1972 年首次提出的，直到 1992 年《里约宣言》（第 7 章）被正式确认为当前人类宪制生态观的重要原则。这一旨在区分全球环境事务中不同责任与义务的原则曾经成功地应用在了全球首要共同关心的环境话题——气候变化问题上。此原则最先被联合国气候变化框架公约（UNFCCC）引用，后来在其倡导的精神指导下，《京都议定书》被确立并完善，《京都议定书》中同样引进了此项基本原则。全球共同原则（Global commons），是 1980 年由世界自然保护

---

① Ramachandra Guha, "Radical America n Environmentalism and Wilderness Preservation: A Third World Critique", in Donald Van De Veer & Christine Pierce ed., *Environmental Ethics and Policy Book. Belmont*, California, 1994, pp. 548-556.

② ［美］默里·布克金：《自由生态学：等级制的出现和消解》，郇庆治译，山东大学出版社 2008 年版，1982 年版导言。

同盟（IUCN）、UNEP 和联合国教科文组织（UNESCO）共同提出的。全球共同原则建议所有全球共同的自然资源如大气层、公海等不能因为任何一个国家的利用而影响其他国家的利益。1992 年联合国里约大会通过的《环境与发展宣言》大量内容涉及国际正义问题。如，原则五：各国和各国人民应该在消除贫穷这个基本任务方面进行合作，这是持续发展必不可少的条件。原则六：发展中国家，尤其是最不发达国家和那些环境最易受到损害的国家的特殊情况和需要，应给予特别优先的考虑。原则七：各国应本着全球伙伴关系的精神进行合作，以维持、保护和恢复地球生态系统的健康和完整。鉴于造成全球环境退化的原因不同，各国负有程度不同的共同责任。发达国家承认，鉴于其社会对全球环境造成的压力和它们掌握的技术和资金，它们在国际寻求持续发展的进程中承担着责任。原则九：各国应进行合作，通过科技知识交流提高科学认识和加强包括新技术和革新技术在内的技术的开发、适应、推广和转让，从而加强为持续发展形成的内生能力。大会通过的《21 世纪议程》也强调了所有国家都要分担责任，但承认各国的责任和首要问题各不相同，特别是在发达国家和发展中国家之间。宣言、公约和议程中肯定的以上基本原则虽然粗略泛泛，但毕竟将国家间的环境利益冲突纳入宪制的框架内，使其有据可循、有理可讲。

关于国际正义中共同但有区别责任的原则——究竟区别在何处？区别到何种程度？仍然是很难确定的具体问题。就此，一些学者探讨了这一总原则下的分原则，如亨利·苏（H. Shu）提出了维护国际环境正义的三大平等原则：第一，如果一方在过去的岁月里未经对方同意就把某些成本强加给对方，从而不公平地获得了某些好处，那么，为了恢复平等，被单方面地置于不利地位的一方就有资格要求在未来的岁月里，占了便宜的一方应承担某些不对等的、至少与他们以往获得的好处相当的责任。第二，在一个由不同集团组成的社会中，如果大家都有义务为一个共同目标出力，那么，那些拥有资源最多的一方通常都应出力最多。第三，假如某些人缺乏足够的享有尊严的生活所需的资源，而其他人拥有的资源又远远多于享有尊严的生活所需，而且人们可以获得的资源总量又如此之多，以至于每一个人都可以获得足够的资源，那么我们如果仍不能确保每一个人拥有最低限度的资源，那就是不公平的。① 再如，国内有学者认为代内正义原则应包括：生存优先原则、公平原则（含差别原则）、英雄主义。② 曾建平教授的专著——《环境正义——发展中国家环境伦理问题探究》（山东人民出版社 2007 年版）则对此做了详尽的事实分析并进行了有价值的理论建构。学者可以仁者见仁智者见智，但核心内容应该与人权精神相一致，对此，可参照世界自然保护同盟、联合国环境规划署和世界野生生物基金会为人类可持续的生存提出的六条普遍的道德原则，其中涉及代内正义的有："每一个人都有同样的基本权利，包括：生活的权利、人的自由和安全的权利、思想信仰和宗教自由的权利、询问和发表的权利、参与政府的权利、受教育的权利、在地球极限之内为更体面的生活目标而利用自然资源的权利。个人、社会或民族都不具有剥夺他人生计的权利"；"在不同社会和不同利益的团体之间、在那些贫困和富足的地区之间，以及在现代和将来的世代之间，每个人都应该有目的地公平分享资源、利用效益和费用"；"保护人类权利和自然界的其他事物是世界范围的责任，它超越于各种文化、思想意识上的以及地理上的界限。这些责任既是个人的也是集体的"③。

　　纯粹的理论建设并不足以支撑具体的国际合作，一方面仍然是发达国家维持富裕生活标准下巨大的资源消费，如《2006 地球生命报告》指出：西方人正在以难以持续的极端水平消耗自然资源，北美人均资源消耗水平不仅是亚洲或非洲人的 7 倍，甚至是欧洲人的 2 倍。到 2050 年，如果都像美国人那样生活需要五个地球，都像日本人那样生活则需要准备 24 个地球。即使以目前世界平均增速来算，也必须有两个地球的自然资源量才能满足人类每年的需求。另一方面是发展中国家为发展经济而使大量宝贵的雨林、耕地、荒野

---

① H. Shu, "Global Environment and International Inequality", *International Affairs*, Vol. 3, 1999.

② 韩立新：《环境问题上的代内正义原则》，《江汉大学学报》2004 年第 5 期。

③ 参见《保护地球——可持续生存的战略》，中国环境科学出版社 1992 年版，第 7 页。

迅速地减少。双方的深刻矛盾致使 2009 年哥本哈根峰会无果而终，共同但有区别的责任——区别在哪里？区别多少？世界环保运动要真正走出低谷首先需要所有参与国家拿出诚意和责任心，作为强势的一方——发达国家——应该率先垂范，超越所谓的西方中心主义。但是，2009 年 11 月在罗马召开的联合国粮食安全首脑会议上，发达国家"大面积缺席"，让"提升援助比例的目标"成为幻想，表明了西方对全球携手消除饥饿的冷漠态度。再如，2012 年"里约+20"峰会上，美国总统奥巴马、英国首相卡梅伦和德国总理默克尔等国家首脑却由于国内政治问题与欧元区金融困境缺席大会。同样，发展中国家应反思自身的弱点，奉行自立自强的宗旨解决诸多难题。例如，从 1981 年到 2010 年，中国计划生育委员会在执行计划生育政策中共有生育流产 2.72 亿，① 为缓解中国乃至世界人口的过度膨胀做出了贡献。关于导致人口爆炸的原因，中国学者反思道，"在发展中国家还普遍存在一些落后、陈旧的人口价值观，如重'多'轻'少'，重'生'轻'养'，重'男'轻'女'，重'壮'轻'老'，重'城'轻'乡'，重'权'轻'责'"，应建立合理的生育伦理观。② 与此相反，有学者（尤其是第三世界学者）主张应将罗尔斯的正义两原则由"国内版"扩展为"国际版"——由此打造全球正义，这种将美国学者对本国内部理想体制建构的理论设想挪移到全球社会的想法是严重脱离现实的乌托邦，不说"作为公平的正义"从其产生开始就受到同在自由主义旗下的诺齐克"权利平等"理论的挑战，单是奢望超越国界地实行给最少受惠者带来最大利益的差别原则就如同梦想天上掉馅饼一般，极度天真幼稚。其次，双方都应将已经认可的理论原则落实于实际，言行相符。然而现实恰恰相反。例如，近 30 年里，美国近海石油开采一直是一个禁区：1969 年加利福尼亚南部海岸发生重大石油泄漏事件；1989 年埃克森石油公司邮轮泄漏。所以，国会、总统多次下令禁止开采西海岸和墨西哥湾石油。2010 年，奥巴马下发了部分开采令——向

---

① http://news.qq.com/newspedia/139.htm?pgv_ref=aio2012&ptlang=2052.

② 曾建平、彭立威：《环境正义：发展中国家的视点》，《哲学动态》2004 年第 6 期，第 29 页。

壳牌公司发放了开采北冰洋海域的许可。对此，得克萨斯大学石油与地学工程学院主席塔德兹·帕克塞特说："我个人觉得，使用着全球 20% 石油产出的美国如果只是为了保证美国利益而不进行国内开采是一件毫无诚意的事情。……这么做意味着把本来应由我们承担的石油泄漏和环境问题转嫁到其他更贫穷的、没有保护的国家。"①

2012 年"里约+20"峰会通过了成果文件《我们憧憬的未来》，文件重申了"共同但有区别的责任"原则，决定建立高级别政治论坛，并敦促发达国家履行官方发展援助承诺，向发展中国家转让技术和帮助加强能力建设。但从《京都议定书》建立的清洁发展机制（CDM）运行情况②可预知：环保的国际合作之路是崎岖、艰难而漫长的，每一个国家、每一个地球公民都有责任和义务——路漫漫其修远兮，吾将上下而求索！

3. 代际正义——超越本代中心主义

世界环境与发展委员会于 1987 年首次明确界定了"可持续发展"概念，1992 年"里约会议"后，"可持续发展"成为全球性的发展战略。这种发展战略或发展方式被定义为"既满足当代人的需要，又不对后代人满足其需要的能力构成危害的发展"③。事实上，环境的代际正义不仅是可持续发展的注释，更是后者产生和存在的伦理依据。即我们为什么要"可持续发展"？为什么不可以"我死后，哪怕洪水滔天"（路易十五语）？与从横向上共时地考察角度不同，代际正义则是从纵向上历时地反映和体现人与人之间所应具有的伦理关系。代际正义的产生源于代际不正义现象的广泛出现，如学者指出的那样："世代之间正义的问题预设了我们能够确定一种利益冲突，这种冲突是发生在今天的人们的需要和在某个遥远的明

---

① 参见《报刊文摘》2010 年 6 月 25 日。

② 清洁发展机制是发达国家与发展中国家的合作减排机制。根据规定，发达国家可以通过资金和技术援助，帮助发展中国家实施减少温室气体排放的项目，减排量在经过核准后可以冲抵发达国家的减排指标。但事实证明，因为经济上的竞争关系，发达国家给予的往往是过时的技术，以保持对核心技术的垄断。

③ 《我们共同的未来》，中南财经政法大学人口、资源与环境经济学专业网（http://202. 114. 224. 27/rkzyhj/jxpy/tjyd/200512/t20051227_ 1502. htm）。

天的没有出生的世代将需要的之间的。"① 虽然未来人并不在场，虽然在世者拥有独霸的对周遭生物及资源环境的话语权和处置权，问题是，我们应该如何应用这种特权或霸权？正是在这种思考中，代际正义理论在罗尔斯的《正义论》中最早出现了："不同世代的人和同时代的人一样相互之间有种种义务和责任。现时代的人不能随心所欲地行动。"② 从根本上来说，代与代之间虽然有时间的差异性，但因有空间的同一性而产生了彼此的权利义务关系。随着环境问题上代际正义的紧迫性日益加剧，人们越来越认识到代际正义在正义理论中的重要地位，如环境政治学家安德鲁·多布森（Andrew Dobson）所言："至少从 20 世纪 70 年代开始，任何没有对将未来世代纳入正义共同体的可能性进行讨论的正义理论，都是不完整的。"③ 至今，正义理论派别不一，但大致都力图证明代际不正义的不合理性以及代际正义理论有着强大的逻辑生命力。权利论者（如乔尔·范伯格，Joel Feinberg）以"利益"为出发点为未来世代进行辩护，他指出："能够拥有权利的存在物，就是那些具有（或者能够具有）利益的存在物。……由于未来世代拥有'生活空间、肥沃的土壤、清新的空气诸如此类'的利益，因此他们有实现这些利益的权利。"④ 社群主义者提出了"现实的跨代共同体"（actual trans-generational community）范畴，如约翰·奥内尔（John O'Neill）就此认为："未来世代可以给我们带来好处或伤害：我们生活的成功或失败依赖于他们，因为只有他们才能完成我们的目标。"⑤ 而契约论者则引用罗尔斯"原初状态"的理论假设："各方并不知道他们属

① Richard A. Epstein, "Justice across the generations", *Texas Law Review*, No. 67, 1989, p. 1467.

② ［美］罗尔斯：《正义论》，何怀宏等译，中国社会科学出版社 1988 年版，第 293 页。

③ Andrew Dobson, *Justice and the Environment：Conceptions of Environmental Sustainability and Dimensions of Distributive Justice*, Oxford：Oxford University Press, 1998, p. 66.

④ Joel Feinberg, "The Rights of Animals and Unborn Generations?", in E. Partridge, ed., *Responsibilities to Future Generations*, New York：Prometheus Books, 1981, p. 143.

⑤ John O'Neill, *Ecology, Policy and Politics：Human Well-being and the Natural World*, London：Routledge, 1993, p. 34.

于哪一代，会发生什么样的事情，以及他们处于社会文明的哪一阶段。他们没有办法弄清楚自己这一代是贫穷的还是相对富裕的，是以农业为主还是已经工业化了，等等。在这些方面，无知之幕是彻底的。"① 总之，权利论者扩展权利共同体、社群主义者扩展道德与文化共同体、社会契约论者扩展原初状态各方共同体，这三种主张都为代际正义的成立提供了丰富的理论源泉。

如果说，代际正义是当代人和后代人之间所应具有的正义关系的话，那么，"所谓环境代际正义是当代与后代人在利用环境资源问题上保持恰当的比例，既不能为了当代人的利益过度利用自然而使后代人无资源可用，破坏甚至毁坏他们的生存基础，也不能为了子孙后代的需要而使当代人生活在贫困之中"②。环境代际正义理论也曾遇到了一些阻力，如两种可持续范式之争：弱可持续范式也称作可替代范式，认为对子孙后代十分重要的是人造资本和自然资本（也许还有其他形式的资本）的总和，而不是自然资本本身。自然资本被看作是在消费品的生产中本质上可替代的。而强可持续范式也叫作不可替代范式，认为除了总的累计资本以外还应该为子孙后代保留自然资本本身，这是恰当和公平的，因为自然资本的价值是不可替代的。③ 确实，现代人与古人相比已经发生了很大的变化，因为现代生活很大地不同于古代的生活。同理可知，未来社会和未来人也会迥异于今天的社会和我们当世者，如学者所预测的："我们愈是向未来深入，就愈是缺少信心来确定那时候的人类将具有的偏好。"④ 因此，不应该本着简单的"己欲立而立人"（《论语·雍也》）为人处世原则对待遥远的未来人，根本原因在于人类的科技力量改变了环境，也改变了我们自身。虽然人类早有离开地球、开

---

① ［美］罗尔斯：《正义论》，何怀宏等译，中国社会科学出版社 1988 年版，第288 页。

② 杨盛军：《环境代际正义概念辨析》，《中国社会科学院研究生院学报》2008 年第 6 期，第 38 页。

③ ［英］埃里克·诺伊迈耶：《强与弱：两种对立的可持续性范式》，王寅通译，上海译文出版社 2002 年版，第 3—4 页。

④ Barry B., "Sustainability and intergenerational justice", in Dobson, A. (ed.), *Fairness and Futurity*, Oxford; New York: Oxford University Press, 1999, p. 99.

拓太空寻找新家园的梦想，但据目前科技发展状况来看，即使可能实现，也需要漫长的世世代代。在未来相当长的世代内，人类仍将生活在地球上，仍将延续人类自诞生开始就具有的最基本的生存需要：清新的空气、洁净的饮用水和营养丰富的食物。且不论弱可持续范式有为本我或己代过更好的物质生活而对未来世代不太负责任的嫌疑，即使是如弱论所言，也同样承认了未来人类生活仍需要一定的、足够的自然资源做保障，因为，人是人（People are people），而不是神。正因为基本需要的永恒性，正因为我们不能以科学假说尚不认可的可能设想为基础而拿子孙后裔的生死存亡来冒险，所以，我们必须坚持可持续性，而且为了保险，最好是强可持续性，爱惜地球上所有的自然之物，譬如，即使在超越了农业文明的后工业时代，我们依然认为："土地的必要性是永久性的，而且对于土地的发展一般需要有一个超过现在的所有人的预期的生命。这些财产将传递下去，除非生活在现在的人以破坏他们所创造的东西为乐。这种风险看起来很小。"①

环境代际正义的本质也是分配问题，如艾维纳·德夏里特（Avner De-Shalit）所认为的那样，主要包括三个方面：第一，在面临一种资源过度使用的情况下，对自然资源获取的分配，尤其是在涉及不可再生资源时，后代人是否具有和当代人同样的要求。第二，在环境决策上，巨大的赤字或者长期债务所产生的问题与为了后代人的利益进行储蓄之间的关系。因为对后代人具有意义的政策可能和当代人的即时需要是冲突的，如为了避免后代人面对一个受到有毒气体污染的世界，只能通过分配减少而不可能根本上消除环境问题，当代人需要考虑如何在长期的环境政策中分配清除这些影响而产生的大量的金钱和时间负担。第三，有关人口政策问题。因为在人们考虑后代人不断增长的对能源、食品、住所、衣服等方面需要的时候，人口规模就成为决定分配模式的一个重要因素。所

---

① Richard A. Epstein, "Justice Across the Generations", *Texas Law Review*, No. 67, 1989, p. 1487.

以，人口政策同样涉及各种资源的分配问题。① 关于伦理原则，考虑到环境代际正义是代际正义的核心，罗尔斯最早提出的代际正义的基本原则也同样适用于环境代际正义，即"储存原则"（savings principle）："即每一代都从前面的世代获得好处，而又为后面的世代尽其公平的一份职责。"②在生态环境方面也应如此，此处"公平的"即指适当的、适度的，既不能为己代生活得舒服而竭尽资源将生态环境严重损毁——留给子孙的是无法生存的地球；也不能为后代生活得更好而一味地委屈己代从而强迫所有人过苦行僧一样的生活。参照罗尔斯代际正义的两个阶段的划分：需要净储存率的积累阶段和无须净储存率的维持阶段。在第一阶段，人们留给后代的东西需要比他们继承的多。当社会财富的积累达到一定数量，足以维持正义的社会制度的正常运行时，积累阶段就可结束；社会发展于是进入维持阶段。在这个阶段，每一世代只要求留下与其从前辈那里继承下来的大致相等的财富。从生态环境角度而言，近代工业革命以前因缺乏休谟所言的"正义的环境"（如生态资源的中度匮乏），无须环境代际正义。近代科技改变了这一切，地球的生态环境在前数代、当前数代手里已经并且正在遭受前所未有的破坏，所以，当前的环境代际正义原则类型应该为第一阶段的需要净储存率，即留给后代的好于从前代继承来的，以此作为国际及各国宪制生态理论的基本原则之一，使生态环境逐渐恢复到接近原生态状态。

总之，环境代际公平（Intergenerational Equity）指出人类社会中一代人不能以牺牲另外一代人的环境资源为代价而为自己谋取经济利益，事实上这一原则是著名的可持续发展理论的根基。在国际上，联合国成立的关于气候变化的政府间谈判委员会于 1992 年 5 月通过框架公约文本，即《京都议定书》的母约，其中的五项基本原则中，第一项原则就是代际公平原则和共同但有区别的责任原

① Avner De-Shalit, *Why Posterity Matters*, London and New York: Routledge, 1995, p. 2-3.

② ［美］罗尔斯：《正义论》，何怀宏等译，中国社会科学出版社 1988 年版，第 292 页。

则。而 2012 年"里约+20"峰会通过的成果文件《我们憧憬的未来》中也写道：世界各国"再次承诺实现可持续发展，确保为我们的地球及今世后代，促进创造经济、社会、环境可持续的未来"。在国家内部，1991 年第一次全美有色人种环境峰会（People of Color Environmental Leadership Summit）所提出的 17 条"环境正义原则"中，相关代际正义的有 2 个。即第 16 条：环境正义呼吁基于我们的经验及多样文化观，对目前及未来世代进行社会与环境议题的教育。第 17 条：环境正义要求我们个人做出各自的消费选择，以消耗最少地球资源及制造最少废物为原则；并立志挑战与改变我们的生活形态以确保大自然的健康，供我们这一代及后代子孙享用。[1] 另外，《美国国家环境政策法》第 2 条规定：履行其每一代人都要做子孙后代的环境保管者的职责。中国 30 多年严格的独生子女计划生育政策就是适合中国国情乃至世界发展需要的宪制生态观的成功尝试，是当下的数代中国人为未来后裔能有更好的环境而不是更大的环境压力所做出的一种自我牺牲，因为，"在很大程度上，这种人口政策的作用的发挥和效果的反映不是在现在，而是在将来，未来世代的人口规模会受到这种政策的深刻影响"[2]。所谓功在当下，利在千秋。

超越环境资源问题上的本代中心主义并非容易的事情，所以环境代际正义无论是理论还是实践都尚待进一步发展和深入，在此方面，美国学者的反省态度为各国树立了榜样："美国当前的许多农业生产对未来人口来说是可耻地不公正。我们正在毁灭委托给我们的地产，因而危及未来人口从事很多特有的人类追求的能力。我们这样做是为了享用奢华。"[3] 其他国家也有同样的问题甚至可能更严重的问题。另外，环境代际正义的逐步实现需要打破国别限制，即

---

① 纪骏杰：《环境正义：环境社会学的规范性关怀》（http://www.china-review.com/cao.asp? id=15965）。

② Des Jardins, Joseph R., *Environmental Ethics: An Introduction to Environmental Philosophy*, Belmont, California: Wadsworth, 1993, p. 74.

③ ［美］彼得·S. 温茨：《环境正义论》，朱丹琼、宋玉波译，上海人民出版社 2007 年版，第 423 页。

不仅仅考虑本国、本民族的后裔，而是考虑世界公民的后裔，"为实现我们对未来世代的义务，国际社会的所有成员必须通力合作"①。因为与经济全球化、文化全球化相比，环境问题全球化的速度和程度可谓首屈一指，在这种情况下，靠个别国家单枪匹马是无力回天的，只有联合更多的国家加入环境保护的队伍，才可能有奇迹出现。

---

① ［美］爱蒂丝·布朗·魏伊丝：《公平地对待未来人类：国际法、共同遗产与世代间衡平》，汪劲、王方等译，法律出版社2000年版，第163页。

第五章

宪制伦理的中国语境

从国家、社会、自然等多维度的宪制伦理考察全面展示了多元主义（Pluralism）的宪制视角，它是笔者立足于政治多元主义（Political Pluralism）的立场对宪制伦理的反思性解释。其实，在当代中国的法律观念所能够包容的伦理意蕴氛围里，在当下我国的社会主义市场经济基础和政党政治生态所决定的法治样态和多民族国家的宪制环境中，对人本法律观伦理意蕴的挖掘、对依法治国的辩证反省以及对社会主义宪制伦理建设的展开可以看作中国语境下深化宪制伦理研究的可能路径。对我国宪法及宪制进行充分的反思和对话，是中国公民的伦理义务之一。否则的话，如布坎南所言："作为公民，我们未能尽到我们的伦理责任。我们的行为方式就像是我们社会秩序的结构以及最广意义上的宪法会永远保持不变，或者会在没有我们主动参与的情况下会以某种方式随着时间令人满意地演进。"① 换言之，今天的中国人如果放弃了对西方宪政的研究和扬弃，放弃了对中国宪制史的反思和总结，放弃了对各国宪制发展的比较，就等于否定了自身作为中国公民的伦理责任，也等于丢掉了最终实现中国梦的美好希望。鉴于此，本章基于对我国宪制伦理的历史考察，提出中国宪制伦理的理想实践模式——法治状态下的社会和解。

---

① ［美］詹姆斯·M. 布坎南：《宪法秩序的经济学与伦理学》，朱泱等译，商务印书馆 2008 年版，第 204 页。

一　中国宪制发展历程的伦理分析

对中国宪制史的划分，学者各有所论，如王永祥教授认为，中国的宪制可以划分为近代的宪制和现代的宪制两个发展阶段。[①] 从中国宪制发展史而论，本划分方法很适合对我国如何成功地学习和引进西方宪政的角度进行研究。本书采用的是徐祥民教授的三阶段划分法：第一阶段（1898—1910 年），清王朝的君主立宪尝试；第二阶段（1911—1935 年），民国时期的宪制运动；第三阶段（1936年至今），社会主义社会的宪制发展。[②] 以此为基础更契合对中国宪制发展史做伦理学视角的分析和评判。

（一）为强国而宪制（1898—1910 年）——功用主义的选择

中国古人很早就有因自居于四夷之中而获得的自豪和骄傲，如《礼记·中庸》中有："是以生命洋溢乎中国，施及蛮貊。"后因特殊的地理环境，使得这份骄傲得以长期保持。地处亚欧大陆的最东端，东部和南部是浩瀚的大洋，西部是世界最高峰的喜马拉雅山和青藏高原，北部是西域沙漠和蒙古草原，中国被高原、沙漠和海洋包围其中，在世界文明史的发展中因偏于一隅而获得了得天独厚的独立和安定。例如，在发生于公元前 4 世纪的最早军事扩张中，南欧小国马其顿国王将古典希腊文化播散到了整个中东，但是，在 2年后，亚历山大大帝的队伍还是在恒河前面停止了进军的脚步。自从"秦遂以兵灭六国，并中国"（《史记·天官书》）后，历经汉

[①] 王教授认为，近代的宪政，其终始的时间可以定位于 1898 年至 1914 年，也就是从戊戌维新开始，中经清末"新政"，到民主共和制的南京临时政府的成立，再到袁世凯操纵下产生《中华民国约法》形成之前。与这个"西化"时期不同，孙中山的五权宪法论作为一种系统、完整的学说和宪政模式，其最终的完成是在 1924 年初改组后的中国国民党第一次全国代表大会召开之后。因此，从 1924 年孙中山五权宪法论的定型到现在都可算作中国现代宪政阶段。参见王永祥《20 世纪中国宪政的回顾与思考》，《河北学刊》2001 年第 6 期。

[②] 徐祥民、杨娴婷：《中国宪政历史的三个阶段》，《学习与探索》2006 年第 2 期。

唐的稳定发展，中国不仅有天险，更可以凭借军事实力拒入侵者于境外，如唐天宝十年（751）四月，在高仙芝的率领下，唐朝军队在中亚的怛罗斯城与 10 余万阿拉伯人展开了决战，最终将阿拔斯王朝挡在国门之外。虽然后有蒙古族的元王朝和满族人的清王朝，但很快因对汉文化的皈依而融合为一。直到清末，如著名的世界通史专家斯塔夫里阿诺斯所概括的："4000 多年中，中国人在欧亚大陆的最东端发展起一个独特、自治的社会。这一社会同亚洲其他社会一样，以农业而不是商业为基础，由地主和官僚而不是商人和政治家统治。这一明显的自给自足、自满自足的社会认为世界上其他社会都是低下的、从属的社会。"① 这一站在全球高度的总结，包括以下两点：第一，中国与亚洲其他农业国一样，由于其自给自足的农业经济基础决定了它政治上的集权和专制。这与西方奠基于工商业基础上的民主和法治迥然不同。第二，由于长期地集全部力量于一身的发展，很少受到外部力量的冲击和破坏，中国发展出以儒家文化为核心的特色文明并持续下来。还因此在经济上达到了农业社会的高峰状态，与长期处于冲突和征战的中东、东亚乃至东欧相比，曾经长期领先。以上两点滋生了中国人天朝大国的自负心理，直至清朝时期，面临很多与外界、与西方的交流机会时，都因有意识地采取闭关锁国政策而错过了。西方近代发生的工业革命、资本主义发展、宗教改革、启蒙运动等，像以前的大大小小战争一样，对于自行遮蔽双眼、堵死双耳的中国人来说，似乎并不存在。所以，当欧洲列强用坚船利炮强行打开中国大门时，在双方的对抗中，这种几千年骄傲的积习被一扫而光，对此，史学家对比道："1839 年 11 月，战争爆发了。以后的战争进程清楚地表明了中国人的毫无希望的军事劣势。英中两国的力量差距比西班牙征服者和阿兹特克人之间的力量差距还要大得多。"② 用 16 世纪西班牙帝国征服美洲印第安人相类比，且差距有过之而无不及，可见，鸦片战争中英国击败中国可谓摧枯拉朽。中国人由震惊、不相信到接受现

---

① ［美］斯塔夫里阿诺斯：《全球通史》（下），吴象婴等译，北京大学出版社 2006 年第 2 版，第 583—584 页。

② 同上书，第 586 页。

实，确实经历了一个痛苦的过程。在《南京条约》中，中国第一次向外国割地、赔款、商定关税，严重危害了国家主权。由此开始，中国逐渐由一个独立自主的国家沦为半殖民地半封建国家。大清帝国的统治者及有识之士不得不承认，中国和西方已经不是同一个重量级的对手，与之对抗，必输无疑。如何改变这一格局？唯一的出路是通过奋发图强增加自身的实力，具体来说就是放下身段，向西方学习，所谓"师夷长技以制夷"（魏源语）。至于夷有哪些长技？虽然林则徐、魏源等知识分子对西方的宪制文明略知一二（如魏源在其《海国图志》中有所介绍），但基于中国几千年的文化传统，"天下有道，则礼乐征伐自天子出……天下有道，则庶人不议"（《论语·季氏》）。"无道则隐。"（《论语·泰伯》）中西人治与法治两种理念相距甚远，短时期内很难客观全面地了解并理解对方。又因当时大敌当前，燃眉之急是军事御敌。因此，在他们眼中，所谓长技就是指洋枪洋炮、坚船利剑之军事器械和水战兵法等技巧，形而下的总要比形而上的容易转变和实践。这就是鸦片战争后清政府上下一致开展的"中学为体，西学为用"（张之洞语）的洋务运动的核心。在这一思想指导下，分批次的留学生被清政府拨公费派往海外学习西方先进技术，并于同治六年（1867）创议、十三年（1874）筹划，每年拨出400万两白银建设新式海军。其中，倾全力打造的是光绪元年（1875）由北洋大臣李鸿章负责创设的北洋水师，拨巨资向英国、德国订造了现代军舰，并请英国专家担任海军士兵的教练。到1888年，北洋水师共有军舰25艘、官兵4000余人，当时在海军舰队中被称为亚洲第一。然而就是这个亚洲第一却在几年后的甲午海战中惨败给中国昔日的"小学生"——日本，《马关条约》的签订意味着清政府洋务运动的彻底失败。

　　残酷的现实逼迫清末数量些微的有识之士进一步反思：为什么我们的亚洲第一空有其名？为什么同样的军舰枪炮在中国士兵手里不好用？最终追溯到根本原因——国家的政治体制，皇权专制、官场普遍腐败导致的民不聊生、军心涣散，这些都不是西式军械和西式兵法所能解决的。师夷长技却没有能制夷，是因为西学之用无法嫁接到中学之体上，体与用只有配套才能和谐有力。以康、梁为代表的知识分子也是逐步认识到这一点的，如康有为的几次上书中，初期只是泛泛地提出变法——"变成法"（《上清帝第一书》）、"变法"（《上清帝第二书》）——提出制度改革要求。而在《上清帝第四书》中明确指出："设议院以通下情"；在《上清帝第五书》中更加则具体提出："采法俄、日以定国是，愿皇上以俄国大彼得之心为心法，以日本明治之政为政法"；而在 1898 年 2 月的《上清帝第七书》中附文两份：《日本明治变政考》和《俄罗斯彼得变政记》。① 明确提出仿效俄国彼得大帝和日本明治天皇实行君主立宪制，由此摆脱危机、走上强国之路。严复在天津《直报》上发表后又在上海《时务报》上转载的《原强》一文中，提出"鼓民力、开民智、新民德"。其中"新民德"，指对民众进行政治启蒙，创立议院，实行君主立宪。基于以上认识，1898 年 6 月 11 日，光绪皇帝终于开启了中国封建史上第一次也是最后一次带有君主立宪色彩的政治体制改革，虽然因慈禧太后的干涉变法只持续了 103 天，可谓昙花一现，但此次变法除消减臃肿机构、提高行政效率外，有鼓励人民参政的举措，如"许民上书言事"等；而且有的方案还未来得及实施，如已经着手准备开设懋勤殿来议定制度等。因此，戊戌维新可谓中国历史上第一次立宪尝试，毕竟，光绪皇帝及其支持者是在向宪制的方向探索和努力。

由于当时中国根本不具备有利于实行君主立宪的任一历史条件，如徐祥民所揭示的那样：康梁推动的戊戌变法，"主要是由当时中国受帝国主义侵略、压迫的特殊环境造成的，是中华民族的危机造成的，而不是由中国资本主义的充分发展造成的，也不是由中国民众的普遍的民主觉醒造成的。……他们是单枪匹马靠着自己的嘴，而不是他们的或他们的支持者提供的钱财、经济优势或地盘、武装来变法的。他们是搭了强国御侮的变法之车来走建立君主立宪制度的路。他们除了民族责任感、他们的知识和他们的时代精神之外，几乎一无所有"②。所以，中国第一次对西方宪政的简单移植从

---

① 郑德荣、朱阳：《中国革命史教程》，吉林人民出版社 1987 年版，第 32—35 页。
② 徐祥民等：《中国宪政史》，青岛海洋大学出版社 2002 年版，第 61 页。

其一开始就注定了它的失败。而且，1898年之后，直到1911年清王朝被推翻，清政府为对抗革命派，一直采取预备立宪的姿态。因为社会对立宪的认识和呼声较戊戌变法前强烈得多，尤其是日俄战争后，如当时的《东方杂志》分析的那样："甲辰日俄之战，识者咸为之说曰：此非日俄之战，而立宪专制二政体之战也。"日本"以小克大，以亚挫欧，赫然违历史之公例，非以立宪不立宪之义释之，殆为无因之果"。① 在知识分子和一些官僚政客的心目中，立宪已成为强国的必要条件。然而，高层统治者之所以一再拖延，原因在于其矛盾复杂的心理：一方面立宪有一定的吸引力，如可以削弱甚至瓦解革命派的力量，再如可以化解亡国危机，光绪三十一年（1905）6月14日，清廷同意派大臣出国考察宪制的上谕中曾谈此意义："方今时事艰难，百端待理，朝廷屡下明诏，力图变法，锐意振兴。数年以来，规模虽具，而实效未彰。总由承办人员，向无讲求，未能洞达原委。似此因循敷衍，何由起衰弱而救颠危。兹特简载泽、戴鸿慈、徐世昌、端方等，随带人员，分赴东西洋各国，考求一切政治，以期择善而从。"② 其中的"何由起衰弱而救颠危"道出了统治者的内心期盼。另一方面，皇族掌权者拒斥宪制是因为恐惧手中权力的丢失，留恋专制者的颐指气使和高高在上。关于立宪后的结果，考察大臣载泽在其奏折中清楚地写道："宪法之行，利于国、利于民，而最不利于官。"③ 这是清统治者最难以接受的。出于以上原因，清廷统治者以拖延战术和貌似立宪来应对日益强烈的立宪呼声，如1908年8月颁布了《钦定宪法大纲》和《九年筹备清单》，在这份中国历史上第一部宪法性文件中，皇权没有受到丝毫的限制和减损，而且漫长的九年削弱了立宪者的诚意。这一假立宪使全国上下对真正实现君主立宪制度彻底失去了信心。光绪和慈禧去世后，手握大权的摄政王载沣重蹈覆辙又一次错过了宝贵的历史机遇。而在武昌起义爆发后，清政府颁布的最后一个宪法性文件——《十九信条》中，虽然清楚地勾画了君主立宪的大致轮廓，

---

① 《刊印宪政初纲缘起》，《宪政初纲》，《东方杂志》第3年临时增刊。
② 《清实录》第59册，《德宗景皇帝实录》第8册，第546卷，第251—252页。
③ 《光绪实录》第8册，第5148页。

并且体现了君主立宪的基本原则："皇帝之权，以宪法所规定者为限。"（《十九信条》第 3 条）但是，大势已去，为时已晚。

君主立宪，作为西方的舶来品之一，对于 19 世纪末和 20 世纪初的古老中国来说只能是望尘莫及的超级奢侈品，中国既不具备消费它的经济基础，也缺乏接受它的思想理念。在条件根本不成熟的情况下，立宪成为十几年政治活动的中心和主题，与宪制本身的道德合理性并无多大关系。君主立宪派对宪制本身并不感兴趣，且不谈康有为的投机政客心理和光绪帝借变法为由的夺权动机，可以断定的是，他们既不想替某一利益群体争取政治权益，也不关心宪制本身蕴含的人的尊严和权利，甚至也不愿意触及君主立宪的核心要义——限制君权，而宪制的本质是而且必须是"限政"①。例如，梁启超曾含混笼统地指出：民权不同于民主，所以兴民权无损于君权。② 他们的最高理想是君权威压下的宪制改革，这似乎是不合逻辑的，正是这种自相矛盾注定了戊戌维新及其后的立宪运动的失败结局。因为从统治者到知识分子，他们看中的都只是宪制带来的结果——国家的强大，而国强则无敌。对于奄奄一息、患了绝症的清王朝来说，他们意识到唯有宪制这服西药可医，尽管此药极苦、极难喝并有极强的副作用，但是，为了救命，只能拿来一试，尤其对于一位只患过感冒且一直因身强体健而自豪的壮汉来说，突然的大病临头甚至生命垂危——是无法忍受的。为了站起来——最好立刻站起来，只能是病急乱投医。例如，康有为 1905 年与革命派论战时仍将立宪和强国的速效因果关系作为应对后者的有力武器，他指出："上师尧、舜、禹三代，外采东西强国，立行宪法，大开国会，

---

① 刘军宁：《共和、民主、宪政》，上海三联书店 1998 年版，第 123 页。

② 梁启超早期认为："大民权与民主二者，其训诂绝异。英国者，民权发达最早，而民政体段最完备者也，欧美诸国皆师而效之，而其今女皇，安富尊荣，为天下第一有福人，其登极五十年也，英人祝贺之盛，六洲五洋，炮声相闻，旗影相望。日本东方民权之先进国也，国会开设以来，巩自治之基，历政党之风，进步改良，躐迹欧美，而国民于其天皇，戴之如天，奉之如神，宪法中定为神圣不可犯之条，传于无穷。然则兴民权为君主之利乎？为君主之害乎？……"参见梁启超《爱国论》，载《饮冰室合集》（第三册），中华书局 1989 年版，第 76 页。与法国、俄国相比，立宪后英国君主确实保住了王位，但却是以让渡权力为代价的。君主立宪最核心最本质的内涵就是"王权有限"，但梁启超有意无意地回避了这一点。

以庶政与国民共之，行三权鼎立之制，则中国之治强，可计日而待也。"① 所以，发生在中国封建末期的君主立宪尝试完全出于工具理性的需要，将立宪视为强国的手段，需要的不是它本身，而是它的结果。如果宪制有碍于强国，或者有其他有效的替代性方法，或者利用完达到目的后，宪制都可以被弃而不要。清末有识之士尝试君主立宪完全是为强国甚至是保国，是没有办法的办法、没有选择的选择。

（二）为民主共和而宪制（1911—1935 年）——理想主义的奋斗

和以康梁为代表的改良派或保皇党不同，孙中山等革命派人物都是在海外生活多年并接受过西式教育的年轻人，他们不仅目睹了西方发达的器物文明和强盛的国力，更体会到以宪制为核心的政治文明所带来的人性的解放和精神的张扬，认识到人类组成的社会本当如此才合情合理。所以，追求宪制本身就是其革命的目的之一，而且是根本的目的。例如，早在 1894 年 11 月 24 日兴中会成立时，孙中山就提出了"创立合众政府"的口号，这是革命立宪派与保皇立宪派的根本不同，是对后者伦理动机上的本质超越。从革命的最初始，以孙中山为代表的革命党人就领会到了西方宪政的民主实质并将此设定为他们领导的中国资产阶级民主主义革命的最终目标，而"三民主义"的提出则标志着革命党人宪制思想理论的基本成型。1906 年，孙中山第一次以文字形式在同盟会机关报《民报》发刊词中将同盟会的纲领——"驱除鞑虏、恢复中华、建立民国、平均地权"——概括为民族、民权、民生三民主义："余惟欧美之进化，凡以三大主义：曰民族，曰民权，曰民生。"② 三民主义紧紧抓住了中国社会的主要矛盾，满汉的民族矛盾，民主与专制的政治矛盾，封建剥削、资本剥削和劳动者利益的经济矛盾。其中，民族

---

① 黄彰建：《戊戌变法史研究》下册，上海书店 2007 年版，第 689 页。
② 孙文：《〈民报〉发刊词》，载《辛亥革命前十年间时论选集》第 2 卷，生活·读书·新知三联书店 1960 年版，第 81 页。

矛盾是先决条件——不推翻清封建王朝的专制统治就不能建立民主共和国；民生是自然而然的结果——不让私有资本操纵国计民生并且使耕者有其田；但是，三者之中，民权是三民主义作为未来共和国的政治设计中的最终目的与核心，革命的根本原因不在于统治者是满族人，而是在这个社会中老百姓没有政治权利，如孙中山所说："无论为朝廷之事，为国民之事，甚至为地方之事，百姓均无发言或与闻之权；其身为民牧者，操有审判之全权，人民身受冤抑，无所吁诉。"① 同样，国民也被剥夺了文化权利："至其涂饰人民之耳目，锢蔽人民之聪明，犹有可骇者。凡政治之书，多不得浏览；报纸之行，尤悬为厉禁。是以除本国外，世界之大事若何，人民若何，均非其所知。"② 只有推翻封建王朝的专制统治，才能把政权还给其本来的主人——广大国民。具体措施是："由平民革命，建立民国政府，凡我国民皆平等，皆有参政权，大总统由国民共举，议会以国民公举之议员构成之，制定中华民国宪法，人人共守。"③ 通过实行间接民权与直接民权的结合，彻底改变现状，实现真正的地方自治。如果说"一部宪政史，实际上也是一部人权史"④的话，可以认为，三民主义确实抓住了宪制的核心与要害。在三民主义理念指导下产生的《中华民国临时约法》虽然没有完成其制约袁世凯专权的历史使命，但不可否认，其在中国宪制发展史上具有里程碑式的意义，如徐祥民所评价的："这是中国人民第一次用根本法否定了在历史上盛行了 2000 多年的以'家天下'的形式所代表的君主主权的合法性，第一次肯定了天下是天下人的天下……《临时约法》所宣示的人民的权利，其广泛性在中国历史上是空前的，这对于欠缺权利观念的中国传统法文化来说，是一大进步，对于启发人民的民主宪政意识和推动宪政的实现都具有积极的意

---

① 孙中山：《孙中山全集》第 1 卷，中华书局 1985 年版，第 50—51 页。
② 同上书，第 51 页。
③ 同上书，第 298 页。
④ 王永祥：《20 世纪中国宪政的回顾与思考》，《河北学刊》2001 年第 6 期，第91 页。

义。"① 在 20 世纪初的古老中国，正是因为有了孙中山、黄兴、宋教仁、邹容、陈天华以及无数个革命党人的浴血奋战，才破天荒地诞生了史无前例的临时政府、选举总统以及《临时约法》，无论它们的寿命多么短暂，其本身的出现就意味着中国政治史将掀开新的篇章。虽然以后的旋律跌宕起伏，充满了哀婉、低迷甚至凄凉，但是，毕竟，辛亥革命及其对宪制的坚定追求使以后的中国历史有了新的航向。

尽管国民党的接班人蒋介石放弃了革命前辈们的精神衣钵，然而，为民主共和而呐喊的声音并没有随着孙中山的去世而减弱。在国民党内部，有 1930 年改组派和西山会议派的《太原约法》；在党外，有 1929 年开始的人权派的理论斗争。虽然在武力最终决定一切的中国，以上努力都以失败而告终，但是，它们表达了一些中国人不仅知道何为宪制而且从内心渴望宪制的强烈愿望。例如，《太原约法》规定了最充分的人民权利和自由。在 25 条自由权利中，采取法律限制主义的只有创制、复决、选举、罢免和请愿、诉讼、受教育、应考试、任公职等权利，即要"依法律"行使；其余各项权利统统贯彻"宪法直接保障主义"原则。而且规定了冤狱赔偿制度。再如，人权派以《新月》月刊为阵地，发表了《人权与宣言》、《我们什么时候才可有宪法》、《论人权》、《我们要什么样的政治制度》、《对训政时期约法的批评》、《什么是法治》、《政党的分析》等文章。在这些时论中，一方面，这些从欧美留学回来的大学教授们，揭露了蒋介石政府以训政为借口搞一党专政和独裁统治的实质，主张"人权至上"，反对"国家至上"。另一方面，作为当时中国极少数西方宪政的见证人，他们为人权而呼吁宪法："争人权的人，先争法治；争法治的人，先争宪法。"② 他们为自由而批判专制："新文化运动的一件大事业就是思想的解放。我们当时批评孔孟，弹劾程朱，反对礼教，否认上帝，为的要打倒一尊的门户，解放中国的思想，提倡怀疑的态度和批评的精神而已。但共产

① 徐祥民等：《中国宪政史》，青岛海洋大学出版社 2002 年版，第 115—116 页。
② 罗隆基：《论人权》，《新月》1929 年 7 月 10 日第 2 卷第 5 号。

党和国民党协作的结果，造成了一个绝对专制的局面，思想言论完全失去了自由。上帝可以否认，而孙中山不许批评。礼拜可以不做，但总理遗嘱不可不读，纪念周不可不做。"① 以上抗争虽然人微言轻，却继辛亥后持续地以民主、自由、人权等理念吹拂着整个社会，为逐渐地实现宪制营造必备的思想氛围。

　　辛亥革命以来，与主张宪制者相比，反对者的力量一直更加强大，如此导致了辛亥革命及其宪制理想必然失败的结局。究其根本原因，首先在于当时中国还不具备实现宪制的经济基础和阶级条件。既无西方近现代社会较为发达的资本主义经济体系，更无壮大的资产阶级队伍。据统计，在1914—1918年间，工商业经济仅占国民生产总值的约17.6%，到1933年，也才逐渐上升为约19.8%，而这一时期还是近代中国资本主义经济发展的"黄金时期"②。由此可知，革命党人诉求的资产阶级民主共和国在当时的中国是没有根基的，其结果必然是要么将革命胜利成果拱手让给军阀，要么依靠一些军阀打击另一些军阀。其次在于强大的传统文化掣肘着宪制观念的普及。与推翻封建政权、颁布新法相比，革新头脑中已经根深蒂固的观念更为艰难，非一日之功、一时之力。例如，经过二次革命、护法运动的曲折，孙中山曾经感叹道："八年以来的中华民国，政治不良到这个地位，实因单破坏地面，没有地底陈土的缘故。"③ 此处"陈土"指官僚、军阀和政客，殊不知，单单依靠少量"先知先觉"的知识分子自上而下地搬运这些陈年老土是异常艰难的，因这陈土的滋养源异常丰厚。不谈袁世凯称帝、张勋复辟，单以几位北洋军阀为例，段祺瑞、吴佩孚、张作霖，都从一介布衣起步，凭借自己的智慧、能力、人品而成功。段祺瑞被称作"六不总理"（不抽、不喝、不嫖、不赌、不贪、不占），吴佩孚一生遵守"四不原则"（不纳妾、不积金钱、不留洋、不走租界），张作霖治军、治家都极为严格。他们在后来的日本侵华战争

① 胡适：《新文化运动与国民党》，《新月》1929年9月第2卷第6、7期合刊。
② ［美］费正清：《剑桥中华民国史》（上册），中国社会科学出版社1998年版，第47页。
③ 孙中山：《孙中山全集》第5卷，中华书局1985年版，第125页。

中都拒绝了日本人的拉拢和威逼，其中两人死在了日本人的手里。这些在乱世中脱颖而出的佼佼者是当时国人眼中的枭雄，然而正是他们利用手中的军队拒绝《约法》、压迫国会、阻挡着民主共和国的实现。因为宪制思想与传统文化赋予他们的追求权力、信奉武力和哥们义气等理念格格不入。在他们灵魂深处，拥有至高无上的权力仍然是其最高理想和终生奋斗目标，虽然段祺瑞的唯一爱好是下围棋，但他梦寐以求的是永远坐在自己的大执政府里下围棋，与袁世凯不同的是他们要做的是不穿龙袍的皇帝、不叫君主的君主。所以，尽管孙中山和他们可能私交不错，如张作霖一直尊重并襄助过孙中山，孙中山曾派孙科和汪精卫去东北为张作霖祝寿。但是，政治理想的迥然分歧导致他们最终必然是敌对的。这三位大军阀代表了几千年的封建糟粕对资产阶级宪制思想和民主共和国的巨大阻碍和反动，打倒了他们，接替者又有何异？蒋介石与大军阀又有何异？究其根本原因，如今日学者所概括的那样："作为旧有王朝体系所训练出的政客权臣，未曾出洋考察西方宪政之路，缺乏亲身感悟而无法对西洋政制洞若观火，拘囿于固有的思维体系，是其人所处的时代性限制。"① 由此可见，在大一统、等级制、集权、专制传统丰厚的古老中国，实现民主共和之治如蜀道之难。

中西比较可知，宪制作为西方文明的一部分，是其漫长历史中自发形成的，它是"经由不断试错、日益积累而艰难获致的结果，或者说它是经验的总和……文明于偶然之中获致的种种成就，实乃是人的行动的非意图的结果，而非一般人所想象的条理井然的智识或设计的产物"②。作为西方民主思想的结晶，宪制经历了漫长而充分的发展过程，可谓水到渠成。从 15 世纪人文主义者对人的价值、人的尊严和个性解放的张扬到 16 世纪宗教改革家加尔文的民主、共和主张以及法国进步思想家鲍埃西等人的自由、平等思想的传播；从 17 世纪格劳秀斯、洛克等人的社会契约思想、分权说的产生和英国立宪制的确立到 18 世纪孟德斯鸠、卢梭等人的民主思想

① 王杰：《袁世凯与辛亥革命失败》，《新华文摘》2012 年第 15 期，第 66 页。

② Hayek, *Studies in Philosophy*, *Politics*, *and Economics*, Routledge & Kegan Paul, 1967, p. 96.

的普及以及法国民主政权的建立，民主共和观念早已家喻户晓、深入人心。例如，以对美国宪法的研究为例，一直以来研究的中心和焦点是55位制宪会议代表。然而，最近学者们发现，最终决定美国开国元勋们制定的宪法的命运的是各邦宪法批准大会上踊跃发言的普通美国公民。在理查德·比曼的《朴素的老实人》（2009）和波琳·梅尔的《批准》（2010）两部著作中，他们声称，美国人在小酒馆和邦议会议事厅对宪法的所思所想，其重要性不亚于55名制宪会议代表的主张。① 在西方历史经验和文化传统中，治国之策是可以协商的、选择的，与革命相比，商谈国体、政体更为重要和艰巨，约翰·菲斯克在其《美国历史上的关键时期：1783—1789》② 一书中充分揭示了这一原理，所以会有美国国父们为美国第一部宪法云集费城，从1787年5月25日到9月15日，用了近四个月的时间商讨、争论、让步、妥协，核心是13个州的利益博弈，以便达到这样一种效果："用利益约束利益，用阶级约束阶级，用派系约束派系，用政府的一个部门约束另一个部门，形成一种尽管没有一方非常满意，但却总体和谐的制度。"③ 相比来说，作为第一部资产阶级民主共和国根本大法的《中华民国临时约法》，是在一个月的时间内草草制定通过的，虽有其不得已的原因，但因制定之时就属于一厢情愿，其夭折的命运已注定。

尽管辛亥革命从一开始就注定了它的失败，但这个失败却是中国最终实现宪制的必不可少的中间环节，与一个有一斤饭量的人必然要一两一两地吃，即使吃了半斤还会感觉饥饿，但这每一两都是必需的道理相同。从这一意义上来说，以孙中山为代表的早期革命者注定是悲剧中的英雄，之所以敢于承担这样的历史角色，缘于他们有赤诚的爱国之情、无私的奉献精神以及浪漫主义的革命情怀，

---

① ［美］托马斯·H. 考克斯：《美国宪法创制史观的演变》，《南京大学学报》2011年第4期，第41页。

② John Fiske, *The Critical Period in American History*, 1783-1789, New York: Houghton, Mifflin & Company, 1888.

③ Richard Hofstadter, *The American Political Tradition and the Men Who Made It*, New York: Alfred A. Knopf, 1948, pp. 3-4.

更有对西方宪政文明的充分的切身感受以及对国内真实情况的隔阂，如孙中山是在西式教育中成长起来的。辛亥革命前，长达 17 年多的时间没有踏进中国本土。他 13 岁离开中国去了檀香山，至 1911 年末归国。在 32 年的岁月里，有 30 年不在中国。正因如此，在 1911 年革命党人推翻了清王朝统治之后，孙中山曾乐观地断定："今满政府已去，共和政体已成，民族、民权之二大纲已达目的。今后吾人之所急宜进行者，即民生主义。"① 然而，难能可贵的是，残酷的现实并没有吓倒辛亥斗士，勇敢、激情、奉献、超越激发他们为民主共和而视死如归。不仅本着"我不下地狱，谁下地狱"的豪迈，更凭着知识分子的理性，因为他们深知，即使辛亥革命失败了，即使他们有生之年看不到民主共和的实现，但是，在中国的宪制发展史中，他们的奋斗和牺牲是必需的、伟大的，历史将记得他们，后人将怀念他们。

　　如果把宪制的核心理解为民主的话，民国时期的宪法距此越来越远，如民国政府从 1933 年 1 月开始着手到 1936 年 5 月 5 日正式公布的《中华民国宪法草案》经过历次修改，政体从原本的责任内阁制转变为总统制，而且总统的权力越来越大，如学者所言："其召集五院院长会议，解决各院间争端之规定，更使总统成为五院之重心。至其统帅陆海空军之权，不受法律之限制，且必要时可发布紧急命令，及执行紧急处分，虽有终年不闭会之立法院，亦无须事先争取同意。在过渡时期，又有任命半数立法委员及半数监察委员之权。政府大权，可谓已尽量集中。其集权趋势，实超过现代任何行总统之民主国家。"② 从"五五宪草"的内容来说，等于以宪法的形式承认了蒋介石集权独裁的合法性，所谓宪法已经有名无实。如果将民主理解为"建立在'一人一票'原则基础上的简单的多数决定规则（majority rule）"③ 的话，由于最基层的国民大会的缺位，民国时期的宪制从没有与此真正契合过，如事实上第一届民选总统

---

① 孙中山：《孙中山全集》第 2 卷，中华书局 1985 年版，第 338 页。

② 陈茹玄：《中国宪法史》，台湾文海出版社 1985 年版，第 232—233 页。

③ ［美］埃尔斯特、［挪］斯莱格斯塔德编：《宪政与民主——理性与社会变迁研究》，潘勤等译，生活·读书·新知三联书店 1997 年版，第 2 页。

也并非民选，因为 1911 年 12 月 29 日参加投票选举孙中山为临时大总统的 17 省代表并非所属省份的民众选出来的。如果将宪制理解为法治的话，因为"所有借助于规范和规则的做法都是一种合理化，它掩盖了深层次的对权力的追逐"①，民国时代的宪制因其因人设制而远离了法治。例如，《临时政府组织大纲》规定的是总统制，因为袁世凯将要取代孙中山，所以《中华民国临时约法》改为责任内阁制。同样，《建国大纲》规定五院院长皆归总统任免而督率之，而总统的位置本来是预备给孙中山的，所以，有学者指出：这种总统可以支配五院一切的规定，是"一权主义"，是违背孙中山五权分立的制度的。② 尽管问题多多，但是，立足于历史唯物主义的立场，仍然要承认，以孙中山为代表的革命党人开创的中国旧民主主义宪制运动，在文化传统中没有民主元素且广大民众不知民主为何物的情势下，对中国历史的发展轨迹和进程来说可谓意义重大、影响深远。从此以后，无论什么样的执政者，为粉饰其权力的合法性，都要以国会和宪法来装点门面，从袁世凯时代的"袁记约法"到段祺瑞时期的"安福国会"，从直系军阀掌权时的"贿选宪法"到各省割据下的"联省自治"，无不认识到只有运用国宪或省宪这种道具，才会赢得观众的掌声，表演才可能成功。尽管是道具、是表演、是形式，却逐渐地在国民中传播着宪制常识及宪制理念，开启着中国政治舞台上宪制治国的历史先河。

（三）为人民而宪制（1936 年至今）——本土化的建构

辛亥革命失败的原因在于照搬西方宪政必然水土不服，孙中山后期已经意识到问题的根源所在，并着手进行本土化的改进。在国体上，放弃依赖于资产阶级的合众国方案，而是联合代表大多数国人的其他各阶级各政党。1924 年 1 月，中国国民党第一次全国代表大会确定了"联俄、联共、扶助农工"三大政策，赋予三民主义以

---

① ［挪］朗内·斯莱格斯塔德：《自由立宪主义及其批评者：卡尔·施米特和马克思·韦伯》，载［美］埃尔斯特、［挪］斯莱格斯塔德编《宪政与民主——理性与社会变迁研究》，潘勤等译，生活·读书·新知三联书店 1997 年版，第 134 页。

② 王世杰、钱端升：《比较宪法》（下），商务印书馆 1947 年增订版，第 182 页。

新的内涵，释民权为"一般平民所共有，非少数者所得而私"，"凡真正反对帝国主义之团体及个人，均得享有一切自由及权利，而凡卖国罔民，以效忠于帝国主义及军阀者，无论其为团体或个人，皆不得享有此等自由及权利"①。在政体上，提出了五权宪法论，其特色在于："孙中山所创立的五权宪法论，既不同于三权分立、互相制衡的代议制理论，又不同于十月革命后苏俄的苏维埃体制，它力图立足于中国现实，把西方的政治法律思想和东方的某些优良传统融合起来，形成了具有中国特色的新的宪法学说和新式的政体。"②遗憾的是，五权宪法作为一种系统、完整的学说和宪制模式，其最终的完成也是在 1924 年初改组后的中国国民党一大，随着孙中山的离世、蒋介石的上台，资产阶级宪制的本土化改进化为泡影。宪制之路在 1927 年之后的民国政府中被逐渐堵塞，这也是蒋介石政权失败的根本缘由，由此也决定了古老中国的政治进步需另辟蹊径。

在马克思主义的指导下，在国际共运的影响下，20 世纪 20 年代，一批年轻有为的知识分子从另一条道路上开始改造中国，终于因为将马克思主义与中国国情相结合、将西方宪政进行本土化建构，成功推翻了一切旧政权，建立了新中国。与专门代表官僚、政客、大地主、大资产阶级的蒋介石南京政府不同，中国共产党从诞生之日起就宣布其代表中国最广大的阶级——工人和农民的利益。1922 年 4 月召开的第一次全国劳动大会把"自由"列入了政治目标："我们决议也不让我们的自由完全被剥夺"，"我们再不能不得到地位的改良和自由"。③城市中接连不断的有组织有规模的工人罢工运动和农村农民协会的"一切权力归农会"④的口号都意味着中

---

① 《中国国民党第一次全国代表大会宣言》，载《中国国民党历次代表大会及中央全会资料》，光明日报出版社 1985 年版，第 17 页。

② 王永祥、李国忠：《孙中山五权宪法思想评价新论》，《南开学报》1994 年第 4 期，第 52 页。

③ 第一次全国劳动大会：《第一次全国劳动大会宣言》，载《中国工会历次代表大会文献》第 1 卷，中国工人出版社 1984 年版，第 6 页。

④ 毛泽东：《湖南农民运动考察报告》，载《毛泽东选集》第 1 卷，人民出版社 1991 年版，第 14 页。

国的劳动阶级在觉醒。随着工农运动的蓬勃发展，共产党的宪制蓝图日益成熟，那就是建立由工人、农民和城市小资产阶级联盟的"工农共和国"①。与辛亥革命依赖于虚弱的资产阶级不同，以毛泽东为代表的中共早期领导人找到了中国革命强有力的主力军——广大的工人阶级、农民阶级和小资产阶级的联盟。这一理论是对近代西方宪政民主运动的再发展、再创造，是适合当时中国国情的最佳选择和出路。近代西方宪政是资本主义文明的产物，其中的民主、自由、人权为全世界人民所渴望，也为中国人民所希求。然而，在主要由农民和少数工人构成的农业社会中，照搬西方的资产阶级宪制经验在中国已经被证明是死路一条。只有中国最广大的阶级被动员起来，中国的变革才会有希望，共产党人正是抓住了这一关键和要害。从涨工资到争取自由和捍卫人权逐步将工人阶级组织起来，从打土豪到土地改革将农民们的积极性调动起来，中国革命力量从此有了源源不断的生力军，这就是中国共产党成功的奥秘所在。回顾新民主主义革命的艰难道路，会发现共产党人对西方宪政的本土化改造一直没有间断，总是能够灵活地根据具体情况在国体乃至政体上有所创见，如为了成功地建立抗日统一战线、联合一切可以联合的阶级，1935 年，把"工农共和国"改为"人民共和国"，意义在于："人民共和国应当首先代表工人和农民的利益。"但"并不反对民族资本家发财，并不反对民族工商业的发展"，② 不久为了联蒋抗日，又进一步改为"民主共和国"。事实上，不仅"哲学是概念的游戏"（金岳霖语），政治学、法学又何尝不是呢！从"工农"到"人民"再到"民主"，一词之变，差之千里。人民共和国是以国体命名，强调的是哪些阶级掌握政权；民主共和国是以政体命名，重视的是现有权力格局的运作方式。这充分体现了中共以大局为重、以民族利益为先的宽阔胸襟。再如，国共第二次合作期间，中共领导的抗日根据地实行"三三制"原则，即在政权的分配上，代表无产阶级的共产党员、代表小资产阶级的非党员左派分子、代

① 毛泽东：《论反对日本帝国主义的策略》，载《毛泽东选集》第 1 卷，人民出版社 1991 年版，第 158 页。

② 同上书，第 159 页。

表民族资产阶级和开明绅士的中间分子各占 1/3。这一宪制上的创新保证了能够团结一切可以团结的力量共同对抗共同敌人——日本侵略者。总之，从 1931 年第一次全国工农兵代表大会通过的《中华苏维埃共和国宪法大纲》到抗日时期制定的《陕甘宁边区施政纲领》；从 1940 年 2 月 20 日在"延安各界宪政促进会"上毛泽东的"新民主主义的宪政"的演说到 1949 年"中国人民政治协商会议"通过的临时宪法性文件《中国人民政治协商会议共同纲领》，都说明中国共产党在治国安邦上一直走宪制之路，并能灵活地对西方宪政进行本土化改造。然而万变不离其宗，其根本仍在于因地制宜、因时制宜地将西方宪政的民主本质落于实处，是民主原则的灵活运用，如毛泽东所讲，所谓新民主主义共和国就是"几个反对帝国主义的阶级联合起来共同专政的新民主主义的国家"①。所以，新民主主义共和国是对西方宪政进行符合当时中国国情的本土化改进的一个成功范例。

与新民主主义革命相比，新中国的社会主义建设可谓更加曲折坎坷，虽然曾有体现人民立宪的"五四宪法"以及共产党八届一中全会确定的党和国家的工作重点必须转移到社会主义建设上来的正确战略决策，但是，之后的发展逐渐违背了宪法、偏离了八大路线。从"反右"到"四清"，从"大跃进"到"文化大革命"，"以阶级斗争为纲"代替了经济建设总路线，如美国学者所描述："到 1956 年时，国家已稳定有序，毛泽东原本有机会给中国带来富强，然而他却把国家拖入了想入非非的乌托邦，导致严重的食品短缺。1976 年毛去世时，国家仍然处在混乱和贫穷之中。"② 失误和损失表现在政治上，可以称得上是共产党宪制史上的最低谷。在由中央上层发动的人整人的"十年浩劫"中，由于公检法系统被严重破坏，出现了大批被蓄意制造的冤假错案，仅国家机关干部被立案审查的就占当时国家干部人数的 17.5%，特别是中央国家机关副部长

---

① 毛泽东：《新民主主义论》，载《毛泽东选集》第 2 卷，人民出版社 1991 年第 2 版，第 676 页。

② 傅高义：《这个人和他的使命》（《邓小平时代》导言），《三联生活周刊》2013 年第 1 期，第 58 页。

以上和地方副省长以上的高级干部，被立案审查的高达 75%。① 这些干部大多是经过长期革命战争考验的老革命，是党和国家的优秀人才，包括国家主席刘少奇，也以莫须有的罪名被革职、打倒、游街、监禁乃至体罚和虐待。中共这 20 年的所谓"瞎折腾"，根本原因在于抛弃了宪制治国的根本方略，所谓宪制是以宪法为前提、以民主政治为内容、以法治为基石、以保障人权为目的的政治形态或政治过程。② 脱离法制羁绊的民主好比脱缰的野马必然践踏人权，而人权是作为自然的和社会的人所固有的权利。它包含生存权以及国家赋予的政治、经济、文化各方面的权利自由，在法律上一般称为公民权。③ 宪制的捍卫人的尊严的使命必然导出其人权内涵。中国"五四宪法"主要以苏联 1936 年宪法为模板，采取了以默示的方式确认基本人权原则。④ 这种默示方式使当时的党和政府没有认识到：宪制要保护的是所有人的基本人权，既反对少数人剥削压迫多数人，也反对多数人欺压少数人。这一思想在西方文明中源远流长，从苏格拉底、柏拉图到亚里士多德，虽然都一致认为民主（共和）政体好于极少数人（贵族）或一个人（君主）说了算的政体，但是却一致反对极端民主的政体——共和政体的变体——平民政体，理由是和寡头政体以及僭主政体只为统治者自身谋取利益一样，平民政体只为穷人谋求利益。亚里士多德直言说道："政治上的善即是公正，也就是全体公民的共同利益。"⑤ 只为本阶级谋利益的平民政体很容易演化为暴民政治，"即这种性质的平民政体根本就不成其为一个政体，因为在法律失去其权威的地方，政体也就不复存在了"⑥。当革委会取代各级人大和政府随心所欲地指挥一切时，当红卫兵打砸抢、向知识分子和老革命老干部进行身心摧残时，与这种

---

① 徐祥民等：《中国宪政史》，青岛海洋大学出版社 2002 年版，第 320 页。
② 周叶中：《宪政中国研究》（上），武汉大学出版社 2006 年版，第 266 页。
③ 焦洪昌：《宪法学》，中央广播电视大学出版社 2004 年版，第 181 页。
④ "国家尊重和保障人权"原则经 2004 年的宪法修正已在宪法中确立，模式由默示型转变为明示型。
⑤ ［古希腊］亚里士多德：《政治学》，颜一、秦典华译，中国人民大学出版社 2003 年版，第 95 页。
⑥ 同上书，第 127 页。

暴民政治并无二致。这也是 17 世纪英国大思想家霍布斯誓死捍卫君主专制的根本原因——那就是再糟糕的君主专制也好于无政府主义的盛行。即当民主演变为多数人对少数人暴政的时候，就不再是宪制意义上的真正的民主。表现在经济上，由于党中央的错误领导，人民的基本的经济权益被剥夺。"民主"的核心是代表、责任、公民参与，其中责任是指代表必须对选民负责。伯克曾对此解释说："一个代表对他的选民的义务是最好地为他们最大的利益努力，而不是决定或听命于他们。"[①] 中国老百姓最需要的应该是摆脱贫穷，经济上起码应该与世界同步增长，过上较好的物质生活。然而事实却是：1870 年，中国出口额占世界的 2.5%，1950 年下降到 1.8%，1973 年下降到 0.6%，成为中国历史上的最低点。1950 年中国 GDP 占世界总量的比重为 4.5%，1957 年上升到了 5.5%，而后出现了下降，到 1976 年毛泽东去世时仍为 4.5%，又回到了 1950 年的比重。[②] 考虑到 20 世纪 60 年代初大饥荒中饿死的大量人口，可以断定，中共领导的社会主义建设并没有取得其预期的成功，促使我们从宪制角度反思其错误的历史原因。

可以将过去的成功概括为：新民主主义革命＝宪制原则＋中国国情，是原则性和灵活性的结合，其中宪制原则是根本，是首要的，那就是民主和法治。而 1956 年以后的社会主义道路逐渐偏离了这个根本原则，丢掉了原则性，只剩下灵活性，于是出了大问题。追究原因，表面看来，在政治强人起决定作用的中国，毛泽东作为党和国家的最高领导人无疑负有首要的不可推卸的责任。张爱萍在给予毛泽东"立言最佳、立功亦佳、立德较次"的评价时曾谈道："立德较次，次就次在新中国成立后他发动的几次政治运动的极'左'上，特别是他倡导的'文化大革命'。这些'左'的思想是自 20 世纪 50 年代初由'群言堂'变为'一言堂'逐步形成的。其

---

① ［美］路易斯·亨金:《宪政·民主·对外事务》，邓正来译，生活·读书·新知三联书店 1996 年版，第 19 页。

② 李伟:《邓小平时代：开放的国家与开放的社会》，《三联生活周刊》2013 年第 1 期，第 46—47 页。

根源于根深蒂固的封建意识和一次次的'造神'运动。"① 毛泽东晚年的思想错误有其形成的历史原因，一方面，他没有留学和工作于西方的经历，对西方宪政从没有亲眼见过，虽然有过斯诺这样的外国朋友向他口头介绍西方的资本主义制度及相关文化，但终究算作"道听途说"。古语有"百闻不如一见"，从这一点来说，毛泽东内心对宪制的了解程度甚至不如辛亥时期的孙中山和自己的其他战友如周恩来、邓小平等人。新民主主义革命时期毛一直是民主政治的坚定拥护者，他对宪制的解释言简意赅："就是民主的政治。"② 然而，其出发点很复杂，其中应该包含为了战胜敌人（国民党）的不得已而为之，某种程度上可谓权宜之计。由以上分析可知，毛泽东的宪制思想背后或多或少隐藏着功用主义的成分。另一方面，对中国传统文化熟稔于胸的毛泽东骨子里面浸润的养料中不可能不包含与宪制相违的武力至上精神。"枪杆子里面出政权"是其对中国几千年封建史的高度总结，他百读不厌的二十四史实际上是秦皇汉武、唐宗宋祖等中国封建史上历朝历代的开国君主及其功臣们靠武力打天下的故事集锦。这也是世界舞台的游戏规则，如他所言："历史上凡是专制主义者，或帝国主义者，或军国主义者，非等到人家来推倒，决没有自己肯收场的。"③ 国家之间，只有依靠强大的军事实力，才能免受三座大山的压迫，获得独立和主权。但是，在国家内部，过度信奉"枪杆子里面出政权"却是中国传统文化的糟粕，而"枪杆子里面出一切东西"④ 则更有武力至上、武力决定一切之嫌，这与建立于理性契约基础上的西方宪政文明正好相反。中国几千年封建史停滞不前恰恰在于统治者通过武力获得专制权力，再通过武力保护下的专制权力来获得一切——政治上的压迫权、经

---

① 薛庆超：《〈关于建国以来党的若干历史问题的决议〉是如何制定出的?》，《新华文摘》2013 年第 7 期，第 104 页。

② 毛泽东：《新民主主义的宪政》，载《毛泽东选集》第 2 卷，人民出版社 1991 年版，第 732 页。

③ 毛泽东：《给肖旭东、蔡林彬并在法诸会友的信》，载《新民学会资料》，人民出版社 1980 年版，第 148 页。

④ 1938 年毛泽东语。毛泽东：《战争和战略问题》，载《毛泽东选集》第 2 卷，人民出版社 1991 年版，第 547 页。

济上的剥削权和文化上的宰制权，如此循环往复。这里的"一切东西"对言说者和听众的鼓动效果愈加强烈，则其距离宪制越发遥远。再进一步分析，较深层次的原因在于新中国的政治体制存在着缺陷，如"五四宪法"中没有规定国家最高领导人的任期制。再如，1954 年第一届全国人大之前，党直接委派了各级政府的负责人，与美国 1787 年诞生宪法、1789 年再选出总统并建立联邦政府的宪制顺序截然相反，由此奠定了党的一元化领导模式，最终酿成"以党代政"甚至"以党治国"现象，至今痕迹尤深，以至于民间将其诙谐为歌谣："党委坐船头，政府在岸上走，人大一步一回头，政协晃悠悠，工会泪往心里流……"然而制度是人定的，所谓"存在的就是合理的"（黑格尔语），制度背后的观念才是更加根本的原因。受传统文化的熏陶，人民大众的宪制意识普遍淡薄。例如，"文革"中法制沦陷、文攻武卫得以盛行，因其迎合了传统文化中的伦理糟粕——好人什么都好，而坏人死有余辜。这种违背历史唯物主义的"左"倾观念长期存在于革命群众的头脑中，国共对抗期间，各个红色根据地明文规定一切剥削者和反革命分子及家属不得有选举权和被选举权。有的规定给富农分坏田、地主不分田，甚至更有甚者从肉体上消灭地主。人权观念的缺乏不仅存在于民众的中下层，上层人士概莫能外，从"五四宪法"到"七五宪法"再到"七八宪法"，都是先"国家机构"后"公民的基本权利和义务"，其中"七五宪法"把"公民的基本权利和义务"一章由 19 条减成 4 条，而且是先规定义务后规定权利。再如，几千年倡导的儒家精髓可概括为忠君孝亲，在家国同构的传统中，强调孝亲可以推演出忠君的逻辑合理性，最终导出了现代社会中对伟大领袖的个人崇拜。违宪观念不仅使制定的宪法存在瑕疵，更严重的是阻碍着成文宪法转变为社会实践，如亚里士多德所言："最有益的法律，而且得到了其所辖的全体公民的称道，如果在政体范围内未能形成风尚及通过公民教育深入人心，这样的法律就依然是无用的。"① 观念的

---

① ［古希腊］亚里士多德：《政治学》，颜一、秦典华译，中国人民大学出版社 2003 年版，第 186 页。

改变、习惯的养成需要时间，中国的宪制发展需要许多世代的长期努力。从法制、文化、观念等上层建筑最终决定于经济基础来说，落后的生产方式是最根本的决定因素。与西方原发资本主义国家的宪制建设自下而上不同，同辛亥革命的由上到下一样，共产党领导的历次宪制运动也难以不落窠臼。虽然能吸引一定数量的工人阶级、知识分子和小资产阶级，但对于占中国人口绝大多数的世世代代生活在自给自足的小农生产方式中的广大农民来说，没有受过基础教育以及一贫如洗的经济状况决定了他们真正关心的只能是眼下的利益，而不是未来的制度设计。可以说，共产党打动农民心田的与其说是将来的共产主义理想，不如说是眼下的土改运动，更何谈宪制治国方案。正如恩格斯所言："人们自觉地或不自觉地，归根到底总是从他们阶级地位所依据的实际关系中——从他们进行生产和交换的经济关系中，获得自己的伦理观念……我们断定，一切以往的道德论归根到底都是当时的社会经济状况的产物。"[①] 中国落后的生产方式和薄弱的经济基础是导致以上诸多原因的更深层次的原因。

历史的发展从来都不是直线的，曲折失误在所难免，可以说，"试错"是必需的，中国百余年的宪制发展历程充分验证了这一点。然而，归根结底，尽管曲折且缓慢，历史的脚步总是向前的，所谓"世界潮流，浩浩荡荡，顺之则昌，逆之则亡"（孙中山语）。总结既往，维新运动和辛亥革命的出发点都是好的，从康德的善良意志论来看，"不以成败论英雄"，两者都是善的，戊戌君子和辛亥斗士都功不可没且永载史册。然而从功用主义到以宪制本身为最终目的来看，辛亥革命比维新变法有了本质的超越和进步。其后以毛泽东为代表的共产党人又通过本土化的方式将动机与效果并重，由此将资产阶级的理想主义转变为活生生的现实，使中国式的宪制在古老华夏大地不仅生根发芽，而且开花结果，这又是一次历史性的飞跃。但是，以历史主义而论，中国共产党新民主主义革命的成功是站在前人的肩膀上实现的，理应高于前人、好于前世，因为人类社

---

① 《马克思恩格斯选集》第3卷，人民出版社1995年第2版，第434—435页。

会终究是逐渐进步的。更为重要的是，在我们评判蒋介石时代国民党因放弃继续发展完善三民主义、走宪制立国之路而失败的历史教训时，在我们为新中国建设中曾经经历过"文革"的弯路而遗憾时，在我们目睹了苏联的社会主义因远离了宪制而解体时，万不可掉以轻心、夜郎自大，以致重蹈《阿房宫赋》中所叹："后人哀之而不鉴之，亦使后人而复哀后人也！"《邓小平时代》一书的作者——美国学者傅高义——在该书最后一章中的设想对我们当下的宪制之路富有一定的启发意义，即邓小平如果还活着的话，他会做什么？他的回答是：假如邓小平还在，面对中国持续高速增长30多年后的情形，一定会因势利导大幅度全方位推动体制改革，逐步扩大人民民主，逐步让香港政治经验向内地辐射。[1] 今天的中国人，今天的共产党人，只有做了我们这个时代所允许的最好的努力和尝试，即将西方宪政的精髓与中国当下的国情做了最好的结合，才能既不负先人，也对得起子孙后代。

二　中国宪制伦理的实践模式：
法治状态下的社会和解

随着中国从传统社会向现代社会的全面转型，依宪治国不仅成为政治精英治国方略的不二选择，也逐步成为绝大多数民众的共识。但是，选择什么样的宪制伦理模式，中国可能实现什么样的宪制伦理模式，却是一个不能在短期内达成共识的复杂问题。我们试图从宪制与道德、伦理的关系入手对这一问题进行探讨，提出中国宪制伦理的实践模式是：法治状态下的社会和解。

（一）宪制实践与道德、伦理的潜在冲突

基于上述我国宪制发展历程的伦理分析，本书提出宪制伦理的实践模式，即法治状态下的社会和解。当代西方著名法学家伯尔曼

---

[1]　马勇：《邓小平时代：成就、意义及愿景》，《新华文摘》2013年第7期，第148页。

指出："几乎所有西方国家今天都受到了对法律玩世不恭态度的威胁，这种态度导致了各阶层人们对法律的蔑视。城市已经日益变得不安全了。在不可强制施行的规定下，福利制度几乎濒于破产。穷人和富人以及处在穷富之间的人们全都违反税法。几乎没有一个行业不以某种形式规避政府的规章。政府本身从上到下都卷入非法活动。但这还不是主要的问题。主要的问题是，只有那些罪行已经暴露的少数人才似乎对这类问题感到良心不安。"① 在伯尔曼看来，这种危机的根源在于法律与宗教分离后，法治本身正在丧失其社会基础，造成了整个社会的二元思维模式：主体疏离于客体，人疏离于其行为，精神疏离于物质，情感疏离于理智，意识形态疏离于权力，个体疏离于社会。② 伯尔曼对西方法律传统危机的深刻诊断对中国的意义在于，中国正处于建设现代法治的进程中，而现代法制的绝大部分资源都直接来源于西方。当然，中国历史上没有西方那样的宗教传统，③ 在中国，这一向度实际上主要表现为法律与民族伦理、道德自觉的关系问题。因此，只有合理调节法律与伦理、道德的关系，实现法治与社会的和解，中国的法治模式才可能是成功的。

　　法律与伦理、道德的关系既是一个引起长期争论的理论问题，又是一个复杂微妙的实践问题。如果不对伦理与道德以及伦理与道德自身的不同层次、不同方面进行合理区分，就会产生不少似是而非的结论，使得问题本身缺乏实质的针对性。正如哈特所说："法律与道德之间有许多不同类型的关系，在研究上，我们无法适当地拣选任何关系作为法律与道德间的唯一关系。重要的是，我们必须区别那些主张法律与道德相关与否的说法所意指的不同事物。"为

---

① ［美］伯尔曼：《法律与宗教》，梁治平译，生活·读书·新知三联书店1991年版，第46页。

② 同上书，第5页。

③ 我们今天没有必要也不可能去制造出一种全民信仰的宗教来支撑现代法治社会的形成，但现代法治的精神向度、价值向度是不可或缺的。对此，我们对国内一些热衷宣传某种宗教或所谓复兴儒学的学者是持不同看法的。与其说他们产生的某种吸引力是由于他们宣传的宗教的真理性，不如说是他们在某种程度上敏锐觉察到了中国现代化进程中的文化、价值断裂现象产生的症结。

了论述的方便，我们以黑格尔对法律、道德、伦理概念的基本区分为基础，对三个概念进行学理上的辨析，通过这一辨析揭示法治选择可能与伦理、道德产生的潜在冲突。

一般认为，黑格尔是在西方伦理思想史上以思辨的形式系统阐述了这几个相互关联的概念的第一个思想家。黑格尔继承了康德的伦理思想，把人基于自由意志的一切活动都看成是伦理性的。在康德那里，道德与伦理基本上是等同的概念。在他看来，人的存在或活动由必然王国与自由王国两个方面构成，必然王国遵循因果必然律，自由王国遵循自由律，伦理秩序所标识的正是由自由律所支配的自由王国状况。凡是与人的自由意志有关的一切活动都具有伦理、道德性。因而，就其实体性而言，伦理关系就是人类生活的全部。康德这里的自由实际上有两种不同意义：其一，这种由自由律所支配的活动是合自由律、合伦理性的，即人的这种关系在其现实性上是善的；其二，这种由自由律所支配的活动是属于自由、伦理范围的，具有伦理、应当的属性，未必是善的。前者是狭义的，后者是广义的。① 笔者认为，只有在这种广阔的视野里，伦理、道德才可能向法律开放，也才可能深入法律之中。

通过区分康德关于自由概念的不同含义，黑格尔系统区分了法律、道德、伦理三个概念。在黑格尔看来，伦理是实体性的、客观的，它体现的是整个人的活动的秩序，它与某一共同体有关；而道德则是主观的、个体的，它是对伦理的自觉和反思；法律则仅仅停留在抽象人格的阶段，属于伦理秩序的一个部分。因此，从思想、意识层面的发展来看，道德高于法律、伦理；但从历史发展的真理性与目的性看，法律、伦理高于道德，社会整体的利益以及个人幸福的最终实现都有赖于从道德上升到法律、伦理。

---

① 区分本体论层面的自由与现象领域的自由选择是认识法律与道德、伦理关系的基础。本体论层面的自由使得道德、伦理具有高于法律层面的意义，而现象领域的自由选择则突出了法律相对于道德、伦理的优先性。国内学者高兆明非常强调这一区别的重要性。参见高兆明、李萍等《现代化进程中的伦理秩序研究》，人民出版社 2007 年版，第 25—27 页。

黑格尔尤其重视伦理与道德的区分①，在他看来，二者的区分呈现为一个历史的过程，经过这一区分才产生了真正的伦理学。伦理是朴素的，与反思相结合的伦理才是道德。苏格拉底通过德尔菲神谕提出"认识你自己"是哲学的根本任务，提出只有通过人的思维建立起来的善才是真实的善，这样，苏格拉底实际上建立了真正的伦理学或道德学。到康德完全把人类的一切道德都看成是人类理性的自律时，伦理与道德的差别才完全明确起来。

从历史看，西方道德意识的出现、伦理学的产生是以苏格拉底之死换来的。苏格拉底之死也意味着，随着道德自觉的出现，道德、法律、伦理之间的潜在冲突也开始出现。传统伦理（实际上包含了礼俗与法律）转化为道德这一过程体现了自由精神的觉醒，它意味着一切规定，无论它从哪里来的，是何时产生的，都必须回到意识自身，成为意识自身所创造的东西，体现意识的本质。这一转化过程对于一个伦理文化高度繁荣的民族来说，却显得是一个外来的灾祸。过去，这种伦理秩序是至高无上的东西，而这种伦理意识也是自身满足的。但是现在道德要问：这也是真正的伦理吗？这种意识要求存在的伦理秩序（也包括法律）也要从真理来设定和理解，即要求伦理和法律之中也必须有自觉的属人的意识。苏格拉底意识到了雅典的伦理秩序在人们意识中已经发生了严重动摇，并把这一点大声说出来，告诉了雅典人民，于是他被雅典人民判了死刑，罪名是两个：一是不信神，颠覆了神圣的伦理秩序；二是他的主观性学说腐蚀了青年，使青年们找到了不服从和干坏事的借口。

苏格拉底的悲剧就是神圣的传统法律、伦理与道德自觉的冲突，这不仅是古希腊伦理秩序开始崩溃的必然产物，也是一种具有规律性的历史现象。一个民族道德意识的普遍觉醒也往往产生于新旧伦理秩序交替之际。在伦理秩序非常稳定、其合法性很少受到挑战的时代，社会的道德意识往往也是处于潜伏状态的。这种现象在

---

① 人们一般是把道德与伦理作为可通用的概念来使用的。黑格尔这一区分既有其体系的特殊需要，同时也具有普遍意义。本书不讨论黑格尔体系对该区别的影响，是主要就其普遍意义而言的。

传统中国则体现为"道"与"德"的辩证。失道而后德，道德最初的产生表现为对伦理秩序的破坏；法令滋章而盗贼多有，法律的最初出现是对破坏了的伦理秩序的补救和维系。黑格尔认为，对于一个古老的民族来说，其伦理秩序的重大变革，其道德意识对古老的伦理和法制的怀疑和否定，是一定要来到的。具有道德自觉意识的"我"是一定要出现的。尽管这种道德意识在最初对于古老的伦理和法制来说往往表现为一种颠覆和破坏，但对这种颠覆和破坏也不能简单地用政治的手段来防止、压制。思想自身产生的问题只有通过思想才能最终解决，也一定能够通过思想解决，如果思维通过思维自身以真正的方式（自由思想与对话）得到了完成的话。

在黑格尔看来，自启蒙时代以来，由于过度突出个体道德意识的重要性，突出了主观性、主体性原则的重要性，现代社会的道德性特征越来越强，似乎一切东西都要得到道德意识的认可才能获得存在的合法性。道德性似乎成为现代社会的重要特征。然而这种过度突出道德意识的结果是，一切巩固的东西都被推翻了，一切制度刚刚制定完毕就被废除，甚至在道德的名义下出现恐怖和暴政。其典型就是黑格尔多次列举的法国大革命。因此，黑格尔认为，道德意识并不具有真理性，只有国家的法律和伦理才是绝对真理。①

黑格尔把法律、道德、伦理分成其体系的几个不同环节固然有牵强附会之处，但他这一区分无疑是深刻反映了时代的变化，反映了现代社会与传统社会的本质区别。另外需注意的是，黑格尔的区分主要是基于形式上的，而不是实体上的和内容上的绝对分割。实际上，黑格尔也没有把法律、伦理和道德绝对区分开。就伦理关系的自由性、合目的性而言，人类的伦理关系实质上是人对人的主体性关系。应该说，只有人意识到自己的主体性并成为自觉主体时，才能真正形成人的伦理关系。现实的人就表现为意识到自己"是怎样"和"应该怎样"的统一的主体。在一定意义上，"应该怎样"的意识，是文明人之所以文明的关键。这里说的"应该"，是关系

---

① 这里关于人类道德自觉的过程的概括主要参考黑格尔的《哲学史讲演录》第2卷第二章。

的要求，同时也是个人对自身由现行的自觉否定和超越，是从自我规定中产生的理想性。可以说，在人类没有产生道德意识之前，真正的法律关系、伦理关系也是不存在的。

另外，伦理、道德范畴本身也是区分为不同层次的，在不同层次上，它们与法律的关系也是不同的。例如，伦理范畴是一个多层面的综合概念，包括伦理实体、伦理精神、伦理关系、伦理规范等。道德概念也包括道德意识、道德规范、道德理想、道德美德等。总的看，道德是对伦理的反映，伦理秩序与人们的道德意识应该是一致的。但是，无论是现实还是历史上，二者出现错位甚至矛盾尖锐的情况也是常见的，这在一个处于转型期的国家来说体现得尤为明显。现代伦理秩序的特点之一也在于趋向于使公民的道德自觉与社会的伦理秩序相适应，在道德上体现出一种追求自由与礼法相统一的伦理精神。

就传统社会而言，法制大多是伦理秩序的直接外在表现，二者在很多情况下是等同的，因此也就没有真正的法律与伦理的关系。而道德对于伦理、法律的反思只有在主体意识得到了相当发展的阶段才会出现，因而典型的道德与法律的关系问题实际上是一个现代社会的问题。中国现代化建设这一命题隐含着中国伦理秩序现代化的理念。中国伦理秩序现代化意味着：这是一种与既有伦理秩序具有质的差别的伦理秩序，这一质的差别体现在现代法治首先是建立在道德自觉上的，在很大程度上也是外来的，法律秩序与伦理秩序已经有了明显区别。传统社会的伦理秩序本质上建立在血缘基础之上，属于宗法—等级类型，而现代法治秩序本质上建立在现代市民社会之上，是公民—权利类型。因此二者的潜在冲突是难免的。传统法制已经彻底丧失了其合法性，它只能在民族伦理文化中存在。相较而言，现代法治与道德意识具有更强的亲和性，都体现了某种现代性。但不可忽视的是，二者的潜在冲突也是存在的。毕竟法治秩序对于中国来说体现了较强的自上而下的特点，也具有鲜明的国家意识形态色彩，具有较强的客观性和稳定性；而道德的生命始终存在于民众之中，具有鲜明的社会舆论的特点，主观性较多，稳定性较差。①

（二）宪制伦理与民族伦理的和解

如果伦理世界指称涉及人的自由意志领域的一切活动，那么，法律作为国家分配权利与义务的结构与程序，可以看成是国家的习俗、国家的伦理。法律与伦理的合理关系主要体现在两个方面：一方面，法律要尊重伦理、体现伦理；另一方面，法律要改造伦理、重铸伦理。由此达成法治状态下中国宪制伦理与民族伦理之间的和解。具体体现在以下几点。

第一，法律作为伦理世界的一个部分，要体现对作为法制的价值法则的人的自由和尊严的尊重。

法的基地和出发点是自由意志，法与伦理都属于自由意志领域，即康德所谓实践理性领域，二者都体现了人的自律，都是人实现自由和尊严的途径和方式。符合法的生活，也就是符合伦理的生活，本质上都是体现了人合乎本质的存在的方式。② 法的目的不是为了限制人的自由，而是为了实现人的自由，或者说法限制人的自由正是为了从根本上实现自由。用黑格尔的话说，"法是自由的定在"，"人是法的尺度"。法与伦理都是从人的本质性存在即类存在出发的，它本质上是一种自我生成发展的理念，一切法和伦理的规定都是人的本质存在的规定。这就回答了，为什么人的活动符合法和伦理的规定体现了人的自由，而不法并不能体现人的自由，相反它只能是人的不自由。因此，法的事业与伦理一样是一个普遍的事业，它与每个人都相关。法的最高境界就是"成为一个人并且尊敬他人为人"（黑格尔语）。

第二，法律作为伦理世界的一个环节，应注重体现民族精神和民族个性的存在和发展。

---

① 高兆明在《现代化进程中的伦理秩序研究》中对转型期中国伦理秩序的特点有较系统的阐述，本书这里也借鉴了他的观点。

② 可参见陈寿灿《人本法律观的伦理意蕴》，《政法论坛》2007 年第 6 期。其中阐明了法律的伦理意蕴，从价值层面分析了人是法律的出发点，人是法律的目的，法制的理论核心是保障和实现人的自由和尊严。

　　我们之所以是我们，乃是由于我们有历史。一个民族的伦理秩序并不是一尊不动的石像，而是生命洋溢的，历史地生成和延续的。揭示这一秩序的客观存在，并不是昭示给我们外在于我们的某种事物的生成，而是昭示我们自身的生成和存在。相对于伦理秩序的历史生成性和客观性，现代法律更具有主观和外在的性质，法律尊重伦理就是尊重我们的历史，尊重我们民族的精神生命。伦理是活生生的法制，真正的法制必须与一个民族的民族精神的发展阶段相适应，没有独立自存的抽象法制。一个国家法制与伦理不一致，其民族精神就会陷入分离状态。良好的法制必须具有一个历史的维度，只有这样的法制才能促进一个民族真正的发展。正如庞德所说："对过去来说，法律是文明的一种产物；对现在来说，法律是维系文明的一种工具；对未来来说，法律是增进文明的一种工具。"①

　　法律精神只能来源于伦理精神。一个民族的伦理秩序不仅是历史地生成的，而且也是不可能完全改变的。我们不否认作为人性所具有的普遍性和可变通性，这种普遍性和可变通性也构成了一切文化传播和文化移植成功的基础，但是，普遍性不能完全取代特殊性，可变通性也总有自己的边界。这种特殊性和边界构成了一个民族的精神个性，也构成了一个民族生存的意义和价值。我们无法想象一个个体能够完全实行灵魂和肉体的分离，实现灵魂的再造，同样，我们也无法想象一个民族尤其是一个有着深厚文化传统、文化个性的伟大民族能够实行"形神分离"，完全移植和改变其伦理秩序。从形式上说，法律具有更强的移植性，不仅法律条文可以直接移植，大部分法律原则也是可以直接移植的，但法律精神却是不可能移植的。这一精神正是来源于制约法律产生、变化、运行的客观伦理秩序和物质条件所形成的民族理想。物质条件是可以复制的，但伦理秩序是绝不可能复制的。世界上实行法治的国家很多，但没有哪一个国家会认为自己的法律秩序与另一个国家相同；即使是那

————————

　　①　［美］罗斯科·庞德：《法律史解释》，邓正来译，中国法制出版社2002年版，第212页。

些试图模仿某个西方先发国家法治模式的第三世界国家，照抄照搬的法律条文在实际生活中的理解和运行也完全与原来想象的是两回事。一些人往往把这一现象看成是第三世界国家物质条件落后或者人民素质太低所致，而不肯承认这一现象本身所具有的合理性，不承认伦理秩序相对于法律秩序在本体上的优先性，不承认每一个民族的法制都应该具有自己的民族个性，而是简单地认为法治只有西方一个模式，把法治看成抽象人性的产物。

第三，法律要尊重伦理、维护伦理世界是因为只有完整的伦理世界才是人的意义世界，才是凝聚一个民族的精神纽带。

法律本身具有抽象性，法律面前人人平等，法律把人首先理解为抽象的人格。在此意义上，黑格尔把作为伦理世界一个环节的法称为"抽象法"。作为抽象法，法律只关心作为人本身的尊严、发展所需要的一般的需要和利益，它不关心某一个具体的人的激情、爱好和欲望的强度，不关心每一个人获得利益的多少，也不关心人们的运气的好坏。法关注的是抽象自由而不是具体自由，因此自由在法的领域还仅仅是一种可能性。在平等的法律面前可能产生人们事实上的不平等，甚至产生某些严重的不公正。衡平法存在的合理性就在于它的根据不是抽象的法，而是人们内心的良心和公正。从这个意义上讲，法治本身不可能成为目的，形式的法治也没有独立的合理性，只有在一个完整的伦理体系之中，法治的合理性才能得到说明。伦理高于法的地方在于，只有伦理是具体的，只有伦理是自由意志的自在自为的领域。

一个不重视伦理的抽象的法治社会，就像黑格尔所讲的罗马世界一样："就是那种冷冰冰的统治，在这种统治下，一切特殊的个性，一切个别的民族精神都消失了，所有的美都摧毁了。我们看到毫无生气……世界在存在方面分为两个方面，一方面是原子，是私人，另一方面是把他们束缚在一起的外在纽带；这个仅仅是外在的纽带就是权威，就是暴力。"伯尔曼指出："真正能阻止犯罪的乃是守法的传统，这种传统又植根于一种深切而热烈的信念之中，那就是，法律不只是世俗政策的工具，它也是终极目的和生活意义的一部分。在任何一个社会，法律本身都力促对其自身神圣性的信念。"① 这实际上就是说，法律必须建立在活生生的、有意义的伦理世界之中。凡过度推崇法治的民族无不产生家庭关系的淡化和破坏，产生一系列复杂的人生和社会问题，古罗马和今日的美国都是如此。这一点至少应该引起我们的注意。

只有完整的伦理世界才是人的意义世界，才是凝聚一个民族的精神纽带。国家不是单纯的物质存在，不可能仅仅通过法律连接起来。休谟曾说过，国家及其政府是建立在意见上面的。其意思是说，其一，现代国家并没有客观的基础，不具有绝对的真理性，其基础是人们的意见；其二，现代国家依赖于舆论，它必须重视舆论。对此，黑格尔提出，国家是建立在思想上面的。其意思是说，国家并不是一种单纯的物质存在，更不是像近代启蒙学者所说的那样是社会契约的产物，而是一种客观精神，是一个有机体。法律在本质上体现了人类对秩序和稳定的追求，但是正如富勒所说的，"难道在人类本性里面没有这样一种深沉的渴望，要在人与人之间创造出比依法确立的义务和非义务的联系更为牢固的团结纽带？"② 实际上这样的纽带一直就存在，我们不知道它是什么时候开始存在的，也不知道是谁制定了它，但它肯定先于人们制定的法律。

第四，法律要尊重伦理还体现在一个国家的法律语言要采用民族语言和民族形式来表达。

伯尔曼批评了那种把法律仅仅看成是规则的观点，指出："认为法律的本质在于其规则，以及法律根本上可以被定义为一套规则。这种看法忽视了法律作为一种社会秩序化过程的积极、生动的性质。……法律不仅仅是规则和概念，法律还是并且首先是人们之间的一系列关系。"因而"法律规则就像所有语言表述一样，其意义得之于它被说或写的语境之中"③。法律语言尽管有自己的形式化特征，但其形式化程度绝不可能达到像自然科学一样，因为法律规

---

① ［美］伯尔曼：《法律与宗教》，梁治平译，生活·读书·新知三联书店1991年版，第18页。
② 同上书，第28页。
③ 同上书，第74—76页。

范的是人们生动活泼的行为，这些行为又紧紧地与它们具体而丰富的语言联系在一起。语言是存在的家，人不能离开其语言而活动，规范人们行为的法律也不可能离开生动活泼的语言而成为一个完全的形式化的系统。从历史上看，只有当一个民族用自己的语言掌握了一门科学（尤其是人文社会科学）的时候，我们才能说这门科学属于这个民族了；这一点，对于一个具有伟大历史传统的民族来说就更是如此。路德用德语翻译《圣经》是他的思想广泛影响人民从而在德国成功推行宗教改革的重要基础；沃尔夫用德国语言系统表述莱布尼茨哲学，从而使后者的哲学对德国产生了广泛而深刻的影响，为后来德国人演奏哲学第一小提琴打下了重要基础，以至于当时德国的主流哲学称为"莱布尼茨—沃尔夫体系"；毛泽东成功地运用自己深厚的传统文化功底和语言天赋使马克思主义中国化，这是马克思主义理论能够在中国得以应用并使中国的共产主义革命得以成功的重要因素之一；等等。这样的例子历史上是很多的。一个国家的法律语言要采用民族语言和民族形式来表达，这绝不是简单的翻译问题，而是基本概念、语法、表述方式等转化为真正民族的东西。看看我们当今的法学著述里面充斥着的各种古怪的概念和生硬的翻译式语言，这种在人文社会科学里面到处都出现的食洋不化的病症，我们就能深切地感受到中国的学者对于完成他们的历史使命相距还有多么遥远。

第五，法律要尊重伦理还体现在法律应该适应时代发展，积极提炼、规范时代变化所产生的新的伦理关系，重铸时代的伦理秩序。

相对于客观的、相对稳定的伦理秩序而言，法律更具有能动性、时代性。因此，在尊重伦理秩序的同时，绝不应该把二者等同起来，把法律仅仅看成是维护传统伦理秩序的工具。现代法律既要尊重传统伦理秩序，但更要努力维护和反映现代伦理秩序，适时改造那些已经过时的伦理关系，重铸时代的伦理秩序。正如黑格尔所说的，一个国家的宪法是民族政治状况本身的发展，好的宪法必须使得国家的各要素、组成部分自由充分发展，就像一个机体各个部分的充分发展一样。因此，宪法在本质上不同于一般的哲学、科学，古代宪法与现代宪法的原则是完全不同的，一个民族与另一个民族的宪法也不同。我们不可能从祖先所确立的伦理秩序中完全找到解决今日社会问题的钥匙，每个时代都有自己的历史使命，都需要自己时代的理论家、思想家去发现、去探索、去创造，这是毫无疑问的。如果我们只是停留在传统伦理世界中，认为千百年来确立起来的伦理秩序就是解决现代伦理问题的灵丹妙药，那就是一种典型的软弱，是一种可耻的逃避，它表明自己已经不能够担负人类精神所提出来的要求的伟大性，感觉到被这些时代要求的负担所压倒而甘当逃兵。在这方面比较典型的例子是伊斯兰法。现在仍然还有一些伊斯兰国家用国家法律推行极端的传统主义，甚至把他们的宗教圣经作为法律适用。这种做法固然强化了伊斯兰法的稳定性和伊斯兰宗教的凝聚力，却极大地削弱了其法律的灵活性，在一定程度上使一个民族丧失了适应社会发展的应变能力，从而为其在近现代的命运或多或少蒙上了悲剧色彩。①

　　当然，一个民族的伦理秩序是千百年来的产物，其中必定包含着该民族文化精神的核心成分，包含着千百年来该民族人民的智慧在其中，其改变也有赖于该民族物质条件和生活方式之彻底改变而逐步实现，绝非一纸法律就可以废除或改变的。法律所能做的往往是在该民族的伦理秩序已经发生转变之后去认定它、巩固它。正因为如此，一个国家的法律，尤其是体现该民族精神个性的宪法和基本法律的制定和改变也必须是高度谨慎的，为了充分吸收人民智慧，充分反映伦理秩序的变化，它往往是适当滞后的，并与舆论媒体、学术界的道德批评保持着一定的距离。正如柏克所说，审慎是一种政治美德。因此，法律盲目地与国际接轨不好（当然不排除某些具体法律规定应该迅速与国际接轨），法律过分重视舆论媒体、学术界的道德批评也潜藏着风险。比较稳妥的做法是，法律应该寻

---

　　①　此处关于伊斯兰法和中国历史上太平天国的案例直接引用了胡旭晟《法的道德历程——法律史的伦理解释（论纲）》一书中的相关成果。在论述法律与道德之间相互转化的问题上，国内大部分文献都局限于抽象化的所谓辩证思考，比较缺乏具体的逻辑径路分析。胡旭晟在该书中提出了一个值得借鉴的逻辑分析框架。参见胡旭晟《法的道德历程——法律史的伦理解释（论纲）》，法律出版社 2006 年版。

求与民族伦理的和解。和解不是顺从，和解意味着差异将在一定程度上长期存在，而不是武断地一方拒绝或取缔另一方。

（三）宪制实践伦理与道德观念的和解

当代西方著名分析法学家哈特曾从社会重要性程度、规则改变的途径、责任的根据以及惩罚方式四个方面对法律和道德进行区分。① 这些形式上的区别无疑意味着宪制实践与道德观念存在潜在冲突的可能。需要强调说明的是，在民众的日常语言中，甚至在学者的话语体系中，中西方对法律、道德概念的理解存在较大差异。西方人更多地谈论法律而不是道德，他们的法律范畴往往包含了道德的本质规定性，道德本身并不是独立自存的东西。中国人大多谈论道德而不是法律，道德自身具有很强的独立性，法律在概念上往往是从属于道德的，或者往往为道德所制约、规定。从概念本身形成的历史过程来看，西方人的法律是维护自由的规范，带有很强的公民社会制约王权的特点，中国人的法律是维护伦理秩序的规范，它更多产生于国家治理社会的需要，与自由的追求相对疏离。西方人的道德概念强调的是个体人格的意识以及对伦理义务的自觉，中国人的道德范畴更接近于伦理义务的单纯服从或者具有实用性的修身养性。了解这种区别对于我们今天认识、调节道德与法律的关系是十分重要的。其重要性体现在两个方面：一是要认识到我们今天所谈论的道德与法律的关系已经与传统文化的理解很不一样了，它更接近现代西方的含义。二是要认识到关于法律和道德传统意义上的理解仍然将深深制约和影响着我们今天对二者关系的调整。在一定意义上说，今天对二者关系的理解和调整过程本身也是重新界定和确立两个概念新的含义的过程，只有在法律和道德的现代意义上才能确立二者的合理关系，实现二者的和解。

总的来看，实现法治状态下宪制实践伦理与道德观念的和解也是两个方面：一方面是法律的合法性的增进以及道德对法律的理

---

① 具体论述可参见［英］H. L. A 哈特《法律的概念》，法律出版社 2006 年版，第 164—170 页。

解、支持、辩护；另一方面是道德对法律的批评以及法律对道德批评的回应。具体体现在以下几点。

第一，道德自由意识是法律权利意识的重要前提，而法律权利则是道德自由得以实现的制度基础。

在这里，道德自由属于思想自由范畴，而法律权利则属于政治自由；思想自由与政治自由是有必然联系的。现实的政治的自由仅开始于当个人自知其作为一个独立的人，是一个有普遍性的、有本质性的也是有无限价值的时候，或者当主体达到了人格的意识，因而要求本身得到单纯的尊重的时候。仅仅是包含潜在自由的伦理秩序本身是无须法治的，只有道德意识的觉醒才开始呼唤法治。没有道德意识的普遍觉醒，就没有普遍的独立人格意识和人格尊严的思想，也就不可能产生普遍的权利意识；没有普遍的权利意识，也就不会有现代的法治社会。这一点我们很容易用一个例子来表明：只有当个人的自由是我们的根本条件时，我们才知道我们本质的存在。这时如果有一个人想要把他的武断的意志作为法律，并且要施行奴隶制时，我们便有了这样的意识，说这是不行的。每个人都知道他不能做奴隶。在这个意义上，可以说普遍的道德意识为法治的出现提供了前提，道德是支撑现代法律的基础。

反之，法律权利则是道德自由得以实现的制度基础。自由是人之所以为人的本质，是人的尊严所在，也是人的至高追求和终极价值，这指的是道德自由；在现实生活中，人往往是不自由的，人们的一切努力都在于打破各种各样的束缚，经过几千年来人类的不断斗争和奋斗，人们才不断地把各种自由的追求转化成权利加以保护，并制定出各种各样的制度为自由的实现开辟道路，这指的是法律的自由。在这里，道德自由更多的是一种潜能和本质，是一种可能性和理想，唯有法律的自由才是一种现实。它表明，仅仅是道德的角度还不能完全实现对人的真正尊重。尊重、恭敬之心必须承认某种高于自身的存在。承认高于人的存在实际上就是尊重人的类存在，尊重作为精神的人的存在；承认法律高于任何人的意义也在于此。

总之，道德自由为法律权利提供合法性，法律自由为道德自由提供现实性。如果不尊重道德自由，法律就可能异化，以致成为极权政治的工具；如果不尊重法律自由，道德自由就可能成为一种空洞的理想主义或仇视现实的虚无主义。在这里，道德自由与法律自由的关系就是自由本身与必然的关系。卢梭关于自由的名言"人生而自由，却又无往不在枷锁之中"，其歧义性与魅力特色正反映了道德自由与法律自由的深刻辩证关系。

第二，一个国家的法制及其适用离不开道德对法律的理解、支持、辩护，只有贯穿了道德原则的法制才是完整的、健全的。

法律在现实中的具体命运取决于社会道德对它的支持程度，或者说，法律的实现在很大程度上依赖于法律在观念上的"道德化"，即法律转化为人们内在的善恶观念与外在的道德舆论。伯尔曼指出："一个健全的法律制度必须结合规则与自由裁量、严格法与衡平法于一体。"① 法律是普遍的，也是强制的，所以当个人还没有认识、理解法律时，法律就是一种暴力。因此，没有普遍的道德自觉意识的产生，法律便是一种暴力。此外，法律一经形成就具有独立的客观性和自主性，而且法律只能建立在抽象的一般人格基础上，法律的特性就是追求在形式上人人平等。法律不可能完全做到具体问题具体解决，因而才需要法官的裁定或判决。这就必然为道德发挥作用提供了空间。在一个后发国家建设法治的过程中，道德的支持更是十分重要的。这种支持绝不仅仅是法律条文的宣传、灌输、学习等，更重要的是普遍唤醒公民的人格意识、人的尊严意识和权利意识，一句话就是培育自由精神。公民是否普遍具有自由精神，政府是否普遍尊重公民的人格意识、人的尊严意识和权利意识，这是衡量真假法治的试金石。当一个国家的公民不再是把法律仅仅作为外在权威和外在的必然性来服从而试图去理解这种必然性，并把这种必然性与自己的目的相联系的时候，一个法治社会的道德基础才真正确立起来了，法律的属人性质才明朗化了。

第三，法律与道德的存在体现了人性的复杂性与多样性，只有

---

① ［美］伯尔曼：《法律与宗教》，梁治平译，生活·读书·新知三联书店1991年版，第126页。

二者互补才能成为推动人与社会全面发展的目的和动力。

　　道德更多基于人性的善，法律则须侧重人性的恶；道德评价主要考虑动机，法律制裁只能针对行为；道德可以从理想出发，法律必须立足现实。因此二者不仅相互支持、相互维护，而且也相互批评、相互补充。从某种意义上讲，法律与道德构成历史发展的经纬线。一个提供目的，一个提供动力。法律主要关注市民社会的物质利益问题，但对于解决大量的精神领域的问题，尤其是人的生活的价值及其意义问题显得有些苍白无力；道德虽然不能说与物质利益无关，但其超越物质层面的意义则是其主要方面，这些方面都直接关涉人的精神生活状态。法律作为现代市民社会发展的产物，其功能主要是为了保护公民的安全、自由和财产，调整市民社会产生的大量纠纷，维护市民社会的正常秩序，其核心是保护私人的财产权利。尽管法律也涉及人的尊严、自由、安全等人类的精神需求，但法律满足这种需求的方式大多以保护财产权为核心，而不是一般地满足人类的精神需求。道德则体现了人类对物质利益的超越性特征，尽管任何时候道德离开物质利益都会使自己出丑，但道德在处理与他人的关系上是以多多少少的自我牺牲为特征的，在理解自我的关系上更是以自我的全面发展和完善、以精神的丰富为特征的。在市场经济环境下，物欲横流，利欲熏心，人们不能关注内在精神世界的丰富也在情理之中。尽管物质上的匮乏常常是令我们精神上痛苦甚至崩溃的重要原因，物质上的丰裕往往也是我们获得精神闲暇和追求的基本条件，但是，精神的需求仍然不能完全由物质来满足，而且，当物质满足达到一定水平后，精神上的追求就必然提到日程上来成为我们日常活动的主要动力，成为我们获取物质财富的主要目的所在。

　　法律的理性、冷静是防止道德理想主义狂热的良药。道德不一定就是道德理想主义的，但道德的理想性也蕴含着狂热的成分，如果仅仅执着于单一的道德尺度，主观性强调过了头，就每每会到发狂的程度。从认识层面讲，道德理想主义是基于对人性和社会现实的片面理解：一方面它简单地假定了人性的善良，另一方面又无法解释社会现实中的罪恶，最后只好把现实中的人截然分为好人和坏人两种。实际上，道德具有不同的层面，其理想性仅仅是评价现实的一个尺度。对此，宋儒朱熹在《答陈同甫》中曾经这样说道："尧、舜、三王、周公、孔子所传之道，未尝一日得行于天地之间也。"① 黑格尔也说："我们对历史最初的一瞥，便使我们深信人类的行动都发生于他们的需要、他们的热情、他们的兴趣、他们的个性和才能。……当我们看到人类热情的这种表演和他们暴行的种种后果，当我们看到那种不但同感情相联接，而且甚至于主要同善良的企图和正直的目的相联接的'无理智'，当我们看到古今人类精神所创造的极其繁荣的各个帝国，它们所遭的祸害、罪恶和没落，我们便不禁悲从中来。"②

第四，道德与法律的良性互动、相互转化应该通过一定的中间环节，遵循程序性原则，通过主体发生作用。

道德对于法律的影响的合理途径主要应该体现在法治精神的培育、立法理念的贯彻以及道德人格的塑造方面。培育现代法治精神除了使广大民众充分参与整个法律过程外别无他途。对于一个后发国家而言，仅仅在立法中确认新的精神原则是不够的，更重要的还是如何让社会真正认同这些精神，让国民切实遵循这些新价值。传统社会的法律与现代法律的一个典型区别就是，前者的人民没有从法律中认出他们自己的意志，却只能认出一种全然陌生的意志，即国家统治者的意志。而法律本身的公正只能靠统治者个人的道德修养来保障。后者的人民把法律看成是本质上反映了他们意志的产物，他们委托代表制定法律、修订法律，并且可以批评法律，除了法律本身的意志外不承认任何一种意志高于法律。在此，立法过程、司法过程（涉及国家机密、个人隐私的除外）充分地向社会开放，让各种道德价值、道德意识观念全面交锋，这不仅关乎政治民主，并且有益于促进整个社会的道德意识、价值观念的更新、整合，从而有助于改善法律的生长环境。伯尔曼认为："法律活动中更为广泛的公众参与乃是重新赋予法律以活力的重要途径，除非人

---

① 朱熹：《答陈同甫》，载《晦庵先生朱文公文集》第 36 册。
② ［德］黑格尔：《历史哲学》，王造时译，上海书店 1999 年版，第 21 页。

们觉得那是他们的法律，否则就不会尊重法律。但是，只有在法律通过其仪式与传统、权威与普遍性触发并唤起他们对整个生活的意识、对终极目的和神圣事物的意识的时候，人们才会产生这样的感觉。"①

民众对法律过程的参与必须遵循程序性原则。由于道德具有主观性，体现出多元的特征，道德世界自身的分歧以及在某些问题上、在某些时候表现出极端和偏颇的现象就是一种十分常见的现象了。此时，法律对于道德批评的回应就必须采取十分谨慎的态度，法律自身的调整就愈有必要遵循严格的程序，依法办事。比如，当今媒体舆论对司法活动的各种批评，就典型地体现了道德世界与法律世界冲突的复杂性。就媒体舆论体现了对司法活动的某种监督而言，法律世界必须认真检查、反思自身活动是否有违相关法律规定，是否真正在依法办事。就媒体舆论体现了民众某种呼声，反映了现有法律存在的不公和不完善时，法律世界也应该认真反省其适时改进的空间。当然，正如哈贝马斯所说，人民的呼声是不能够直接进入法律判决的，其正当的功能应当是启动已有的制度程序，依照法律程序来改进。重要的是要把舆论媒体所代表的人民主权（尽管事实上有时候仅仅是少数人的操纵或仅仅反映了少数人的利益，但从其性质上说它是代表人民的）与法律所代表的人权（严格的权利保护程序）结合起来。② 良好的法律应该超越特殊的道德立场，去谋求与人类、与广大民众的公共道德的兼容，努力在不同层次的、多元的道德立场之间维持合理的平衡。只有实现这样的兼容与平衡，法律才能实现与社会的和解，法律自身才真正有效其而长久。

道德向法律的转化是一项高度体现法律智慧的技术，不是简单地把道德要求直接诉诸法律条文。如果说注重法律的合法性基础体

---

① ［美］伯尔曼：《法律与宗教》，梁治平译，生活·读书·新知三联书店1991年版，第35页。

② 哈贝马斯关于人权与主权的关系的论述，可参见［德］哈贝马斯《在事实与规范之间——关于法律和民主法治国的商谈理论》，童世骏译，生活·读书·新知三联书店2003年版，第128页。

现了一个民族的道德智慧的话，那么，注重法律对道德的回应，适时地把一定的道德要求转化为法律则体现了一个民族的法律智慧。在这里，从道德要求中提炼法律规则的技巧，维持法律与道德之间的技术分野，区分理想与现实，是非常重要的。否则就可能导致法律与道德被混为一谈，彼此错位、越位。一方面，在本该由道德调节的领域滥用法律，混淆"是"与"非"、"正"与"邪"、"忠"与"奸"等道德范畴与"罪"与"非罪"、"合法"与"非法"等法律范畴，导致"民无所措手足"的社会混乱；另一方面，在大量原本需要真正的法律来运作的社会关系领域，不得不凭借一时的道德激情行事，其结果是朴素的道德意识取代了严谨的法律概念，罪与非罪毫无标准可言，甚至重刑、酷刑被漫无边际地滥用。这种错位、越位的情况在历史上屡见不鲜，尤其在革命时期和农民起义时期更是常见。①

在法律适用环节，应该注重通过培育主体的现代自由价值观和法治精神。在法律适用过程中，执法者对法律的信仰和对自由价值的崇奉是非常关键的。大量的冤假错案并非由于这些人不知法，而是因为他们没有对法律的敬畏和信仰，知法犯法。"法律必须被信仰，否则它将形同虚设。"②伯尔曼的这句名言与其说是适用于西方背景，不如说更适于第三世界国家的法治状况。执法者不敬畏和信仰法律的后果是灾难性的，因为他们是人民祈求公正、相信法律力量的最后一道墙，这道墙垮了就无药可救了。对于这个问题，完善法律规定，积极调整相关政策，无疑是必需的。但是，完善人格，培育合格优异的执法者，更是一项长期的基础性工程。

中国的现代法制变革主要发生在 20 世纪，中国法制变革的两大基本特征：其一，法律基本从西方移植；其二，法律基本与社会脱节。这一格局至今未彻底改变。法律的尴尬集中体现在很难融入社

---

① 关于法律与道德之间的技术分野及其错位、越位的论述，借鉴了胡旭晟关于太平天国的分析。参见胡旭晟《法的道德历程——法律史的伦理解释（论纲）》，法律出版社 2006 年版，第 28—29 页。

② ［美］伯尔曼：《法律与宗教》，梁治平译，生活·读书·新知三联书店 1991 年版，第 12 页。

会，存在着与民族伦理文化以及民众道德观念的严重冲突。这一严重冲突的长期存在既是法律的不幸，也是民族的不幸。因此，合理调节法律与伦理、道德的关系，实现法律与社会的和解，将是现代中国法治模式的基本维度。

参考文献

一 中文及译著类

1.《马克思恩格斯全集》第 1 卷，人民出版社 1956 年版。

2.《马克思恩格斯全集》第 3 卷，人民出版社 2002 年版。

3.《马克思恩格斯全集》第 40 卷，人民出版社 1982 年版。

4.《马克思恩格斯全集》第 42 卷，人民出版社 1979 年版。

5.《马克思恩格斯全集》第 30 卷，人民出版社 1995 年版。

6.《毛泽东选集》第 1 卷，人民出版社 1991 年版。

7.《邓小平文选》第 2 卷，人民出版社 1994 年版。

8. 李龙主编：《西方宪法思想史》，高等教育出版社 2004 年版。

9. 李龙：《宪法基础理论》，武汉大学出版社 1999 年版。

10. 李龙主编：《人本法律观研究》，中国社会科学出版社 2006 年版。

11. 李龙、万鄂湘主编：《人权理论与国际人权》，武汉大学出版社 1992 年版。

12. 周叶中：《宪政中国研究》，武汉大学出版社 2006 年版。

13. 周叶中主编：《宪法》，高等教育出版社、北京大学出版社 2005 年第 2 版。

14. 汪习根：《法治社会的基本人权——发展权法律制度研究》，中国人民公安大学出版社 2002 年版。

15. 陈晓枫：《中国法律文化研究》，河南人民出版社 1993 年版。

16. 秦前红：《宪法变迁论》，武汉大学出版社 2002 年版。

17. 徐亚文：《程序正义论》，山东人民出版社 2004 年版。

18. 范进学：《权利政治论：一种宪政民主理论的阐释》，山东人民出版社 2003 年版。

19. 林来梵：《从宪法规范到规范宪法》，法律出版社 2001 年版。

20. 徐秀义、韩大元：《宪法学原理》，中国人民公安大学出版社 1993 年版。

21. 白钢、林广华：《宪政通论》，社会科学文献出版社 2005 年版。

22. 徐秀义、韩大元主编：《现代宪法学基本原理》，中国人民公安大学出版社 2001 年版。

23. 廉希圣主编：《中国宪法教程》，中国政法大学出版社 1999 年版。

24. 张庆福：《宪法学基本理论》，社会科学文献出版社 1999 年版。

25. 童之伟：《法权与宪政》，山东人民出版社 2001 年版。

26. 韩大元、胡锦光：《宪法教学参考书》，中国人民大学出版社 2003 年版。

27. 季卫东：《宪政新论——全球化时代的法与社会变迁》，北京大学出版社 2002 年版。

28. 蔡定剑主编：《中国选举状况的报告》，法律出版社 2002 年版。

29. 赵心树：《选举的困境——民选制度及宪政改革批判》，四川人民出版社 2003 年版。

30. 袁达毅：《县级人大代表选举研究》，中国社会出版社 2003 年版。

31. 王振耀：《迈向法治型选举的历史逻辑——中国当代选举制度的转型及选举程序研究》，中国社会出版社 2002 年版。

32. 胡锦光、韩大元：《当代人权保障制度》，中国政法大学出版社 1993 年版。

33. 夏勇：《人权概念起源——权利的历史哲学》，中国社会科学出版社 2007 年版。

34. 夏勇主编：《走向权利的时代——中国公民权利发展研究》（修订版），中国政法大学出版社 2000 年版。

35．张友渔：《公民的基本权利和义务》，天津人民出版社1987年版。

36．甄树青：《论表达自由》，社会科学文献出版社2000年版。

37．周伟：《宪法基本权利司法救济研究》，中国人民公安大学出版社2003年版。

38．谢鹏程：《公民的基本权利》，中国社会科学出版社1999年版。

39．中国法学会宪法学研究会主编：《保障公民基本权利与维护社会稳定》，中国人民公安大学出版社1992年版。

40．陈欣新：《表达自由的法律保障》，中国社会科学出版社2003年版。

41．白桂梅主编：《法治视野下的人权问题》，北京大学出版社2003年版。

42．李光灿：《我国公民的基本权利和义务》，人民出版社1956年版。

43．朱晓青、柳华文：《公民权利和政治权利国际公约及其实施机制》，中国社会科学出版社2003年版。

44．肖泽晟：《关于人权保障与权力控制的学说》，科学出版社2003年版。

45．孙哲：《新人权论》，河南人民出版社1992年版。

46．夏勇等主编：《中国当代宪政与人权热点》，昆仑出版社2001年版。

47．张千帆等：《宪政、法治与经济发展》，北京大学出版社2004年版。

48．中国人权发展基金会主编：《中国签署批准的国际人权公约》，新世界出版社2003年版。

49．齐延平：《人权与法治》，山东人民出版社2003年版。

50．朱晓青：《欧洲人权法律保护机制研究》，法律出版社2003年版。

51．刘升平、夏勇：《人权与世界》，人民法院出版社1996年版。

52．黄基泉：《西方宪政思想史略》，山东人民出版社2004年版。

53. 刘守刚：《西方立宪主义的历史基础》，山东人民出版社2005年版。

54. 何勤华主编：《20世纪西方宪政的发展及其变革》，法律出版社2005年版。

55. 张庆福主编：《宪政论丛》第1、2卷，法律出版社1998年版。

56. 张恒山：《法理要论》，北京大学出版社2006年版。

57. 范进学：《权力政治论——一种宪政民主理论的阐释》，山东人民出版社2003年版。

58. 朱景文：《跨越国境的思考——法理学讲演录》，北京大学出版社2006年版。

59. 万其刚：《立法理念与实践》，北京大学出版社2006年版。

60. 朱学勤：《道德理想国的覆灭》，上海三联书店2003年版。

61. 马长山：《国家、市民社会与法治》，商务印书馆2002年版。

62. 彭定光：《政治伦理的现代建构》，山东人民出版社2007年版。

63. 丁大同：《国家与道德》，山东人民出版社2007年版。

64. 何珊君：《法与非政治公共领域》，山东人民出版社2007年版。

65. 曾建平：《环境正义——发展中国家环境伦理问题探究》，山东人民出版社2007年版。

66. 陈泽亚：《经济人与经济制度正义——从政治伦理视角探析》，山东人民出版社2007年版。

67. 张继良等：《公民权利与宪政历程》，中国社会科学出版社2004年版。

68. 强昌文：《契约伦理与权利》，山东人民出版社2007年版。

69. 陆德生主编：《中国宪政史纲》，中国长安出版社2004年版。

70. 曹刚：《法律的道德批判》，江西人民出版社2001年版。

71. 万俊人主编：《现代公共管理伦理导论》，人民出版社2005年版。

72. 万俊人：《寻求普适伦理》，商务印书馆2001年版。

73．赵敦华：《人性和伦理的跨文化研究》，黑龙江人民出版社2003 年版。

74．王南湜：《社会哲学》，云南人民出版社2001 年版。

75．姚大志：《人的形象》，吉林教育出版社1999 年版。

76．卢风：《应用伦理学》，中央编译出版社2004 年版。

77．衣俊卿：《回归生活世界的文化哲学》，黑龙江人民出版社2000 年版。

78．郑永流主编：《法哲学与法社会学论丛》，北京大学出版社2006 年版。

79．张志铭：《法理思考的印迹》，中国政法大学出版社2003 年版。

80．夏勇：《宪政建设——政权与人民》，社会科学文献出版社2004 年版。

81．王怡：《宪政主义：观念与制度的转捩》，山东人民出版社2006 年版。

82．贺来：《边界意识和人的解放》，上海人民出版社2007 年版。

83．陈泉生：《可持续发展与法律变革：21 世纪法制研究》，法律出版社2000 年版。

84．杨昌宇：《自由：法治的核心精神》，法律出版社2006 年版。

85．苏力：《法制及其本土资源》，中国政法大学出版社2004 年版。

86．王炎主编：《宪政主义与现代国家》，生活·读书·新知三联书店2003 年版。

87．程燎原、江山：《法治与政治权威》，清华大学出版社2001 年版。

88．宋希仁主编：《西方伦理思想史》，中国人民大学出版社2004 年版。

89．陈新民：《宪法基本权利之基本理论》（上、下），台湾元照出版有限公司1999 年版。

90．强治斌、董保城：《宪法新论》，台湾元照出版有限公司2004 年版。

91．［德］考夫曼：《法律哲学》，刘幸义等译，法律出版社 2004 年版。

92．［德］贝克、哈贝马斯：《全球化与政治》，王学东等译，中央编译出版社 2000 年版。

93．［德］哈贝马斯：《在事实与规范之间——关于法律和民主法治国的商谈理论》，童世骏译，生活·读书·新知三联书店 2003 年版。

94．［德］哈贝马斯：《公共领域的结构转型》，曹卫东等译，学林出版社 1999 年版。

95．［德］哈贝马斯：《交往行为理论》第 2 卷，洪佩郁等译，重庆出版社 1994 年版。

96．［德］科殷：《法哲学》，林荣远译，华夏出版社 2002 年版。

97．［德］康德：《判断力批判》（下），韦卓民译，商务印书馆 1964 年版。

98．［美］斯科特·戈登：《控制国家——西方宪政的历史》，应奇等译，江苏人民出版社 2001 年版。

99．［美］庞德：《法律与道德》，陈林林译，中国政法大学出版社 2003 年版。

100．［美］施特劳斯：《自然权利与历史》，彭刚译，生活·读书·新知三联书店 2003 年版。

101．［美］富勒：《法律的道德性》，郑戈译，商务印书馆 2005 年版。

102．［美］汉密尔顿、杰伊、麦迪逊编：《联邦党人文集》，程逢如、在汉、舒逊译，商务印书馆 1980 年版。

103．［美］阿兰·S．罗森鲍姆主编：《宪政的哲学之维》，刘茂林、郑戈译，生活·读书·新知三联书店 2001 年版。

104．［美］埃尔斯特、［挪］斯莱格斯塔德编：《宪政与民主——理性社会变迁研究》，潘勤等译，生活·读书·新知三联书店 1997 年版。

105．［美］卡尔·J．弗里德里希：《超验正义——宪政的宗教之维》，周勇等译，生活·读书·新知三联书店 1997 年版。

106.〔美〕斯蒂芬·L.埃尔金、卡罗尔·爱德华·索乌坦主编:《新宪政论——为美好的社会设计政治制度》,周叶谦译,生活·读书·新知三联书店 1997 年版。

107.〔美〕亨金:《宪政·民主·对外事务》,邓正来译,生活·读书·新知三联书店 1997 年版。

108.〔美〕汤普森主编:《宪法的政治理论》,张志铭译,生活·读书·新知三联书店 1997 年版。

109.〔美〕亨金、罗森塔尔主编:《宪政与权利》,郑戈等译,生活·读书·新知三联书店 1997 年版。

110.〔美〕考文:《美国宪法的"高级法"背景》,强世功译,生活·读书·新知三联书店 1997 年版。

111.〔美〕孙斯坦:《设计民主:论宪法的作用》,金朝武译,法律出版社 2006 年版。

112.〔美〕罗尔斯:《正义论》,何怀宏等译,中国社会科学出版社 1988 年版。

113.〔美〕罗尔斯:《政治自由主义》,万俊人译,译林出版社 2000 年版。

114.〔美〕考克斯:《法院与宪法》,田雷译,北京大学出版社 2006 年版。

115.〔美〕沃尔泽:《正义诸领域》,褚松燕译,译林出版社 2002 年版。

116.〔美〕德沃金:《原则问题》,张国清译,江苏人民出版社 2005 年版。

117.〔美〕德沃金:《自由的法——对美国宪法的道德解读》,刘丽君译,上海人民出版社 2001 年版。

118.〔美〕罗尔斯顿:《环境伦理学》,中国社会科学出版社 2000 年版。

119.〔美〕博登海默:《法理学——法律哲学与法律方法》,邓正来译,中国政法大学出版社 2004 年版。

120.〔美〕伯尔曼:《法律与宗教》,梁治平译,生活·读书·新知三联书店 1991 年版。

121．〔美〕诺齐克：《无政府、国家与乌托邦》，中国社会科学出版社 2005 年版。

122．〔美〕潘恩：《潘恩选集》，马清槐等译，商务印书馆 1981 年版。

123．〔美〕麦基文：《宪政古今》，翟小波译，贵州人民出版社 2004 年版。

124．〔美〕伯纳德·施瓦茨：《美国法律史》，王军等译，中国政法大学出版社 1990 年版。

125．〔美〕卡尔·A. 魏特夫：《东方专制主义》，徐式谷等译，中国社会科学出版社 1989 年版。

126．〔美〕阿伦特：《论革命》，陈周旺译，译林出版社 2007 年版。

127．〔美〕霍尔姆斯·罗尔斯顿：《哲学走向荒野》，吉林人民出版社 2000 年版。

128．〔美〕保罗·布莱斯特等：《宪法决策的过程：材料与案例》（上册），张千帆等译，中国政法大学出版社 2002 年版。

129．〔美〕乔治·霍兰·萨拜因：《政治学说史》（上），盛葵阳等译，商务印书馆 1986 年版。

130．〔美〕约瑟夫·危勒：《欧洲宪政》，程卫东等译，中国社会科学出版社 2004 年版。

131．〔美〕莱斯利·里普森：《政治学的重大问题——政治学导论》，刘晓等译，华夏出版社 2001 年版。

132．〔美〕约翰·杜威等：《自由主义》，欧阳梦云等译，世界知识出版社 2007 年版。

133．〔法〕托克维尔：《论美国的民主》（上、下），董果良译，商务印书馆 1997 年版。

134．〔法〕孟德斯鸠：《论法的精神》，张雁深译，商务印书馆 1961 年版。

135．〔法〕卢梭：《社会契约论》，何兆武译，商务印书馆 1980 年版。

136．〔法〕卢梭：《论人类不平等的起源和基础》，李常山译，商务印书馆 1962 年版。

137．［法］马里坦：《人和国家》，霍宗彦译，商务印书馆 1964 年版。

138．［法］鲍德里亚：《物体系》，林志明译，上海世纪出版社集团 2001 年版。

139．［法］佩鲁：《新发展观》，张宁等译，华夏出版社 1987 年版。

140．［法］贡斯当：《古代人的自由与现代人的自由》，阎克文等译，上海人民出版社 2003 年版。

141．［法］孔多赛：《人类精神进步史表纲要》，何兆武等译，生活·读书·新知三联书店 1998 年版。

142．［法］孟德斯鸠：《罗马盛衰原因论》，婉玲译，商务印书馆 1962 年版。

143．［英］洛克：《政府论》，翟菊农、叶启芳译，商务印书馆 1964 年版。

144．［英］边沁：《政府片论》，沈叔平等译，商务印书馆 1997 年版。

145．［英］霍布斯：《论公民》，应星、冯克利译，贵州人民出版社 2003 年版。

146．［英］密尔：《代议制政府》，汪瑄译，商务印书馆 1982 年版。

147．［英］亚历山大：《国家与市民社会》，邓正来译，中央编译出版社 2005 年版。

148．［英］詹宁斯：《法与宪法》，龚祥瑞等译，生活·读书·新知三联书店 1997 年版。

149．［英］A．J．M．米尔恩：《人的权力与人的多样性——人权哲学》，夏勇、张志铭译，中国大百科全书出版社 1995 年版。

150．［英］M．J．C．维尔：《宪政与分权》，苏力译，生活·读书·新知三联书店 1997 年版。

151．［英］鲍曼：《共同体》，欧阳景根译，江苏人民出版社 2003 年版。

152．［英］柏克：《法国革命论》，何兆武等译，商务印书馆1998年版。

153．［英］安东尼·吉登斯：《现代性的后果》，田禾译，译林出版社2000年版。

154．［英］哈特：《法律、自由与道德》，支振锋译，法律出版社2006年版。

155．［英］麦考密克、［奥］魏因贝格尔：《制度法论》，周叶谦译，中国政法大学出版社1994年版。

156．［英］哈耶克：《自由秩序原理》（上、下），邓正来译，生活·读书·新知三联书店2003年版。

157．［英］麦克里兰：《西方政治思想史》，彭淮栋译，海南出版社2003年版。

158．［英］柏克：《法国革命论》，何兆武译，商务印书馆1998年版。

159．［英］罗素：《西方哲学史》上卷，何兆武、李约瑟译，商务印书馆1963年版。

160．［英］戴雪：《英宪精义》，雷宾南译，中国法制出版社2001年版。

161．［英］J. S. 密尔：《论自由》，程崇华译，商务印书馆1959年版

162．［爱尔兰］J. M. 凯莉：《西方法律思想简史》，王笑红译，法律出版社2002年版。

163．［意大利］加林：《意大利人文主义》，李玉成译，生活·读书·新知三联书店1998年版。

164．［意大利］葛兰西：《狱中札记》，曹雷雨等译，人民出版社1983年版。

165．［荷］斯宾诺莎：《神学政治论》，温锡增译，商务印书馆1963年版。

166．［日］大须贺明：《生存权论》，林浩译，法律出版社2001年版。

167．［日］大沼保昭：《人权、国家与文明》，王志安译，生

活·读书·新知三联书店 2003 年版。

168. 唐代兴：《宪政主义民主政治实现的道德建设方向》，香港《学术前沿》2005 年第 5 期。

169. 何勤华：《法律伦理学体系总论》，《中州学刊》1993 年第 3 期。

170. 李光辉、文学平：《实然与应然——法律伦理之可能》，《现代法学》2004 年第 5 期。

171. 汪习根：《论发展权与宪法发展》，《政治与法律》2002 年第 1 期。

172. 文学平：《法律伦理的逻辑》，《东南学术》2006 年第 5 期。

173. 赵利：《道德与法律关系的理性审视》，《齐鲁学刊》2004 年第 4 期。

174. 黄丽娟：《论法律与道德的并立互补》，《北方论丛》2003 年第 4 期。

175. 王子龙：《论道德与法律之间几个基本维度的问题》，《甘肃高师学报》2003 年第 3 期。

176. 杨雅华：《论道德与法律的冲突与融合》，《兰州学刊》2002 年第 2 期。

177. 程敏：《浅议道德乃法律的出发点和源头》，《皖西学院学报》2004 年第 1 期。

178. 龙文懋、崔永东：《对道德与法律关系的法哲学思考——美英现代法哲学家论道德与法律关系评析》，《哲学动态》2003 年第 9 期。

179. 樊浩：《德—法整合的法哲学原理》，《东南大学学报》（哲学社会科学版）2003 年第 3 期。

180. 毛剑平：《道德与法律的理性建构》，《法学》1994 年第 7 期。

181. 李正生、廖建华：《中国宪政制度的构想》，《中国律师》2003 年第 7 期。

182. 叶强：《宪政意识：宪政制度现代化的精神之维》，《甘肃行政学院学报》2003 年第 1 期。

183. 程华：《中国宪政之路若干反思》，《河北法学》2002 年第 5 期。

184. 张琪等：《论当代中国宪政道路上的三次理性选择》，《东北电力学院学报》2003 年第 3 期。

185. 黄仕军、李宗录：《依法治国与中国宪政文化》，《山东科技大学学报》（社会科学版）1999 年第 2 期。

186. 魏健馨：《宪政生态主义评说》，《当代法学》2005 年第 3 期。

187. 李龙、朱孔武：《宪政的超越之维》，《河南省政法管理干部学院学报》2005 年第 1 期。

188. 侯宇：《论人性尊严的宪法保障》，《河南省政法管理干部学院学报》2006 年第 2 期。

189. 李累：《宪法上"人的尊严"》，《中山大学学报》（社会科学版）2002 年第 6 期。

190. 胡玉鸿：《"人的尊严"思想的法律意蕴》，《江苏行政学院学报》2005 年第 4 期。

191. 江国华：《宪法的道德之维》，《华东政法学院学报》2003 年第 6 期。

192. 陈焱光：《论宪政的伦理之维》，《伦理学研究》2007 年第 2 期。

二　外文类

193. Kenneth Bock, *Human Nature and History*, Columbia University press, 1980.

194. Richard Hare, *Moral Its Levels, Method and Point*, Clarenden Press, 1981.

195. Sir David Ross, *The Rights and the Goods*, Oxford University Press, 1930.

196. Robert Alexy, *A Theory of Constitutional Rights*, translated by Julian Rivers, Oxford university Press, 2002.

197. Ronald Dworkin, Sovereign Virtue, *The Theory and Practice*

of Equality, Harvard University Press, 1996.

198. Ronald Dworkin, *Freedoom's law: The Moral Reading of The American Constitution*, Harvard University Press, 1996.

199. Ronald Dworkin, *Law's Empire*, Harvard University Press, 1986.

200. Robert H. Bork, *The Tempting of American: The Poliitical Seduction of The Law*, Simon&Schuster, 1990.

201. Ernst benda, "The Protection of Human Dignit", *Southern Methodist University Law Review*, Vol. 53, 2000.

202. Thurgood Marshall, "A Tribute to Justice William J. Brennan. Jr", *Harvard Law Review*, Vol. 1, 1990.

203. Laissez-Faire and Liberty, "A Re-Evaluation of the Meaning and Origins of Laissez-Faire Consititutionalism", *L. & Hist. Rev*, Vol. 31, 1985.

204. Stephen A., Siegle, Understanding the Nineteenth Century Contract Clause, The Role of the Property-Privilege .

205. Distinction and "Takings" Clause Jurisprudence, 60s. cal. l. Rev. 1986.

206. Robert J. Reinsten, "Completing the Constitution: The Declaration ofIndependence, Bill of Rights and Fourteenth Amendeng", *Temple L. Rev*, Vol. 66, 1993.

后 记

　　立足于学科交叉视角开展研究是我多年来的求思之路与自觉追求。显然，道德规范和法律规范是社会调控的基本手段，而宪制伦理研究恰为法治理论与道德伦理研究的交叉与延伸。宪制的伦理之维包含着哲学的思辨抽象、法学的实证分析与伦理学的价值评价。依法治国首先要依宪治国，因此宪制伦理研究作为法治理论研究的拓展，它关乎法治的正当性追问、法治的价值导向、公民的权利保障与幸福生活的实现。宪制伦理研究对于法伦理学甚至法学学科的建设无疑具有积极作用，也将为中国的法治实践提供特定的知识资源。

　　这种研究取向使得我与法学和伦理学不同的学术圈有了交流互动的可能，也让我受到来自法学与伦理学两方面的知识滋养与力量支撑。

　　在中国法治发展进程中，浙籍法学家是活跃在中国法学界的一支重要力量。2012 年由本人任会长的浙籍法学家研究会正式成立。之后，每年邀请遍布全国的浙江籍法学家齐聚家乡，一起为法治建设与法治发展建言献策。江平、陈光中、高铭暄、应松年、陈兴良、胡建淼、孙笑侠、王敏远等一大批法学名家先后来到浙江工商大学，他们对于法学研究及法治中国、法治浙江建设发表了许多精辟的论述，同时也对我正在进行的宪制伦理研究提出了卓越的建议。

　　浙江伦理学自南宋以降曾独领风骚，其在中国伦理学思想史上有着极其重要的地位，在改革开放以来取得的成绩也一定程度为浙江政治、经济改革与文化繁荣做出了积极的贡献。但从另一个角度看，浙江伦理学的发展却也明显缺失了那种独有的锐利与魅力，与北京、上海、湖南、江苏等伦理强省（市）相比，浙江伦理学研究明显落后，这与经济的快速发展不相适应。为此，我在浙江省属高校中创办伦理学硕士点，并把伦理学建设成为省级重点学科，并先后组织了一系列学术活动，包括 2009 年召开的中国伦理学会第七次全国会员代表大会，旨在推进浙江伦理学重振雄风。在此过程中，陈瑛、唐凯麟等伦理学界德高望重的老会长也都先后多次来杭，他们对法伦理学研究提供了许多极具指导性的建议。2009 年我主持了国家社科基金项目"法治伦理研究"，之后一批阶段性成果先后在《光明日报》、《新华文摘》、《政法论坛》等刊物发表，部分成果被《中国哲学年鉴》及人大复印资料转载。项目结题时，中国伦理学会万俊人会长、李伟副会长对课题研究成果给予很高的评价，认为法治伦理之研究理路清晰、方法得当，具有学术价值与现实意义，同时也指明进一步深化研究的方向。

布莱希特曾说，真理是时间的孩子。回望宪制伦理的研究，也让我想起多年前在武汉大学法学院攻读博士的时光。美丽的东湖之畔，心中的珞珈山总是郁郁葱葱。周叶中教授、汪习根教授、秦前红教授、陈晓枫教授、周佑勇教授、徐亚文教授等对我关于宪法哲学的学习与研究提出的批评意见和宝贵建议，为我深化宪制伦理的研究积累了必要的知识准备，他们让我更加清楚在学术的迷途中应当在何处坚守并如何坚守。

也许，需要通过神话般的语言才可以用极其清晰的形象去逼近大师们的人生体悟。恩师李龙教授以他传奇般的人生经历与非凡的学术洞察力让学生懂得如何在学术乃至人生的可与不可之间驾驭与把握。仿佛还在昨天，却让我终身难以忘怀。

同样让我难忘的还有在多彩的生活世界里获得的学术支持与心灵慰藉。感谢李占荣、秦越存、何历宇、郑根成、彭传华、李梦云、于希勇、苏新建、曾赟、晁乐红诸位博士给我带来的知识与智慧，还有诗与远方。特别需要感谢中国社会科学出版社王称老师，正是得益于她耐心、细致的帮助，本书才得以顺利出版。

贯通宪制伦理的社会维度、国家维度与自然维度构成了本书的基本框架。这一研究还有待于进一步深化，这是因为：虽然中国特色社会主义法律理论体系已经形成，但中国特色社会主义法治实践作为一项前无古人的伟大事业，正在探索之中。法治伦理、宪制伦理既是重大的理论课题，更是重大的实践课题，同时面临着理论的深化与实践的展开双重任务。本书的研究偏重于理论分析，对于具体实践路径，尤其是当代中国宪制伦理建设的具体实践路径，需要进一步深入研究。

学如海，生有涯。人生的意义就在对于有限的超越。宪制的伦理之维关乎人生的伦理，而合乎伦理的生活本身就是对于有限人生的超越。宪制伦理研究具有广阔的未来。

陈寿灿

2016 年 11 月 22 日